O. ~~1850.~~ G
~~B.a.2.~~
Ⓒ

VOYAGES
D'ALI BEY
EN AFRIQUE ET EN ASIE.

TOME SECOND.

VOYAGES

D'ALI BEY EL ABBASSI

EN AFRIQUE ET EN ASIE

PENDANT

LES ANNÉES 1803, 1804, 1805, 1806 ET 1807.

TOME SECOND.

A PARIS,

DE L'IMPRIMERIE DE P. DIDOT L'AÎNÉ.

M DCCCXIV.

VOYAGES D'ALI BEY
EN AFRIQUE ET EN ASIE.

CHAPITRE I.

Voyage de Laraïsch à Tripoli en Barbarie par mer. — Soulèvement de la mer. — Bourrasque. — Relâche sur le banc de Kerkeni. — Description des îles du même nom. — Arrivée au port de Tripoli.

Je m'embarquai le dimanche 13 octobre 1805 sur une frégate de guerre tripolitaine, commandée par *l'erraïz* ou capitaine Omar : elle étoit à l'ancre dans la rade de Laraïsch, où je restai toute la journée du lendemain. On mit à la voile le mardi 15, de grand matin ; mais, n'ayant pas de vent favorable, le bâtiment ne fit que courir des bordées.

Mercredi 16.

Dans la matinée il s'éleva un vent d'O. S. O.

Nous étions à midi dans le détroit de Gibraltar, et, deux heures et demie après, entre Gibraltar et Ceuta : de cet endroit on voit ces deux villes, qui présentent un aspect très pittoresque. Le camp des Espagnols devant Gibraltar, formé de tentes et de baraques ; la ville de Saint-Roch sur une hauteur, et Algéziras qu'on découvre derrière une pointe de terre, formoient un tableau superbe. Une escadre angloise et un convoi étoient dans le port de Gibraltar.

Nous suivîmes toute la journée le rumb presque à l'E., avec le même vent.

♃ 17.

Pendant la nuit le vent renforça ; ce qui fatigua assez le bâtiment : il passa beaucoup d'eau par-dessus le tillac ; il en entra même dans l'intérieur. On découvrit dans la matinée le cap de Gatta, que nous doublâmes à deux heures après midi. Après quoi on prit la direction du N. E.

♀ 18.

Le matin, de bonne heure, on aperçut le cap

de Palos. Nous étions sur lui quand le capitaine fit virer vers le S., pour donner la chasse à un bâtiment qui paroissoit vouloir éviter notre visite. Il l'atteignit à une heure après midi : c'étoit un brick suédois. Au coucher du soleil nous étions sur 37° 15' de latitude N., et 2° 47' 30" de longitude O. de l'Observatoire de Paris.

♄ 19.

La nuit dernière le bâtiment avoit fait peu de chemin, et la matinée fut presque calme. Notre route étoit à l'E. ¼ S. E.

A quatre heures du soir on découvrit une chaîne de montagnes de la côte d'Afrique, et à cinq heures j'observai ma longitude = 1° 37' 30" O. de l'Observatoire de Paris.

Le vent manqua absolument ; mais le courant portoit à l'E.

☉ 20.

Le calme continua, et à neuf heures du matin j'avois pour longitude = 1° 27' 30" O. de Paris.

☾ 21.

On vira de bord vers le N., avec un petit vent de S. E.

♂ 22.

La frégate continua de se porter au N. jusqu'à peu de distance de l'île Formentera, où elle prit la direction du S. O.

☿ 23.

Nous fîmes route presque à l'O. S. O. jusqu'au coucher du soleil que l'on mit la proue à l'E. N. E.

♃ 24.

A midi on tourna vers le S. E. ¼ E.

Le vent ayant commencé à rafraîchir, à trois heures après midi le bâtiment se trouva enveloppé dans un météore bien singulier. La mer s'éleva tout-à-coup, et au lieu de rouler à sa surface les vagues les unes sur les autres, comme à l'ordinaire, l'eau s'élança verticalement en pyramides ou cônes diaphanes à pointes aiguës, qui se soutenoient long-temps sans incliner d'aucun côté, jusqu'à ce qu'enfin elles s'affaissoient perpendiculairement sur elles-mêmes. La cause de ce phénomène, qui avoit assez d'analogie avec les trombes, me parut devoir être attribuée à l'électricité de quelques gros nuages qui étoient sur notre tête, et qui exerçoient cette violente attraction pour se niveler à l'électricité de la mer. En même temps le vent renforça, et le vaisseau, sautant par-dessus ces pyramides aiguës, nous faisoit éprouver des secousses affreuses, qui étoient encore augmentées par le volume de la mâture, excessivement grande en proportion du corps du bâtiment; et, comme les sabords étoient ouverts, des torrents d'eau entrèrent de tous côtés. Il n'y avoit malheureusement que deux pompes; l'une étoit hors de service, et l'autre, en mauvais état, n'absorboit qu'une petite quantité d'eau. Les trous et les conduits par où elle devoit sortir de dessus le tillac et des entre-ponts, étoient obstrués par des ballots ou des ordures : aussi l'eau, qui entroit par torrents et qui ne pouvoit pas sortir, menaçoit à chaque instant de submerger le bâtiment. Le fond de cale et les entre-ponts étoient noyés, et nous n'avions à la vue aucune terre, et par conséquent aucune espérance de secours. Pleins d'effroi, les matelots et les passagers étoient montés sur le tillac, où ils attendoient la mort. On ferma les sabords du mieux qu'il fut possible, et l'on jeta à la mer les ballots et les effets qui pouvoient surcharger le navire. Chacun travailloit à la seule pompe qui étoit en état; et, à force de patience et de fatigue, on parvint à déboucher quelques uns des conduits pour donner une issue à l'eau. En peu d'instants la frégate avoit été allégée de beaucoup; mais, nonobstant toutes ces précautions, et malgré les efforts de l'équipage, nous eussions péri infailliblement avec un navire aussi mal préparé, si le météore, qui ne dura que dix minutes, s'étoit prolongé plus long-temps.

Dans les moments les plus terribles de notre situation j'obtins la récompense de quelques actes de bienfaisance que j'avois exercés sur le bâtiment. Le capitaine, le contre-maître et plusieurs matelots, les uns après les autres, vinrent me dire à l'oreille que je n'avois rien à craindre, et que, s'il y avoit un homme de sauvé, ce seroit moi. Je m'aperçus, par ces discours, qu'il existoit un complot pour s'emparer de la chaloupe; qu'on la préparoit déjà vers la fin du météore, afin de pouvoir se sauver et se défendre, le couteau à la main, contre les entreprises de ceux qu'on voudroit abandonner. Heureusement que l'on en fut quitte pour la perte des effets appartenants à la frégate et aux passagers, et dont la valeur se montoit à plusieurs milliers de piastres : quant à moi, je n'en perdis guère que trois cents, parceque j'éprouvai encore, relativement à cet objet, la reconnoissance des gens de l'équipage. J'avois vu des effets qui, au moment d'être jetés à la mer ayant été reconnus pour m'appartenir, étoient arrachés des mains de ceux qui les portoient, et remis dans la chambre, en même temps qu'on jetoit tous les objets précieux du navire et des passagers ; en sorte que je suis persuadé que je n'aurois rien perdu, si l'on eût pu reconnoître mes effets à travers le désordre et la confusion qui régnoient dans ces moments affreux. Depuis notre sortie de Laraïsch j'avois gratuitement distribué des médicaments et plusieurs autres secours aux malheureux qui m'imploroient ; voilà la raison qui me les avoit si fortement attachés.

♀ 25.

On suivit ce jour-là le même rumb jusqu'après le soleil couché, que l'on tourna vers le N. E.

♄ 26.

Le bâtiment se trouvant à midi sur le 38° de latitude, on dirigea le rumb vers l'E. S. E. par un petit vent.

☉ 27.

A midi j'aperçus le cap Bugaroni sur la côte d'Afrique, et l'on gouverna vers l'E.

☾ 28.

Nous étions, à l'entrée de la nuit, entre l'île de la Galita et la côte d'Afrique.

Cette île, que j'observai avec ma grande lunette, me parut être formée d'un grand rocher granitique rouge de tuile, avec des larges veines de quartz pur, ondées. C'est une montagne assez haute, dont l'aspect a quelque ressemblance avec celui de Gibraltar.

Le canal entre Galita et le continent est bon. Les Tripolitains évitent toujours de passer en dehors de l'île, c'est-à-dire, entre elle et la Sardaigne, parceque les habitants de cette côte sont en guerre habituelle avec eux, et que, selon le rapport du commandant de la frégate, ils pendent tout capitaine tripolitain qui a le malheur de tomber en leur pouvoir.

♂ 29.

On fit peu de chemin ce jour-là ; à midi le bâtiment se trouvoit vis-à-vis Biserta ou le cap Blanc.

☿ 30.

Ayant reconnu le cap Bon, qui fut doublé avant midi, le capitaine prit la direction du S. S. E. 5° E. par un petit vent.

♃ 31.

Continuant le même rumb avec un vent plus frais, on découvrit sur le soir l'île de Lampidosa ou Lampedusa, à cinq lieues de distance vers l'E.

Ou la marche de mon chronomètre avoit éprouvé une anomalie considérable d'un jour à l'autre, ou la position de l'île de Lampedusa a une erreur d'un demi-degré vers l'O. dans la carte du dépôt hydrographique de Madrid, selon l'observation astronomique que je fis à sa vue. Je renvoie cette question à la partie scientifique de mes voyages, où seront discutées les observations astronomiques.

A neuf heures du soir le vent commença à rafraîchir, et augmenta d'une telle force, qu'à minuit la tempête étoit horrible. Le bâtiment faisoit beaucoup d'eau ; les coups de mer lançoient les vagues sur le tillac qui étoit plus de la moitié ouvert, et inondoient l'intérieur. Notre mauvaise pompe manœuvroit toujours, mais produisoit peu d'effet. Les agrès du vaisseau étoient vieux ; le vent et la mer le dévoroient. Le roulis étoit si fort, que les vergues entroient de plus de six pieds dans la mer : l'équipage se croyoit perdu ; déjà il entonnoit le chant de mort. Le capitaine, la pâleur et l'effroi sur la figure, vint m'annoncer qu'il étoit impossible que le vaisseau pût résister plus long-temps ; il me consulta sur les moyens à employer dans un moment aussi critique.

Je lui demandai s'il avoit encore des voiles dehors : sur sa réponse affirmative, je lui conseillai de les amener toutes, à l'exception d'une petite voile pour gouverner. Le capitaine partit aussitôt pour commander la manœuvre ; et dans un instant, calculant avec peine mon point d'estime, je me trouvai à peu près à vingt-quatre lieues au N. de Tripoli.

Le capitaine étant revenu, je lui demandai si le vaisseau pourroit orser. « Je ne sais, me dit-il; mais nous essaierons. — Eh bien! mettez le cap vers l'O. N. O., et voyez s'il est possible d'atteindre le canal entre Kerkeni et Zerbi. »

Il le fit en effet, et peu de temps après on parvint à sortir de ce terrible fil de vent qui menaçoit de nous briser sur la côte de Tripoli. Le vent commença à s'adoucir, et la mer devint plus supportable, quoique toujours houleuse.

♀ 1ᵉʳ *novembre.*

Après avoir suivi le même rumb toute la journée, et la mer étant devenue successivement plus tranquille, on jeta l'ancre à huit heures du soir, à quinze brasses d'eau, sur un banc près de Kerkeni.

Toutes les personnes du vaisseau, se regardant comme ressuscitées, s'embrassoient et se félicitoient mutuellement.

♄ 2.

Je reconnus notre point distant de trois lieues de Kerkeni, qui se trouvoit à l'O. N. O. 6° N.

Nous étions sur un grand banc de sable de feldspath rouge de tuile, et de quartz, qui s'étend sur une surface de plusieurs lieues, et sur lequel on reste sur ses ancres avec autant de sûreté que dans un port fermé, parceque, avec le vent le plus violent, comme celui qui souffloit alors, les vagues ne s'élèvent pas, et qu'en cet endroit la surface de la mer ressemble à celle d'un étang.

Ce banc forme un plan incliné presque insensible jusqu'aux îles de Kerkeni et à la côte du royaume de Tunis. Quelques milles avant d'y arriver, on le reconnoît à la couleur brune ou blanchâtre de l'eau, et, quand on y est dessus, à la tranquillité de la mer.

Les îles de Kerkeni sont au nombre de deux, situées à peu de distance de la côte de Tunis, et séparées l'une de l'autre par un canal. Elles sont si basses, qu'on découvre à peine leur élévation sur la mer. J'apercevois quelques arbres ou des dattiers. Le capitaine se rendit à terre plusieurs fois. On me rapporta que l'abord de ces îles est fort difficile, parceque la plus petite chaloupe échoue long-temps avant d'y arriver, à cause du peu d'eau; en sorte qu'on ne peut arriver que par quelques points connus des pilotes pratiques.

Ces îles sont désignées sous le nom de *Kàrguena* par leurs habitants et par ceux des côtes voisines, et non sous celui de *Kerkeni*, comme l'indiquent les cartes.

Le doute que j'avois sur la longitude de l'île de Lampedusa s'étend également sur la situation de ces îles; ce qui sera discuté dans la partie scientifique. La latitude du point milieu entre les deux îles est de 34° 39'; ce qui diffère encore un peu de sa position sur les cartes.

Il n'y a ni source ni rivière dans ces îles. Les habitants n'ont d'autre eau pour boire que celle des pluies; encore est-elle si rare, que, pour en apporter un peu au bâtiment, il fallut la recueillir dans des petites cruches et des pots chez les habitants.

Le sol est d'une roche presque nue, n'offrant d'autre végétation que des palmiers : aussi les habitants sont extrêmement malheureux; ils n'ont pour aliments que le fruit et la moelle des dattiers, celle du *palma christi*, et le poisson qu'ils sèchent pour la provision de l'année.

La population y est réunie dans plusieurs douars ou villages de huttes ou maisons très basses, qui présentent l'aspect de la plus grande misère.

Ils ont une espèce de bateaux extrêmement mauvais, à une seule voile, et qui peuvent contenir trois ou quatre hommes. Ces bateaux, appelés *sandàl*, courent la côte jusqu'à Tripoli, et ne s'éloignent jamais de terre de plus d'une lieue. Une de ces barques vint apporter l'eau que nous avions demandée, ainsi que quelques volailles qu'on avoit pu rassembler. Les hommes ne sont vêtus que d'un bhaïk brun, grossier; ils sont tous maigres et basanés. Très adonnés à la pêche, ils font usage de différents artifices pour renfermer ou pour prendre le poisson, qui forme la base de leur nourriture.

Je n'ai pu obtenir des renseignements certains sur le nombre des habitants de ces îles; mais je crois qu'il ne se monte pas à six cents, et peut-être est-il beaucoup moindre encore. Ils professent la religion musulmane, et les îles sont sous la direction d'un *cheik* nommé par les habitants : celui-ci envoie tous les ans à Tunis une quantité de poissons en tribut au pacha, qui ne jouit d'aucun autre produit de ces îles.

Le bâtiment resta sur ce banc de Kerkeni jusqu'à la nuit du 7 novembre, et pendant tout ce temps les vents furent très durs. Le capitaine, dans une de ses excursions à terre, eut le mât de sa chaloupe brisé, et la voile déchirée, tandis qu'à notre ancrage, malgré la force du vent, et quoique nous fussions au moins à deux lieues de terre, la mer étoit parfaitement tranquille. Ces jours de relâche furent employés à raccommoder les voiles déchirées, et à fermer avec des plaques de cuivre les fentes par où l'eau entroit à fond de cale.

♃ 7.

A huit heures du soir l'ancre fut levé, et l'on dirigea la route au S. E. par un petit vent.

♀ 8.

Après avoir suivi la même direction pendant toute la journée, le vaisseau courut des bordées pendant la nuit pour ne pas trop s'approcher de la côte de Tripoli, qui étoit à peu de distance.

♄ 9.

La matinée fut couverte; mais avant midi je découvris parfaitement la côte de Tripoli.

On gouverna vers le port. La frégate passa devant un château qu'elle salua avec le canon, et qui lui rendit le salut. A l'entrée du port une chaloupe du gouvernement vint nous recevoir; quelques individus montèrent à bord, et prirent une espèce de déclaration du capitaine. Nous continuâmes d'entrer en tirant plusieurs salves d'artillerie, jusqu'à ce que l'on eût jeté l'ancre au milieu de la baie; c'étoit alors trois heures après midi : le capitaine descendit immédiatement à terre.

☉ 10.

L'équipage débarqua ; pour moi, je restai dans la frégate, en attendant qu'on m'eût préparé une maison dans la ville.

☾ 11 *novembre*.

A midi je vins à terre, ayant heureusement terminé cette fatigante traversée.

On doit remarquer que le grand soulèvement de la mer du 24 octobre eut lieu *deux jours après la nouvelle lune*, et à *près d'une heure et demie après son passage par notre méridien.*

La forte bourrasque de la nuit du 31 octobre survint *deux jours après le premier quartier;* elle commença *une heure et demie environ après le passage de la lune par notre méridien.*

Dans ces deux cas, la lune se trouvoit dans sa *constitution boréale.* C'est au savant *M. Lamarck* d'apprécier ces observations.

CHAPITRE II.

Débarquement. — Présentation au pacha. — Intrigues. — Description de Tripoli. — Gouvernement. — Cour. — Mosquées. — Tribunaux. — Cafés. — Vivres. — Juifs. — Commerce. — Mesures, poids, monnoies. — Climat. — Antiquités. — Royaume de Tripoli.

J'ai déjà prévenu que, lors de notre arrivée au port de Tripoli, le capitaine du bâtiment s'étoit rendu immédiatement à terre pour se présenter au pacha, et lui remettre ses papiers et des lettres de Maroc.

Le lendemain matin le capitaine vint à bord avec l'ordre de débarquer les passagers; il me fit des excuses sur ce qu'il n'avoit pu encore me préparer une maison, et me pria d'attendre jusqu'au soir. Lorsque son monde fut débarqué, il revint l'après-midi, me priant d'attendre encore jusqu'au lendemain.

Je savois que le pacha Salaoui, de Laraïsch, avoit écrit contre moi; je me défiois aussi de deux passagers : mais j'étois complètement sûr des autres ; je l'étois aussi de l'équipage, et principalement du capitaine. Je le laissai donc agir, et je restai tranquille ; je m'aperçus bientôt que l'obstacle pour mon débarquement venoit d'une autre cause que du manque de logement. Le temps me fit découvrir que je ne m'étois pas trompé.

Le capitaine m'annonça le jour suivant que je pouvois descendre à terre. Je fis débarquer mes bagages, et après ma sortie du bâtiment on me conduisit dans la maison où je devois loger ; elle étoit située vis-à-vis celle du premier ministre et celle du consul général d'Espagne.

J'étois depuis trois jours à Tripoli, lorsque le capitaine m'apporta l'ordre de ma présentation au pacha. L'audience fut pompeuse ; elle eut lieu dans un grand salon, où étoit le pacha, assis sur une espèce de trône ou de petit sopha élevé, ayant ses fils à ses côtés, et entouré d'une cour brillante. On mit devant lui mon présent, qu'il reçut avec grace et dignité : il me combla de politesses, et me rendit toute espèce d'honneurs. Je fus long-temps assis sur une chaise qu'il avoit fait apporter : il s'entretint long-temps avec moi, et me fit servir du thé, de l'eau de senteur, et des parfums ; il me donna les plus grandes preuves d'affection. Après avoir beaucoup parlé, nous nous séparâmes fort contents l'un de l'autre; il me donna sa main, comme il l'eût fait à un ami, et ne me permit pas de la lui baiser, comme cela se pratique envers un souverain.

Le pacha donna ordre à deux de ses grands-officiers de me conduire chez le premier ministre, personnage vraiment respectable, qui avoit presque entièrement perdu la vue. Notre séance fut également longue et philantropique; et je rentrai chez moi, très satisfait de mes deux visites.

Quelques personnes de Maroc, principalement le pacha Salaoui, avoient écrit, et m'avoient représenté sous les couleurs les plus noires : l'un des passagers, peut-être par commission du même pacha, avoit fait tout ce qu'il avoit pu pour me rendre odieux ; mais ces menées obscures furent l'objet du mépris du pacha et de sa cour, après les informations qui avoient été prises et les déclarations faites par toutes les autres personnes du bâtiment. Le passager, qui étoit un négociant marocain, ne remporta que l'aversion de tout le monde. J'étois si sûr de mon fait, qu'à ma présentation au pacha je ne voulus pas même faire usage de la lettre de recommandation que l'empereur de Maroc m'avoit donnée; j'avois déclaré au capitaine et à quelques autres que, vu la conduite de Muley Soliman lors de ma sortie de Laraïsch, je ne voulois plus de sa protection : ce procédé me rendit plus respectable aux yeux du pacha et de sa cour. Cependant, pour effacer entièrement le souvenir de l'affaire de Maroc, comme aussi à cause du Ramadan et d'une indisposition qui m'étoit survenue, je sortis rarement de chez moi pendant mon séjour à Tripoli, excepté pour aller aux mosquées, pour rendre des visites d'étiquette, et pour faire quelque promenade à pied : ces causes rétrécirent aussi le champ de mes recherches; quant aux observations astronomiques des distances lunaires, comme je ne pouvois monter sur le toit de ma maison, et que je ne pouvois les faire que dans un corridor, encore dans des circonstances très rares, je n'en ai pu recueillir qu'un petit nombre. Celles de latitude sont satisfaisantes.

Il résulte de mon travail que la longitude de Tripoli $= 11° 8' 30''$ E. de l'Observatoire de Paris, et que la latitude $= 32° 56' 39''$ N. La déclinaison magnétique observée $= 18° 41' 2''$ O.

Tripoli en Barbarie est nommé *Tarables* par

les naturels. C'est une ville beaucoup plus belle qu'aucune de celles du royaume de Maroc. Elle est située sur la rive de la mer; les rues sont droites, et assez larges.

Les maisons, assez régulières, et bien construites, sont presque toutes d'une blancheur éblouissante. L'architecture se rapproche beaucoup plus du style européen que du genre arabe: les portes, en général, sont de l'ordre toscan; il y a dans les cours des colonnes en pierre et des arcs en plein cintre, au lieu des arcs pointus arabes qu'on voit à Maroc. En général, les bâtiments en pierre sont assez communs, et l'on aperçoit même quelques marbres fins employés dans la construction des cours, des portes, des escaliers et des mosquées. Les maisons ont des croisées sur la rue, ce qui n'a pas lieu à Maroc; mais elles sont toujours fermées avec d'épaisses jalousies.

Il existe dans les maisons de Tripoli un usage singulier; c'est que dans presque toutes les chambres, qui sont ordinairement longues et étroites, on trouve à chacune des deux extrémités une estrade de planches, à peu près élevée de quatre pieds, sur laquelle on monte par d'étroits échelons. (*Voy. planche XIII.*) Ces estrades ont une balustrade et quelques ornements en bois: on entre sous l'estrade par une petite porte. En examinant quel pouvoit être le but de cette disposition singulière, je trouvai que chaque chambre pouvoit contenir le ménage complet d'une femme, puisque sur l'une des estrades on plaçoit le lit, sur l'autre, les hardes et les enfants; sous l'une on range la vaisselle et les choses destinées aux repas, et sous l'autre, le reste des effets du ménage. Cet arrangement laisse au milieu du salon la place nécessaire pour recevoir des visites; et un homme, dans une maison ou dans un appartement composé de trois ou quatre pièces, peut avoir trois ou quatre femmes, avec toutes les commodités possibles, et dans une parfaite indépendance les unes des autres.

Tripoli n'a point de fontaine ni de rivière. Les habitants boivent de l'eau de pluie, conservée dans des citernes construites dans toutes les maisons; pour le bain, les ablutions, et les autres usages, ils ont des puits d'eau saumâtre.

La peste a beaucoup diminué la population de la ville; elle y a souvent emporté des familles entières, et l'on voit encore quelques maisons abandonnées ou ruinées par l'effet de ce fléau. Aujourd'hui le nombre des habitants s'élève tout au plus à douze ou quinze mille.

Cette population est composée de Maures, de Turcs, et de Juifs : comme auparavant le gouvernement étoit absolument turc, la civilisation y est beaucoup plus avancée qu'à Maroc. La soie et les riches métaux sont ordinairement employés dans les habits ; la cour est fastueuse autant qu'elle peut l'être. La plus grande partie des habitants connoissent et possèdent plusieurs langues européennes ; le pacha lui-même parle l'italien : choses regardées comme des péchés plus ou moins graves par les Marocains.

La société y est aussi bien plus franche et bien plus libre qu'à Maroc ; les consuls d'Europe me visitoient fréquemment, et personne n'y trouvoit à redire. Les renégats européens peuvent y obtenir de l'avancement, et parvenir aux premières places de l'état : l'amiral ou chef de toute la marine tripolitaine est un anglois, qui a épousé une parente du pacha. Les esclaves chrétiens sont bien traités ; ils ont la permission de se mettre au service des particuliers, en donnant une partie de leurs profits au gouvernement.

Le souverain de Tripoli conserve encore le titre de pacha, parceque auparavant le pays étoit gouverné par un pacha envoyé tous les trois ans par le grand-seigneur. Ces commandants éphémères ne voyoient dans les firmans de leur nomination qu'un moyen de voler impunément les habitants; mais à la fin ces derniers, lassés de ces vexations éternelles, massacrèrent le dernier pacha envoyé par la Porte. A la suite de cette révolution, qui eut lieu il y a plus de quatre-vingts ans, ils choisirent pour leur prince *Sidi Hhamet Caramanli*, natif de la Caramanie, qui fut le fondateur de la dynastie régnante. Après Sidi Hhamet, son fils Sidi Ali, père du souverain actuel, monta sur le trône; mais, quelques révolutions l'ayant obligé de s'expatrier, il se retira à Tunis. Le fils de Sidi Ali, nommé Sidi Hhamet, comme son aïeul, lui succéda. C'étoit un homme vicieux, indigne de ce haut rang par ses mauvaises qualités, qui lui coûtèrent la vie et le trône : il fut remplacé par Sidi Youssouf, son frère, qui règne aujourd'hui.

Sidi Youssouf, ou seigneur Joseph, est un homme âgé d'environ quarante ans, et d'une belle figure. Il ne manque pas d'esprit, et parle assez bien l'italien; il aime la pompe, la grandeur, la majesté, se tient avec dignité, sans cesser d'être agréable et poli. Il y a dix ans et demi qu'il occupe le trône, et le peuple paroît fort content de lui.

Sidi Youssouf n'a que deux femmes proprement dites : l'une, qui est sa cousine, est blanche, et lui a donné trois fils et trois filles; l'autre est une négresse, dont il a eu un fils et deux filles. Il a plusieurs négresses esclaves; mais il n'en a point de blanches. Il déploie le plus grand luxe et la plus grande magnificence dans les vêtements de ses femmes et dans les ornements de leurs habitations.

Les fils du pacha prennent le titre de *bey*, et l'un d'eux s'appelle Ali Bey, comme moi; mais, quand on nomme simplement *le bey*, par antonomase, on entend le fils aîné, qui est déjà reconnu héritier du trône.

On assure que les revenus du pacha ne s'élèvent pas à un million de francs par an.

Le portier intérieur du palais du pacha est un esclave noir; et il y a plus de quarante esclaves chrétiens, tous italiens, pour le service intérieur.

Le jour de la Pâque, au moment que j'entrois au palais pour voir le pacha, son orchestre, placé dans une chambre intérieure, commençoit à se faire entendre; mais, aussitôt qu'il m'aperçut, il fit un signe pour faire cesser la musique, parceque c'est une jouissance que le grave musulman ne regarde qu'avec dédain. Dans le peu d'instants que j'avois pu l'entendre, je la trouvai passable et infiniment supérieure à celle de Maroc. On me dit que l'orchestre étoit composé de vingt-quatre musiciens.

Les hauts employés sont : le *hasnadàr*, ou le trésorier ; le *guardian-bàchi*, chef et majordome du palais ; le *kiàhia*, lieutenant du pacha, qui occupe un magnifique sopha dans le vestibule ; le second kiàhia ; cinq ministres pour gérer les diverses branches de l'administration ; l'aga des Turcs, et le général de la cavalerie arabe. La garde du pacha est composée de trois cents Turcs et de cent mamelucks à cheval.

A l'exception de ces gardes, le pacha n'a aucune autre troupe réglée en activité. Quand il lui survient une guerre qui exige un déploiement de forces, il convoque les tribus arabes, qui se présentent avec leurs bannières ou drapeaux en tête ; il peut alors réunir dix mille chevaux et quarante mille hommes d'infanterie.

Nous avons dit que l'amiral du pacha est un renégat anglois, marié avec une de ses parentes. Ses forces maritimes se composent des bâtiments suivants :

pièces de canon.

1 frégate ou corvette, de	28
1 *idem*, de	16
3 chebeks, de 10 canons chacun.	30
1 saïque, de	8
2 galions, de 6 canons chacun.	12
1 petit chebek, de	4
1 bateau, de	1
1 galiote, de	4
En tout 11 bâtiments, armés de	103

On construisoit à cette époque deux galions ; ce qui formera un total de treize bâtiments armés.

Tripoli renferme six mosquées du premier ordre, avec des minarets, et six autres plus petites.

La grande mosquée est magnifique ; son architecture est belle : la toiture, toute composée de petites coupoles, est appuyée sur seize superbes colonnes doriques de très beau marbre gris, qu'on me dit avoir été prises sur un bâtiment chrétien. (*Voy. planche XIV.*) Elle fut construite par le grand-père de Sidi Youssouf. Ce monument, ainsi que les autres de ce genre que j'ai vus à Tripoli, n'ont rien de cette architecture mesquine que j'avois remarquée à Maroc. Leur élévation n'est pas sans majesté : il y a dans toutes des tribunes hautes pour les chanteurs, à la manière des églises d'Europe. Elles sont couvertes de tapis, tandis que les mosquées mêmes des palais du sultan à Maroc ne le sont qu'avec des nattes; celle de Muley Edris à Fez est la seule qui ait des tapis.

Les minarets de Tripoli sont des tours cylindriques élevées, avec une galerie circulaire à la partie supérieure, du milieu de laquelle s'élève une autre petite tour ou guérite. C'est de cette galerie que le *mudden* appelle le peuple aux heures désignées pour la prière.

Le culte est plus simple et plus mystique à Maroc; il est ici plus composé et plus pompeux. Le vendredi, à midi, la cérémonie commence par plusieurs chanteurs qui entonnent des versets du Coran. L'imam monte à sa tribune particulière, qui n'est autre chose qu'un escalier, comme à Maroc, avec la différence qu'ici elle est en pierre, et que là elle est en bois. Il récite une prière à voix basse, en face de la muraille : se tournant ensuite vers le peuple, il chante un sermon avec les mêmes tremblements ou cadences, les agréments et les *cadenzas* de certaines chansons espagnoles qu'on appelle *polo andalous*. Une partie du sermon est variable, et le prédicateur la chante en lisant son manuscrit; l'autre partie, qui est toujours la même, se débite de mémoire, avec quelques prières et autres formules d'usage qu'il chante sur le même ton.

A la fin de son sermon l'imam se tourne avec affectation vers le *meherèb* ou niche qui est sur sa droite, en chantant une prière d'un ton plus élevé : se tournant ensuite à gauche avec une affectation pareille, il répète la même prière. Descendant deux ou trois marches de l'escalier de la tribune, il récite quelques prières pour le pacha, ainsi que pour le peuple; à la fin de chacune de ces prières les assistants répondent *amin :* enfin l'imam, descendant au meherèb pendant que le chœur chante, récite la prière canonique avec le peuple de la même manière qu'on le fait à Maroc. Les clameurs ou les cris des minarets pour convoquer à la prière sont moins graves à Tripoli; car, dans quelques mosquées, ce sont des enfants qui remplissent les fonctions de mudden, ce qui n'excite pas beaucoup la dévotion.

Pendant le Ramadan, on n'entend pas les trompettes funèbres en usage à Maroc; toutes les nuits on illumine les galeries des minarets, et les muddens chantent de longues prières.

Les mosquées possèdent des fonds en maisons

et en terres, qui leur viennent de donations volontaires : ces fonds servent à l'entretien des ministres et des employés du culte.

Le moufti est le chef de la religion et l'interprète de la loi. Il a sous ses ordres deux kadis, l'un pour les individus du rite hhanefi, et l'autre pour ceux du rite maleki. J'ai déjà fait observer que la loi admet quatre rites orthodoxes : les Turcs suivent le hhanefi, et les Arabes occidentaux le maleki; les autres deux rites schafi et hhanbeli sont suivis en Orient.

La composition des tribunaux du moufti et des kadis est véritablement respectable. Ces juges sont d'une incorruptible intégrité, et tous leurs ministres sont entretenus par les fonds des mosquées.

Tripoli renferme trois prisons, l'une pour les Turcs, et les deux autres pour les Maures; mais elles sont mal entretenues, car les prisonniers sont forcés de se nourrir à leurs frais ou aux dépens de la charité publique.

Un café sert de point de réunion aux négociants et aux gens oisifs; deux autres cafés d'un ordre inférieur sont pour le bas peuple. Dans ces établissements on ne prend que du café sans sucre.

On trouve aussi plusieurs tavernes ou cabarets, où l'on vend du vin et des liqueurs. Ces établissements sont tenus par des musulmans qui ne se font point scrupule de boire du vin, malgré la prohibition de la loi. Cette branche du revenu public étoit affermée au prix de cent mille francs pendant que j'y étois.

Le marché est assez bien fourni, et les vivres sont à des prix modérés. Le pain et la viande y sont excellents, mais les légumes, d'une très médiocre qualité. Les Tripolitains ne font pas le couscoussou aussi fin et aussi bon qu'à Maroc. Le pays produit assez d'huile pour sa consommation. On fait en outre usage de plusieurs graines pour la nourriture; quelques unes, dont j'ai pris des échantillons, sont apportées de l'intérieur de l'Afrique.

La terre est commune, de même qu'à Maroc, excepté lorsqu'elle est entourée d'une haie quelconque : il se trouve des habitants qui possèdent quinze ou vingt fermes closes; on dit que le pacha en a une assez belle. Comme il n'y a pas d'eaux vives, on arrose les jardins avec l'eau saumâtre des puits, qu'on fait monter au moyen de machines mises en mouvement par des mules : chacun de ces artifices consiste en une poulie, à laquelle est suspendu un seau de cuir au moyen d'une corde.

Les Juifs, qui ont ici trois synagogues, sont infiniment mieux traités qu'à Maroc. Leur nombre s'élève à deux mille. Ils portent le même costume que les musulmans; seulement le bonnet et les sandales ou pantoufles doivent être en noir, et le turban est ordinairement bleu. On compte parmi eux une trentaine d'individus assez riches; les autres sont artistes, orfévres, etc. Le commerce avec l'Europe est presque entièrement entre leurs mains; ils correspondent principalement avec Marseille, Livourne, Venise, Trieste et Malte. On trouve aussi quelques négociants maures, entre autres Sidi Mohamet Degaïz, premier ministre du pacha, qui passe pour avoir un million de francs en circulation.

La balance du commerce de Tripoli avec l'Europe, selon les renseignements qui m'ont été fournis, lui est avantageuse, puisque les exportations excèdent d'un tiers la valeur des importations; mais son commerce avec le Levant et avec l'intérieur de l'Afrique balance les avantages de son commerce d'Europe. Dans un autre endroit je réunirai les détails du commerce de cette ville avec celui de différents autres pays.

Les mesures et les poids en usage sont aussi

inexacts et aussi peu justes que ceux de Maroc, tant par leur construction grossière que par le manque d'un type original.

Par un grand nombre de comparaisons directes, j'ai trouvé les résultats suivants :

Le *pik*, ou la coudée de Tripoli, appelée *drâa*, est la base de leurs mesures; elle est égale à 25 pouces 9 lignes et demie du pied de Paris.

L'*artàl* ou *rottle* a 16 onces 6 gros 54 grains du poids de Paris.

La mesure pour les grains est nommée *ouiva*; mais, comme elle est incommode, à cause de sa grandeur, on se sert ordinairement d'une autre mesure, qui n'en est que la quatrième partie.

Cette mesure de capacité, *quarto ouiva*, est un vase de bois en forme de cône tronqué, grossièrement construit. Après avoir fait toutes les réductions possibles, je trouvai que sa capacité étoit égale à . . . . . 1200 pouces cubes de Paris.

Mais, comme l'usage est de combler la mesure, il faut ajouter à cela 130

Donc cette mesure de grain, avec son comble, contient . . . . 1330 pouces cubes du pied de Paris.

Tels sont les poids et mesures que j'ai comparés; et, d'après les moyens dont je me suis servi, j'ai la confiance que mes résultats sont plus exacts que ceux qu'on a obtenus antérieurement.

Les monnoies courantes à Tripoli sont les suivantes :

En or.

Scherifi. — Vaut 48 *hamissinn :* c'est la pièce qui a le plus de valeur.
Nos scherifi. — Égal à 24 hamissinn.
Mahbouh trablèssi. — Vaut 28 hamissinn.

En argent.

Yuslik. — Vaut 10 hamissinn.
Tseaout hamissinn. — Égal à 9 hamissinn, comme son nom l'indique.
Hamissinn ou *bou-hamissinn.* — C'est l'unité monétaire et la monnoie la plus commune dans la circulation : 26 hamissinn valoient alors une piastre d'Espagne.
Nos hamissinn. — La moitié du hamissinn, comme son nom l'indique.

Para. — Douze paras et demi font un hamissinn.

En cuivre.

Para. — Douze paras et demi égalent un hamissinn.
Nos para, ou le demi-para, dont 25 font un
hamissinn : c'est la plus petite espèce cou-
rante.

Monnoie idéale.

Piastra. — Cinquante piastres valent un hamissinn.

Toutes ces espèces sont d'une qualité inférieure, principalement celles d'argent, qui ne
sont presque que du cuivre argenté.

La valeur respective de ces espèces est assujettie aux caprices du moment; en sorte qu'il y
avoit, à cette époque, des paras de bon argent
en circulation qui avoient exactement le même
poids que les paras de cuivre, et cependant les
uns et les autres avoient la même valeur repré-
sentative de douze paras et demi pour un hamissinn.

Les Européens sont bien vus et même respectés à Tripoli. Outre les agents des différentes puissances de l'Europe, on y trouvoit alors un négociant françois, frère du consul, un Espagnol, constructeur de marine, un médecin maltois, et un horloger suisse.

Les chrétiens ont une chapelle desservie par quatre moines du tiers-ordre de Rome. Il est à remarquer que, dans leur chapelle, ces religieux ont une cloche dont le son se fait entendre journellement de tous les coins de la ville. Cette chapelle est entretenue par le casuel, les donations et une pension de la cour de Rome.

On dit que le climat est chaud en été, en raison de la latitude, mais que les autres saisons présentent l'image d'un printemps perpétuel. Cependant j'eus, pendant mon séjour, quelques journées de froid; il est vrai que l'on m'assura que c'étoit un extraordinaire dans le pays. Il résulte de mes observations météorologiques pendant ma résidence à Tripoli, que le plus haut degré de chaleur fut $= 16°$ 1 de Réaumur, le 2 décembre, à une heure vingt minutes après midi; et le plus bas degré $= 8°\,4$ de Réaumur, pendant plusieurs matinées et pendant la nuit.

Cette diminution de chaleur se feroit peu

sentir en Europe; mais elle produit ici une sensation de froid aussi piquante que dans les hivers d'Europe : ce qui est sans doute relatif à l'état habituel des pores, qui sont toujours ouverts dans ce pays.

J'ai vu presque continuellement régner les vents du quartier de l'O.; il est plusieurs fois tombé de la pluie, et l'hygromètre de Saussure a marqué très fréquemment 100°, terme de l'extrême humidité.

Près la maison du consul de France il y a un beau monument : c'est un arc de triomphe bâti par les Romains, et composé d'une coupole octogone, supportée par quatre arcs reposant sur un même nombre de piliers : le tout construit sans ciment avec d'énormes pierres de taille soutenues par leur propre gravité.

Ce monument étoit orné de sculptures, de figures, de festons et de trophées d'armes en dedans et en dehors; mais la plus grande partie de ces reliefs est déjà détruite : il n'en existe que des parties isolées, incohérentes, qui attestent encore l'antique beauté de l'ouvrage.

Sur les faces du nord et de l'occident on voit les restes d'une inscription, qui paroît avoir été la même sur les deux côtés. Cette singularité a fourni à *M. Nissen*, consul de Danemarck, la facilité de les comparer : en réunissant et mettant en ordre les fragments des deux inscriptions, il l'a restituée en entier, comme on peut le voir à la *planche n° XV*.

A vingt lieues de Tripoli se trouvent les ruines de l'ancienne *Leptis*, ou *Lebda* ; on me dit qu'il y restoit encore un grand nombre de colonnes, de chapiteaux, et d'autres fragments intéressants. *M. Delaporte*, chancelier du consulat général de France, qui visita ces ruines, a copié les inscriptions rapportées dans la *planche XVI*.

A quelques journées dans les terres il existe aussi des ruines magnifiques d'autres villes anciennes, avec des catacombes, des statues, des restes d'édifices de toute espèce.

La côte de Tripoli embrasse de deux cent vingt à deux cent trente lieues, depuis les confins de l'Égypte jusqu'à ceux de Tunis vers le cap Gerbi, et dans cette étendue on compte les ports suivants :

Trabouca, port situé à l'extrémité orientale de la côte. A douze lieues, vers l'occident, se trouve *Bomba*, rade avec un bon mouillage. Huit lieues plus loin est *Rasatinn*, port où ne peuvent entrer que les petits bâtiments qui viennent y prendre des chargements de sel. *Derna*, située à quinze lieues de là, est un bas-fond impraticable en hiver; on y charge pour Alexandrie du beurre, de la cire, et de la laine, en échange de toile de coton et de riz. Les habitants de Derna ne connoissent d'autre monnoie que celle du Levant et les piastres espagnoles. Quarante lieues plus loin se trouve *Bengàssi*, assez bon port, mais avec si peu de fond, qu'il ne peut recevoir que de petits bâtiments : cependant on y fait un grand commerce en laines, en beurre, en miel, en cire et en plumes d'autruche, avec Marseille, Livourne, Venise, Malte et Tripoli. A cinquante lieues de là est situé le cap *Messurat*, dont la mauvaise rade est ouverte à tous les vents : on y charge des dattes pour Bengàssi.

Tripoli, dont le port manque de fond pour les grands vaisseaux de guerre, et qui est ouvert au vent du N. E., se trouve à trente-huit lieues à l'O. du cap Messurat : on y embarque des laines, des dattes, du safran, de la garance, de la soude, du séné, des négresses, des pelleteries et des plumes d'autruche, pour les ports d'Europe déjà énoncés et pour le Levant. A dix lieues à l'occident est le *vieux Tripoli*, port presque impraticable, excepté aux petits bateaux, qui chargent de la soude pour Tripoli. A vingt-quatre lieues de là on voit *Souàra*, rade où des petits bateaux viennent prendre du sel et du poisson salé pour toute la côte.

Dans la vaste étendue du royaume de Tripoli on compte seulement deux millions d'habitants, parceque la plus grande partie du pays est déserte, et qu'à l'exception des habitants de la capitale, tout le reste ne consiste que dans un petit nombre d'Arabes pauvres et malheureux. L'autorité du gouvernement sur le pays est si précaire, que personne autre que ces Arabes ne peut voyager à une distance un peu considérable sans aller en caravane ou très fortement escorté; sans quoi on seroit infailliblement volé ou assassiné.

Les habitants de Souàkem, du Fezzàn et de Guddemes, qui sont tributaires de Tripoli, entretiennent des relations avec les habitants de l'intérieur de l'Afrique. Le souverain du Fezzàn est reconnu par le pacha de Tripoli sous le nom de *scheik de Fezzàn*. Les Fezzaniens sont nègres gris, pauvres, mais d'un caractère doux; ils exercent à Tripoli les emplois les plus vils: ils sont portefaix; ils travaillent aux fours, à la voirie, etc.

A deux lieues au S. E. de Tripoli est la demeure du plus grand saint ou marabout du pays: on l'appelle *le lion*. Il a un village fermé de murs, dans lequel est sa mosquée ; il jouit du don de *sainteté héréditaire*, comme les saints de Maroc; son village est un asile inviolable pour les criminels, quels que soient leurs crimes, quand même ce seroit un assassinat commis sur la personne du pacha. Le *lion* actuel est un homme âgé de plus de quarante ans.

Les montagnes les plus rapprochées de la ville sont à huit lieues vers le S., et leurs habitants sont tributaires du pacha.

Comme on ne peut pas voyager seul, à cause des dangers à courir, plusieurs caravanes vont et viennent du levant et du couchant dans les temps tranquilles. Les grandes caravanes de Maroc, d'Alger, de Tunis et d'El-Gerid, quand elles entreprennent le voyage de la Mecque, font ici une relâche de quinze jours; malheureusement elles ne peuvent voyager maintenant, à cause des troubles dont presque toute la Barbarie et l'Égypte sont agitées : ce contre-temps me força de faire par mer le trajet d'Alexandrie, et de continuer de cette manière mon pélerinage à la maison de Dieu.

CHAPITRE III.

Adieux d'Ali Bey au pacha de Tripoli. — Départ pour Alexandrie. — Erreur du capitaine. — Arrivée sur la côte de Morée. — Ile Sapienza. — Continuation de la route. — Disette de vivres. — Retour à Sapienza. — Modòn.

D'APRÈS mes dispositions, on prépara ma traversée pour Alexandrie dans un gros bâtiment turc, qui mit à la voile et sortit du port de Tripoli le 26 janvier 1806, avec mes gens et mes équipages, tandis que j'étois encore à terre avec deux domestiques, attendant les ordres du pacha qui m'avoit fait dire qu'il desiroit m'embrasser avant mon départ.

Comme le temps se passoit, et que le pacha ne m'envoyoit pas chercher, je commençois à m'inquiéter, ainsi que mes amis, parceque le bâtiment étoit déjà à plus de deux lieues en mer, où il couroit des bordées pour m'attendre.

Enfin à onze heures du matin je reçus l'ordre du pacha, et me rendis de suite à son palais.

Il me reçut avec la plus grande cordialité,

me fit asseoir à son côté, et renouvela dans une longue conversation les tentatives qu'il avoit déjà faites pour me persuader de rester à Tripoli. Dans un élan de cœur il se leva, et, se mettant debout devant moi, il me dit : *Je suis ton frère ; que desires-tu ? Parle.* Je lui témoignai ma reconnoissance, et j'insistai pour partir. Un instant après, badinant avec moi, il me mena vers une croisée, de laquelle on voyoit le bâtiment qui couroit des bordées à l'horizon ; il se mit à dire : *Voyez, voyez comme il vous attend.* Le bâtiment ayant tiré un coup de canon, il ajouta : *Il vous appelle.* Je pris enfin la parole pour lui dire : *Au nom de Dieu, mon ami, laissez-moi partir.* Nous nous embrassâmes, les larmes aux yeux ; et je partis, accompagné de mes amis et de quelques uns des siens. Je trouvai au port les chaloupes du pacha préparées pour me conduire ; mes amis s'embarquèrent avec moi à une heure après midi, et m'accompagnèrent jusqu'au bâtiment, où je les congédiai. Immédiatement après le vaisseau dirigea le rumb au N. E. avec un bon vent, et nous perdîmes bientôt la terre de vue.

Le bâtiment que je montois étoit grand, mais mauvais voilier, et le capitaine, la plus lourde bête qu'on puisse rencontrer. Du moment qu'il ne voyoit plus la terre, il ne savoit absolument plus où il en étoit, et n'avoit pas même le talent de faire le moindre compte d'estime. Heureusement son second se chargeoit de tout, et cet imbécille n'avoit d'autre soin que celui de boire du vin outre mesure et de dormir.

Dans le bâtiment étoient plusieurs passagers, savoir : deux négociants de Maroc, un officier du pacha de Tripoli, deux ou trois petits négociants tripolitains, un schérif marabout, nommé Muley Hazen, qui se vantoit d'avoir été grand destructeur de François pendant la guerre d'Égypte; cinq à six femmes, et plusieurs pélerins qui se rendoient à la Mecque, et qui étoient tellement misérables, qu'ils avoient plutôt l'air d'aventuriers qui cherchent à faire fortune, que de gens qui vont accomplir des devoirs de dévotion.

L'air de la mer m'est si fortement contraire, que chaque traversée maritime que je fais me ruine davantage le tempérament; en sorte que je me trouvai extrêmement mal, et je passai deux jours au lit.

Le 29 je pus me lever, et je fis une observation astronomique, par laquelle je m'aperçus qu'au lieu de suivre la route d'Alexandrie, nous nous étions élevés vers le N., au point que le bâtiment se trouvoit presque sur la mer Adriatique, dans la direction de Corfou.

Je prévins le capitaine de son erreur grossière; je lui fis changer le rumb vers l'E., pour chercher la côte de la Morée, où nous arrivâmes après quatre jours de calme : l'ancre fut jetée à l'île Sapienza, devant la ville de Modòn.

Ce pays présente un aspect effrayant: il paroît tout déchiré par d'anciennes éruptions volcaniques. La base du terrain est une argile glutineuse extrêmement tenace, et le fond de la mer est de la même espèce de terre, où les ancres s'accrochent avec une force extraordinaire. Nous étions mouillés à quarante brasses du rivage, au N. de l'île Sapienza, et sur plus de vingt brasses d'eau.

Le bâtiment resta cinq jours mouillé dans cette position : quoique malade, je descendis un jour à terre, où, par mes observations, je trouvai la latitude de l'île, tout près du mouillage, $= 36° 49' 51'' $ N.; mais la longitude a besoin d'être discutée. J'observai aussi la déclinaison magnétique $= 14° 27' 0''$ O.: je ne puis cependant répondre d'une erreur d'un ou de deux degrés, parceque ma boussole fut avariée par un coup de mer qui étoit entré dans ma chambre pendant la traversée de Laraïsch.

L'île Sapienza peut avoir de huit à dix milles de circuit. Elle est formée de cette terre argileuse, couverte de roches calcaires. Toute l'île est en montagnes ou en collines. On n'y voit aucun ruisseau, aucune fontaine, pas même un puits; on y trouve seulement un peu d'eau de pluie dans des creux de rochers : cette eau, qui est toujours peu saine, disparoît entièrement dès le commencement de la chaleur.

L'île ne renferme aucune habitation ; seulement, lorsqu'il y a de l'eau, on y transporte quelques troupeaux de moutons ou de chèvres, qui sont gardés par des pasteurs grecs, habillés d'une sorte de jaquette et d'un long caleçon de peau de mouton avec sa laine. Ils paroissent sains et robustes, d'un beau teint, et sur-tout d'un aspect gai; leurs yeux sont perçants. Comme ils ne connoissent d'autre langue que celle de leur patrie, je ne pus entrer en conversation avec eux; mais il m'a semblé qu'ils conservoient encore un reste de la politesse et de l'urbanité qui formoient le fond du caractère des anciens Grecs.

On voit de là la ville de Modon, située sur le

continent, au bord de la mer, à une demi-lieue de distance au N. N. O.

On aperçoit aussi, à peu de distance du continent, un très petit îlot assez élevé, sur lequel les Russes avoient établi une batterie de vingt-quatre pièces, avec lesquelles ils battoient la ville lors de la dernière guerre ; cependant il me paroît presque impossible qu'on ait pu manœuvrer vingt-quatre pièces dans un espace aussi étroit, quoique la situation soit favorable pour cet objet.

Nous restâmes mouillés ; le capitaine continuoit à boire largement : enfin le 7 février, au matin, il mit à la voile avec un petit vent d'O.

Un peu auparavant je lui avois indiqué le rumb qu'il devoit prendre pour faire route en-dehors de l'île de Candie, et pour aller droit à Alexandrie. Il promit de suivre mes avis ; mais son intention étoit d'entrer dans l'Archipel, et de relâcher, sous quelque prétexte, dans le port de *Canéa* ou de Candie. A cet effet il changea de rumb vers l'E. pendant la nuit, et le matin je me trouvai devant les îles de Cerigo et de Candie, à l'embouchure de l'Archipel. Je reprochai au capitaine une opération qui devoit beaucoup alonger notre voyage ;

il s'excusa en disant qu'il n'avoit pu faire autrement, et qu'il n'y avoit plus moyen d'éviter l'entrée de l'Archipel. Nous étions en cet état, lorsque nous fûmes surpris par un calme parfait.

Les différents caps et les montagnes couvertes de neige de la Morée, les diverses îles qui sont à l'entrée de l'Archipel, forment un tableau intéressant. Toutes ces îles, qui sont très hautes, me parurent composées de la même espèce de roche que l'île Sapienza. L'île Cerigo, qui domine l'entrée de l'Archipel, paroît bien cultivée, et contient plusieurs villages. Elle étoit alors occupée par des troupes russes.

Il s'éleva un petit vent à l'entrée de la nuit: le capitaine, craignant le voisinage des terres, mit la proue à la mer, et se coucha après s'être complétement enivré.

Le lendemain il voulut rentrer dans l'Archipel; mais nous en étions trop loin. Le vaisseau avançoit lentement, au moyen de petits vents et de calmes; mais, ayant été surpris par la nuit avant d'y arriver, le capitaine fit la même manœuvre que le jour précédent, et la répéta pendant cinq jours : ce qui ne seroit pas arrivé, et nous aurions pu entrer le second jour dans l'Archipel, s'il eût voulu veiller une nuit en courant des petites bordées pour maintenir sa position.

On se crut un jour menacé par un pirate : les armes furent bientôt prêtes; mais le pirate s'éloigna, respectant peut-être le port de notre bâtiment et le grand nombre d'hommes qu'il voyoit. Le labyrinthe des îles de l'Archipel protége l'existence de ces forbans, qui, avec de frêles embarcations sans artillerie, et un équipage peu nombreux, mais bien armé, attaquent des bâtiments beaucoup plus considérables : le capitaine de notre vaisseau et son second avoient exercé ce noble métier pendant quelques années. Quand un pirate fait une prise, il noie ordinairement tout le monde, afin que le secret ne soit point divulgué; il conduit ensuite le bâtiment dans quelqu'un des petits ports déserts dont le nombre est si grand dans cette mer, et là il jouit tranquillement de son vol : ce qui prouve bien que le gouvernement turc n'est pas le régime le plus propre à faire disparoître ce fléau.

Pendant cette ennuyeuse navigation, les vivres et l'eau s'étoient presque entièrement consommés : plusieurs des passagers n'avoient déjà plus rien à manger; nous étions réduits à un huitième de ration d'eau par jour.

Dans cette situation, les voyageurs et les marins, plongés dans une tristesse d'autant plus grande qu'ils ignoroient quel seroit le terme de cet horrible état, avoient tous les yeux tournés vers moi : mais que pouvois-je faire avec l'imbécille que nous avions pour capitaine, et qui, au milieu de ces désastres, continuoit de s'enivrer et de dormir?

Enfin je montai sur le tillac : je fis distribuer une partie de mes vivres; je donnai en outre de l'argent à une quarantaine de malheureux, afin qu'ils pussent acheter des vivres de ceux qui en avoient. Ayant ainsi consolé tout le monde, je fis de fortes réprimandes au capitaine sur sa conduite et la situation où il nous avoit placés. Confondu de honte, il vira de bord vers le N. O., et, faisant bonne garde toute la nuit, il rentra dans un petit port de l'île Sapienza le lendemain matin 14 février, pour se ravitailler à Modon.

Ce petit port, qui s'appelle Porta-Longa, est beau et bien fermé, avec un îlot à son embouchure, et un fond excellent : on peut y mouiller jusqu'à quarante brasses du rivage, et encore beaucoup plus près avec de petits bâtiments. Il est capable de contenir douze à quinze vaisseaux de guerre avec autant de sûreté que dans un étang, quelles que soient la force et la direction du vent, parcequ'il est de tous côtés parfaitement couvert, et abrité par des montagnes.

Le soir de ce jour il entra à Porta-Longa un bâtiment grec venant de Livourne.

Le dimanche 16 février je débarquai à Modon, petite ville à six ou sept milles de Porta-Longa. (*Voy. planche XVII.*)

Trois grosses figures turques me reçurent à la douane, sur la rive de la mer, et me firent toute espèce d'honnêtetés, en m'invitant à prendre du café; ils me présentèrent une de leurs longues pipes, que je refusai. Comme aucun d'eux ne savoit parler l'arabe, ni aucune langue qui me fût connue, je ne pus répondre à leurs politesses que par des signes de reconnoissance. Nous nous quittâmes fort satisfaits les uns des autres, et j'entrai dans la ville, où l'on m'avoit préparé une maison située dans la principale rue.

On peut considérer la ville de Modon comme une bonne place de guerre. Antérieurement possédée par les Espagnols et par les Vénitiens, elle fut successivement fortifiée par ces deux nations. Elle est entourée de murailles très hautes et très fortes, avec des tours en terre-plein, défendues par de l'artillerie, de bons fossés, avec des contre-gardes; le chemin couvert palissadé et le glacis sont bien conservés : mais ce qui couvre particulièrement les ponts levis et la porte de terre, c'est un grand bastion élevé par les Vénitiens, sur les faces duquel on voit encore le lion de Saint-Marc. La ville n'a qu'une seule porte du côté de terre, et deux sur la mer; on dit qu'elle a en outre une poterne secrète qui donne dans la campagne, et par laquelle, lorsque les Russes assiégeoient la place, les soldats turcs firent une sortie, et battirent si rudement l'ennemi qu'il fut obligé d'abandonner le siége avec toute l'artillerie et les effets de campement.

Cette place a le défaut capital d'être dominée du côté du N. par une petite hauteur, où l'ennemi peut facilement établir des batteries à cent cinquante toises du corps de la place, sans que celle-ci puisse s'y opposer, et d'où il peut dominer une grande partie du chemin couvert, et battre jusqu'au pied de la muraille. Pour obvier à cet inconvénient, les Espagnols construisirent une batterie très haute dans le corps de la place : cet ouvrage, dont les feux rasent la hauteur, existe encore en bon état. Mais on auroit dû préférer d'aplanir la hauteur elle-même, ce qui ne paroît pas être une entreprise difficile, puisque, sans cela, les batteries que l'ennemi est toujours maître d'y établir, malgré les efforts de la place, éteindront bientôt les feux des assiégés; et les assiégeants peuvent alors s'établir librement sur la crête du chemin couvert pour battre en brèche.

L'aire de la place est entièrement couronnée d'une immense artillerie de tous les calibres, de toutes les nations, et de tous les âges; mais ces pièces sont extrêmement mal montées, la plupart sans affût, et placées seulement en perspective.

La ville de Modon est habitée par des Turcs. Je crois qu'elle peut contenir un millier de familles; on prétend qu'elle renferme sept cents hommes d'armes, qui sont payés par le grand-seigneur. Ceux que j'ai vus m'ont paru beaux, blancs, bien conformés, et sur-tout bien équipés et bien habillés. Leurs armes consistent en une petite carabine, des pistolets, et le *khanjeàr* ou couteau; ils portent la carabine en sautoir derrière le dos. Le peu de chevaux que j'ai aperçus m'ont paru très mauvais.

Pendant mon séjour, tous les hommes d'armes sortirent pour donner la chasse à une grande troupe de brigands qui, peu de jours auparavant, avoient attaqué un village, dont ils avoient égorgé les hommes, les femmes, et les enfants. Ces scènes horribles sont malheureusement très fréquentes dans la Morée : preuve manifeste de la désorganisation du gouvernement turc.

La ville, entourée de hautes murailles, avec des rues étroites et sales, me parut un séjour malsain, parcequ'on y respire un air sans circulation, et vicié par une très mauvaise odeur. J'ai même remarqué, dans la campagne, que l'argile forme un terrain boueux et désagréable ; j'attribue à cette cause l'aspect de putréfaction que l'on remarque également dans les légumes et les fruits. Le pain, mou et complètement noir, ressemble exactement à un morceau de boue desséchée à demi ; j'ai retrouvé la même apparence dégoûtante jusque dans la viande. Cependant les habitants jouissent d'une bonne santé, et ils ont de belles couleurs : on pourroit peut-être attribuer ces avantages à la grande quantité de vin que l'on boit ici ; elle est plus considérable, en proportion, que dans aucune ville d'Europe, malgré la défense de la loi.

On ne trouve aucune fontaine à Modon, mais seulement des puits, dont l'eau n'est pas potable : celle qu'on boit est apportée sur des bêtes de somme, et puisée dans un petit ruisseau à peu de distance de la ville. Anciennement il y avoit des fontaines; mais les conduits en sont ruinés.

La plus grande partie des murailles sont construites en grandes pierres de taille : les maisons sont également en pierre, couvertes en tuiles, à la manière de l'Europe, et les rues bien pavées. Ces pierres sont des variétés d'ardoises, de la pierre calcaire, ou des marbres grossiers. Les planchers des chambres sont en bois. Les maisons ont beaucoup de fenêtres, construites à l'européenne, et fermées par d'épaisses jalousies. Quelques portes ou arceaux, qui annoncent quelques idées d'architecture, sont toutes construites dans le style grec, et l'on n'y voit rien qui tienne au goût arabe.

En général, cette ville présente un aspect fort triste. La couleur cendrée des édifices, les tuiles de la même couleur, la hauteur des murailles, les ordures dans les rues, la mauvaise odeur qui s'en exhale continuellement, la qualité inférieure des vivres, la rareté d'eau potable, la pauvreté et l'inaction complète des habitants, qui n'exercent aucun art ni aucun commerce, la méfiance mutuelle qui existe entre eux, leurs divisions en différents partis toujours armés et toujours prêts à en venir aux mains, le morne silence qui règne par-tout, l'ivrognerie publique, tout contribue à donner à cette ville l'apparence d'une demeure infernale : cependant, par ses fortifications, on peut la regarder comme une place du second ordre, ainsi que par sa position géographique, qui est l'angle S. O. de la Morée et le passage de l'Archipel aux mers d'Europe; elle a en outre, dans son voisinage, plusieurs ports excellents qui pourroient la rendre un entrepôt de commerce.

Je trouvai, par une bonne observation, la latitude à Modon $= 36° 51' 41''$ N. Une mauvaise observation antérieure avoit donné deux minutes de moins. Sa longitude est la même que celle de l'île Sapienza, qui est au S. Il me fut impossible de pouvoir observer des distances lunaires.

La température, pendant mon séjour, fut froide, l'atmosphère presque toujours chargée de nuages, et il plut fréquemment.

Sur un îlot, à quelques toises de la ville, est un château ou tour octogone, composé de trois corps d'étages les uns sur les autres; l'étage inférieur est garni d'artillerie. Le capitaine du port habite dans cette tour : pour passer de la terre à l'îlot, on a construit une chaussée ou môle.

Près la porte de la mer étoit anciennement

un autre môle, dont il ne reste plus que quelques ruines.

Le bain public est mesquin et mal tenu.

On trouve plusieurs cafés, dans lesquels les Turcs sont perpétuellement occupés à boire, à fumer, ou à jouer aux échecs.

Dans la rue principale on voit plusieurs boutiques mal assorties, et d'une chétive apparence.

L'unité monétaire en usage à Modon, comme dans toute la Turquie, est une très petite pièce d'argent ou de cuivre argenté, qu'on appelle *para*. Cent quarante paras font une piastre espagnole.

Le *goeursch*, ou piastre turque, monnoie aussi grande que la piastre d'Espagne, vaut quarante paras. Elle est de cuivre, avec un très petit mélange d'argent.

Le *yuslik*, du même métal, vaut cent paras.

Le *mahboub* du Caire, qui est la pièce d'or, vaut cent quatre-vingts paras.

Le gouverneur de Modon, dont l'autorité est toujours précaire, s'appeloit Mehemet Aga; il étoit malade à cette époque.

L'habitant de Modon qui a le plus d'influence est un certain Mustapha Schaoux, homme riche, dont les formes ressemblent parfaitement à celles d'un grossier bandit. Il marche toujours armé d'un couteau et de deux énormes pistolets. Maître du bain public, du grand café, de tous les cabarets de la ville, et de l'île Sapienza, il tient l'aga presque confiné dans son logement : le capitaine du port, qui le craint, ne s'enhardit jamais à entrer dans la ville. Le grand café est une espèce d'asile pour tout criminel ; du moment qu'il y est entré, il n'a rien à craindre de l'autorité publique tant qu'il ne sortira pas de cette enceinte sacrée.

Mustapha Schaoux protégeoit la piraterie dans son île. Il étoit ami de mon capitaine et de son second, qui m'accompagna à mon débarquement. Lorsque celui-ci eut dit à la douane qu'il me conduisoit dans une des maisons de Mustapha Schaoux, tout le monde baissa la tête, me fit beaucoup d'honnêtetés, et je fus expédié promptement.

Cependant il y avoit peu de temps que ce Mustapha avoit soutenu une guerre avec un parti qui s'étoit élevé contre sa tyrannie. Les hostilités avoient duré plusieurs mois; les gens de son parti, dont le nombre est assez grand, s'étoient retirés dans ses cafés, dans ses maisons, d'où ils faisoient feu sur les ennemis qui sortoient de leurs demeures, et qui alloient dans les rues. Il parvint enfin à triompher et à maintenir son despotisme, qui est devenu plus fort que jamais. Tels sont les événements qui se passent journellement dans la plupart des provinces soumises au gouvernement de l'empereur de Constantinople : il est facile de sentir qu'un pareil ordre de choses ne peut durer long-temps, et que cette anarchie perpétuelle, ces révoltes partielles, finiront par détruire la puissance des Turcs.

J'ai déjà prévenu que j'étois logé dans une maison de Mustapha Schaoux. Son frère me servoit d'homme d'affaires, et lui-même me faisoit continuellement sa cour ; il proclamoit qu'*Ali Bey Effendi étoit le premier homme du monde:* ce qui donnoit à entendre que ma reconnoissance devoit être proportionnée aux services et aux honneurs qu'il me rendoit.

Cet important et féroce personnage a une fille et deux fils aussi grands buveurs de vin, aussi gros, et aussi rouges que leur père ; gage assuré de la perpétuité de cette noble race. La fille, qui pouvoit avoir douze ans, vint seule m'apporter mon linge : en entrant dans ma chambre, elle se découvrit entièrement la figure, qu'elle a fort jolie. Lorsque Mustapha rentra, je lui demandai pourquoi sa fille jouissoit de tant de liberté; il me répondit: *Mon cher seigneur, nous ne formons qu'une même famille.* Je fus très sensible à la distinction qu'il vouloit bien m'accorder.

Derrière la colline qui domine la ville est situé le village des Grecs; on y compte à peine cinq cents habitants, dont les maisons présentent l'aspect de la plus grande misère. C'est là cependant où l'unique consul résidant à Modon, celui de la république de Raguse, avoit établi sa résidence. Celui d'alors étoit un homme très aimable; il avoit avec lui un chanoine, préfet apostolique de la Morée, personnage fort instruit, et qui, pendant plusieurs années de séjour à Rome, avoit acquis toute la délicatesse de l'urbanité romaine. Les autres consuls d'Europe résident dans la ville de Coron, située à la distance d'une journée à l'E. de Modon.

La capitale de la Morée est la ville de Tripolizza, où réside le pacha. On prétend que la Morée renferme 88,000 Grecs et 18,000 Turcs. La population grecque étoit jadis infiniment plus nombreuse; mais les habitants, horriblement vexés par leurs maîtres, émigrent annuellement en grand nombre. Pour peu qu'un tel ordre de choses subsiste, les Grecs finiront par abandonner entièrement la terre de leurs aïeux. Si les vertus et l'austérité des mœurs n'ont pu garantir la fière Sparte de la honte de l'esclavage, quelle nation pourra jamais se flatter d'être libre!

La partie orientale de la Morée forme un département séparé, appelé *la Màïna*, et contenant trente mille ames. Ce département est toujours l'apanage du capitan-pacha de la Porte ottomane, qui le gouverne suivant son bon plaisir, et qui jouit absolument de tous les produits.

CHAPITRE IV.

Porta-Longa. — Bâtiments européens. — Ipsilanti. — Continuation de la route. — Bourrasque. — Arrivée devant Alexandrie. — Ouragan. — Tempête affreuse. — Arrivée dans l'île de Chypre. — État de détresse du bâtiment. — Débarquement à Limassol.

Je restai à Modon jusqu'au 20 février au soir, que le capitaine m'annonça qu'il étoit prêt à partir. En conséquence, j'entrai dans une chaloupe qui me conduisit à Porta-Longa, où je trouvai trois bâtiments autrichiens, dont les capitaines réunis me donnèrent une petite fête le lendemain.

Le vent d'E., qui souffloit, nous força de rester encore trois jours à Porta-Longa, dont le port est situé sur le côté oriental de l'île Sapienza. Deux bonnes observations à terre me donnèrent la latitude = 36° 46′ 37″ N.

Pendant ce temps on s'approvisionna de vivres, qu'on fit venir de Modon, ainsi que d'eau de pluie, recueillie dans les creux de l'île.

Le dernier jour de relâche il entra une grande hourque russe armée, et un autre bâtiment, qui venoient de Naples et de Corfou; ils conduisoient des officiers et des soldats russes sur les côtes de la mer Noire.

Un général-major avec des officiers vint me rendre visite. Le général me parut être un bon homme; il étoit habillé de noir, avec un petit bonnet en cuir de même couleur, et un chapelet composé d'une douzaine de grains gros comme des noix, qu'il tenoit à la main. Les officiers avoient pris entièrement l'air et les manières angloises. Ils étoient accompagnés d'un Grec, nommé Constantin Ipsilanti, neveu du célèbre prince Ipsilanti: ce jeune homme avoit servi en qualité d'officier dans les gardes wallones en Espagne. Il me parut être un dictionnaire polyglotte ambulant, car il parle et fait des vers en dix ou douze langues. Je lui ai entendu parler l'anglois, le françois, l'espagnol, et l'italien, avec une égale perfection: il est fâcheux qu'avec tant de connoissances et de talents ses idées s'embrouillent fort souvent.

Après qu'ils se furent retirés, je leur envoyai un petit présent en lait et en rafraîchissements; ils y répondirent par une salve générale de l'artillerie des deux bâtiments. Ipsilanti m'envoya les vers suivants :

Volerà di lido in lido
  La tua gloria vincitrice,
  E d'obblio trionfatrice
La tua fama viverà.
E non solo in questi boschi
  Sarà noto il tuo coraggio,
  Ma ogni popolo più saggio,
  Al tuo nome, al tuo valore
Simulacri inalzerà.

In segno di verace stima
e profondo rispetto,

L'infimo si però servo sincero,
Costantino IPSILANTI.

Si ces vers improvisés sont de lui, comme il le paroît, on peut regarder le Grec Ipsilanti comme un des hommes les plus instruits de sa nation.

Le lendemain matin, 21 février, nous mîmes à la voile pour continuer notre navigation vers le S. O., ayant enfin déterminé le capitaine à passer au-delà de l'île de Candie, sans entrer dans l'Archipel.

Le vent du N. O. commença à fraîchir vers midi, et sur le soir il s'étoit changé en une bourrasque décidée. Nous courûmes toute la nuit et le lendemain avec des coups de mer terribles; cependant à neuf heures du soir le vent foiblit un peu, et nous sortîmes du péril.

Les jours suivants nous eûmes des vents modérés, mais la mer fut toujours grosse et houleuse. Je me trouvois dans un état de foiblesse extrême, ne pouvant rien manger ni rien retenir, et vomissant le sang. Presque tous les passagers se trouvoient également malades, et dans l'état le plus déplorable. Le capitaine ajoutoit à notre malheur, en alongeant la traversée, parcequ'il faisoit plier les voiles pendant la nuit, pour pouvoir se coucher et dormir à son aise, après toutefois avoir passé une heure à chanter des hymnes bachiques, entouré de bouteilles : ce qu'il fit encore la nuit de la bourrasque. Je ne me serois jamais attendu à trouver un capitaine turc aussi complètement ivrogne, et aussi peu soigneux de cacher son intempérance. Plusieurs fois il me prioit de me lever, et d'observer notre point, parcequ'il n'avoit aucun compte d'estime, même par approximation; il se trouvoit comme un aveugle au milieu de la mer, sans savoir de quel côté tirer: ce qui réduisoit les passagers au désespoir; aussi tous me prioient de les tirer de cet embarras.

Porté, comme un moribond, sur les épaules de quelques hommes, je venois plusieurs fois sur le tillac. Comme nous n'avions aucune estime de notre position, je fis plusieurs observations du Soleil et de Vénus; et, par des approximations successives, je me mis en état de déterminer exactement notre point, que je trouvai déjà assez rapproché d'Alexandrie. Cette nouvelle porta la consolation à tous les passagers.

Le lendemain matin, 3 mars, ayant trouvé que notre longitude étoit très près de celle d'Alexandrie, je fis diriger le rumb au S. pour chercher la terre. On la découvrit, en effet, avant midi; et dès ce moment la joie fut universelle. Mais, comme c'est une côte extrêmement basse et uniforme, aucun point ne pouvoit nous la faire reconnoître.

J'observai la latitude à midi, et la trouvai presque exactement la même que celle d'Alexandrie. Je fis alors virer de bord droit à l'E., avec un vent frais du N. O. qui faisoit bien courir.

A une heure et demie on découvrit Alexan=

drie en face de nous. Deux heures après nous étions presque à l'entrée du port. Les maisons paroissoient tellement près, qu'il sembloit qu'on pouvoit les toucher de la main : déjà chacun, sautant d'alégresse, s'habilloit et se disposoit à descendre ; déjà on préparoit les ancres.... Comme les destinées des hommes sont incertaines!... A l'instant même où nous prenions la bouche du port, avec le vent le plus favorable, un coup d'oüragan affreux frappe le bâtiment, et pétrifie le capitaine.

Son second et les pratiques persistent à vouloir entrer dans le port ; le capitaine s'y oppose, se fait obéir à coups de bâton, et, courant sur le tillac, il met la proue à la mer. On le conjure de prendre l'autre port d'Alexandrie, ou celui d'Aboukir : sourd aux prières, il gagne la pleine mer, et nous conduit au sein de la bourrasque la plus horrible qu'on puisse imaginer.

La furie du vent et des vagues s'accrut à un tel point, que tous les passagers se crurent perdus au coucher du soleil ; déjà ils commençoient à implorer la miséricorde divine à grands cris. Je montai sur le tillac, et je vis un spectacle véritablement affreux. Les vagues, beaucoup plus hautes que le vaisseau, venoient se rompre contre lui les unes sur les autres ; elles formoient comme une espèce de brouillard épais qui, à travers la foible lueur du crépuscule, confondoit la vue du ciel avec celle de la mer ; tous les objets paroissoient d'une couleur grise presque rougeâtre ; les voiles étoient déchirées ; le bâtiment faisoit de l'eau de tous côtés, et les pompes ne suffisoient pas pour en diminuer la quantité. La plupart des passagers, tremblants, ressembloient à des moribonds ; plusieurs matelots étoient blessés, soit par les coups que leur avoit donnés le capitaine, soit par les chutes ou les coups de la manœuvre ; le bâtiment rouloit, comme une balle de paume, entre les deux élémens qui le battoient. Tel étoit l'horrible tableau qui s'offrit à mes yeux. Le capitaine s'approcha de moi, les larmes aux yeux, et me dit : *Que pourrai-je faire, Sidi Ali Bey ? Si c'est la volonté de Dieu que nous mourions ici cette nuit, qu'allons-nous devenir ?...* Je lui répondis seulement : *Ah ! capitaine....* et ne voulus rien dire de plus, parceque sa mauvaise conduite et son fol entêtement nous avoient conduits à cette extrémité, qu'il auroit pu éviter en entrant dans un des ports d'Alexandrie, ou, mieux encore, s'il eût pris la peine de veiller la nuit précédente : ce qui nous eût fait arriver au port avant midi.

Cette bourrasque terrible diminua néanmoins un peu après le coucher du soleil. Un état aussi critique n'empêcha pas cependant le capitaine de se retirer dans sa chambre, où il but quelques bouteilles de vin, puis se coucha, et dormit aussi tranquillement que s'il eût été à l'ancre. A son exemple, le second en fit de même, après avoir fait attacher le gouvernail. Les matelots, fatigués, et sans chef, filèrent les uns après les autres, et descendirent pour coucher dans l'entre-pont. Je restai seul sur le tillac, avec un matelot maltois et deux napolitains. Quel spectacle qu'un bâtiment de la grosseur d'une frégate, courant une bourrasque affreuse, faisant eau de tous côtés, sans capitaine, sans pilote, sans matelots, ayant le gouvernail attaché, et entièrement abandonné à la fureur des vents et des vagues!

A dix heures du soir, le vent commença à renforcer; les coups de mer devinrent plus forts et plus fréquents. Voyant que la bourrasque prenoit une nouvelle force, je m'attendois à une crise terrible au passage de la lune par le méridien, et, ne pouvant absolument compter sur le capitaine ni sur l'équipage, je regardai le bâtiment et les hommes comme perdus.

A onze heures la lune passa au méridien; la

tempête renforça, et vers minuit elle étoit la plus horrible qu'on puisse se figurer. Malgré la lune, nous étions ensevelis dans les ténèbres les plus profondes ; des montagnes de vagues nous couvroient d'eau ; de temps en temps il tomboit des torrents de pluie, mêlés de forts coups de grêle. Les éclairs illuminoient cette scène d'horreur; mais on ne pouvoit entendre les coups de tonnerre, parceque le fracas des vagues, semblable au rugissement de milliers de lions et de taureaux, assourdissoit nos oreilles; et, pour comble de malheur, le bâtiment, dans cette extrémité, étoit, pour ainsi dire, abandonné du capitaine et de l'équipage!... J'étois dans un état de foiblesse extrême, et je croyois que notre heure dernière étoit arrivée; mais la réflexion que vingt ans de vie, en plus ou en moins, passent comme un songe, et quelques autres considérations, tranquillisèrent mon esprit ; je restai dans un tel état d'indifférence sur la vie et sur la mort, que j'attendois avec calme et résignation le moment fatal.

La tempête continuoit avec la même force. Je vis plusieurs fois tomber la foudre autour de moi, et je crois encore l'avoir vue une fois rejaillir de la mer vers les nuages. Je parvins cependant à réveiller le second capitaine et quelques matelots : ceux-ci se mirent à travailler aux pompes; le second capitaine, qui étoit un homme colossal, prit le gouvernail, et tâchoit de présenter la proue aux grosses vagues. Ces deux opérations soulagèrent infiniment le bâtiment. Enfin, à deux heures après minuit, je vis éclater devant la proue un globe de feu, qui me parut de trois pieds de diamètre; mais, comme je ne pouvois calculer sa distance, il me fut impossible d'estimer sa véritable grandeur. Il me parut être à une petite hauteur sur la surface de la mer. Son explosion se fit sans éclair, et sans mouvement apparent; sa lumière, brillante comme le soleil, dura de trois à quatre secondes de temps. La forme du météore me sembla pareille à un sac qu'on vide, et dont on retourne la toile. Au dernier moment il jeta une lumière bleuâtre et rougeâtre.

Le météore fut suivi d'horribles coups de mer, de vent et de grêle, qui durèrent jusqu'à près de trois heures du matin. La tempête commença alors à se calmer, quoique encore très violente jusqu'à une heure après le lever du soleil. Mais le vent terrible du N. O. et la forte lame continuèrent toute la journée.

Le lendemain, 5 mars, après que j'eus observé

ma position, le capitaine décida que nous ne pouvions atteindre Alexandrie; il voulut se rendre à l'île de Chypre. Je dirigeai le rumb en conséquence, et, après trois jours de navigation par de gros vents et une mer toujours furieuse, nous mouillâmes dans la rade de *Limassòl*, à l'île de Chypre, le 7 mars 1806.

Comment pourrai-je peindre l'affreux état de notre bâtiment? Toutes les voiles déchirées, et point de rechange! la carcasse faisant eau de tous côtés, au point que les pompes étoient presque continuellement en jeu; tout le monde malade, et plus de vingt hommes couchés et paroissant près d'expirer! Un d'eux étoit mort le 4, et son corps avoit été jeté à la mer; un autre mourut le jour de notre arrivée au port; deux autres étoient au moment d'expirer; deux sont devenus fous. Les gens de l'équipage, s'entr'aidant les uns les autres pour sauter à terre, s'échappèrent tous; et le capitaine resta seul à bord avec trois ou quatre matelots turcs. Nous nous hâtâmes de débarquer. Les habitants, voyant l'affreuse détresse où nous étions, s'éloignèrent du bâtiment. Personne ne vouloit aller à bord; il fallut que le gouverneur de la ville ordonnât à quelques calfats de boucher au moins les ouvertures principales de la carcasse, afin de sauver le navire, qui par moments sembloit sur le point de couler bas.

On prétendit que la mauvaise eau de l'île Sapienza avoit nui à notre monde, et que la vapeur de quelques quintaux de safran avoit vicié l'air du bâtiment; mais le pire de tout fut que, pendant plusieurs jours que nous courûmes les bourrasques, il y eut constamment plus de quatre-vingts personnes renfermées dans l'entre-pont, sans la plus petite ouverture pour respirer; tous étoient tristes et abattus, n'ayant rien à manger, excepté un peu d'aliments froids; et les ordures de ce grand nombre de personnes étoient jetées à fond de cale. D'après cela, on peut se figurer quel étoit l'état de ces malheureux. Par bonheur pour moi, la chambre de poupe, que j'occupois seul, n'avoit pas la moindre communication avec l'entre-pont.

Quand je débarquai à Limassol, des Turcs et des Grecs vinrent à moi. Sur la demande que je leur fis d'un logement, ils me conduisirent dans une jolie maison, dont je pris possession avec mes domestiques. Le gouverneur turc, qui est un aga, vint de suite me faire l'offre de ses services; il envoya deux chaloupes, avec un de ses officiers, pour débarquer mes effets. On ne visita rien à la douane.

Je fus traité avec autant de délicatesse que je pourrois l'être dans la ville la plus policée de l'Europe.

La personne qui faisoit mes affaires ici étoit le principal des Grecs, nommé Demetrio Francoudi, alors vice-consul d'Angleterre et de Russie, et consul de Naples, homme très riche, parlant bien l'italien, et fort respecté des Grecs et des Turcs.

Chez ce M. Francoudi étoit logé un Anglois, nommé M. Rich, qui se rendoit, disoit-il, au Caire pour gérer les affaires de la Compagnie des Indes. Ce jeune homme intéressant, qui parle aisément le turc et le persan, et qui avoit adopté le costume et les usages musulmans, m'accompagnoit fréquemment à dîner, et parloit toujours du Mamlouk Elfi Bey avec enthousiasme.

Il y avoit aussi chez le même M. Francoudi un eunuque nègre, qui étoit l'un des quatre chefs du sérail du grand-seigneur: il s'appeloit Lala, et passoit à la garde du tombeau du prophète à Médine. A son arrivée, il avoit été mortellement blessé par quelques soldats qui attaquoient un de ses domestiques; et cet homme, doué du caractère le plus doux qu'on puisse imaginer, périt victime de cet accident.

Un de mes domestiques étoit malade, par suite des fatigues qu'il avoit éprouvées sur le bâtiment. Dans la mosquée étoient aussi plusieurs malheureux dans le même état.

Le 21 mars mourut une des femmes qui montoient le vaisseau. Le 25 nous perdîmes encore un autre passager, et un autre de mes domestiques tomba malade le 23.

CHAPITRE V.

Voyage à Nicosia. — Description de cette ville. — Architecture. — Visites d'étiquette. — Archevêques et évêques. — Contributions des Grecs. — Femmes. — Ignorance. — Églises. — Turcs. — Mosquées.

Me trouvant sur les lieux que les poëtes grecs ont immortalisés par la description des charmantes aventures de la mère de l'Amour, je voulus visiter les sites tant célébrés de Cythère, d'Idalie, de Paphos et d'Amathonte, accompagné seulement de M. Francoudi, de son fils et de quatre domestiques. Le 28 mars 1806 je partis à cinq heures du matin, en me dirigeant vers l'E.

Après avoir traversé la rivière d'Amathonte, qui coule au S. pour entrer dans la mer à peu de distance, je trouvai bientôt, sur le rivage de la mer, les ruines de la ville dont on verra plus loin la description. De là, suivant la direction du chemin vers le N. O., j'entrai dans les montagnes, où je fus surpris à midi par une bourrasque; et, à une heure un quart, j'arrivai au village de *Togni*. (*Planche XVI.*)

Les plus charmants tableaux composent le pays que j'ai parcouru ce jour-là. De la sortie de Limassol aux ruines, le chemin est sur la rive de la mer, et la terre présente de petites plaines légèrement inclinées et terminées par des collines : le tout est couvert d'une belle verdure. Au-dessus des collines s'élève une chaîne de hautes montagnes, dont les sommets sont couronnés de neige. Le terrain, composé d'une terre grasse végétale de couleur rouge, est extrêmement fertile.

Les montagnes du chemin ont toutes des penchants aussi doux à monter qu'à descendre; elles forment des gradins aux deux côtés du chemin, et la plus riche végétation anime ce joli paysage.

Le village de Togni, dont les maisons sont laides et mal bâties, est dans une position pittoresque, sur le penchant de deux collines, dont l'une est habitée par les Grecs, et l'autre par les Turcs. Entre les deux collines coule une petite rivière sous un pont d'une seule arche, sur lequel est établie l'église des Grecs, dédiée à sainte Hélène.

Le lendemain 23, je partis à sept heures

et un quart, toujours dans la direction de l'E. Une heure après je traversai la rivière Scarino, qui va au S., et, à trois heures, une autre rivière qui coule du même côté.

A neuf heures et demie la route changea vers le N. E. : je commençai à gravir les plus hautes montagnes, dont j'atteignis le sommet à onze heures. Descendant ensuite par des pentes douces, demi-heure après je passai par un village appelé Corno, et je fis halte à midi dans le monastère grec de Aïa Tecla.

Sorti du monastère à une heure et demie, je me dirigeai vers le N. N. O. A deux heures j'eus un ruisseau à traverser ; et, une heure après, j'avois sur la gauche le village Teraforio, situé à peu de distance. Après avoir ensuite laissé sur la droite un autre village nommé Tisdarchaui, et traversé une petite rivière, en suivant toujours la même direction, à six heures nous entrâmes dans la ville de Nicosia, capitale de l'île.

Le pays nous avoit offert d'abord de petites montagnes en échelons couvertes de la plus belle verdure, et des tableaux riants, dignes de la déesse au culte de laquelle l'île fut consacrée. Le terrain se compose d'une excellente terre végétale, telle qu'on pourroit la desirer pour un jardin.

Les hautes montagnes sont formées de roche cornée, dans toutes les nuances de couleurs, depuis le vert pomme jusqu'au vert noirâtre : on y trouve encore des morceaux de blende cornée très belle et fort luisante.

J'arrêtai un moment mon cheval pour examiner ces roches. M. Francoudi me dit : *Ces roches s'appellent* ROCA DI CORNO. Je lui demandai d'où l'on avoit formé ce nom. Il me répondit : *D'un endroit que nous allons voir bientôt.* C'est le même dont j'ai parlé dans la description de cette route. Si c'est un hasard, cette rencontre du nom vulgaire avec le nom minéralogique est bien singulière sans doute ; et, dans le cas contraire, quel minéralogiste aura fondé ou donné un nom pareil au village de Corno ? On ne put rien m'apprendre sur l'origine de ce village, ce qui prouve qu'il est ancien. Au surplus, il peut contenir une trentaine de maisons: sa situation est charmante, au centre d'un petit vallon planté d'oliviers et de caroubiers. Les habitants sont presque tous fabricants de vaisselle de terre. Ces montagnes sont couvertes de cyprès sauvages, qui forment des groupes et des bosquets fort beaux. C'est de l'île de Chypre que cet arbre a pris son nom.

Dans les grands groupes de roche cornée on aperçoit des veines ou des petits filons de quartz. Je n'y ai pas trouvé le moindre indice de granit. Ces montagnes sont certainement métallifères; car elles contiennent du mica, ainsi que des oxides de cuivre et de fer.

Après avoir traversé un ruisseau à deux heures après midi, nous entrâmes dans une plaine dont le terrain est une mauvaise terre argileuse. Cette plaine peut avoir une lieue de diamètre; elle est terminée à l'E par des petites montagnes d'argile pure blanche, entièrement stériles et pelées.

A la sortie de ce petit désert on trouve un peu de terre végétale, mais d'une qualité inférieure. Toutes les plaines qui suivent n'ont point la beauté et la fertilité de la partie méridionale de l'île.

Le monastère d'Aïa Tecla est dans une belle situation, sur le penchant des montagnes cornées. Un seul moine y demeure, avec plusieurs domestiques et des ouvriers qui travaillent aux terres fertiles qui en dépendent. L'archevêque de Nicosia, véritable prince de l'île, jouit du produit de ce monastère, ainsi que de plusieurs autres, dont le nombre est assez considérable. Au-dessous de l'église d'Aïa Tecla coule une source dont l'eau est excellente. L'église est en bon état. On trouve dans le monastère des cellules et des habitations pour loger les voyageurs. (*Voyez planche XIII.*)

L'étendue de Nicosia, capitale de l'île de Chypre, représente une ville qui pourroit aisément renfermer cent mille habitants; mais elle est déserte : l'œil y aperçoit plusieurs grands potagers et de grands espaces remplis seulement de ruines et de décombres. On m'a assuré qu'elle ne contenoit pas plus de mille familles turques et un pareil nombre de familles grecques.

La situation de la ville, sur une élévation de quelques pieds, au centre d'une grande plaine, lui procure un air pur et une belle vue. La circonférence du plan est escarpée, revêtue de pierres de taille, surmontée d'un parapet, et coupée en angles saillants et rentrants, de sorte qu'elle est susceptible d'une défense régulière; ce qui lui donne un aspect imposant.

La ville a trois portes, qu'on nomme de Paphos, de Chirigna et de Famagosta. Cette dernière est magnifique : elle est composée d'une vaste voûte cylindrique qui couvre toute la rampe ou la montée, depuis le niveau inférieur de la campagne jusqu'au plan supérieur sur lequel la ville est établie. A la moitié de la montée est une coupole surbaissée ou segment de sphère, au centre de laquelle est une lucarne circulaire, pour l'entrée de la lumière. Ce monument, entièrement construit en grandes pierres de taille ou en marbre grossier, est un ouvrage digne des anciens habitants.

On distingue quelques rues assez belles dans la partie de la ville habitée par les Grecs; mais les autres sont étroites, mal percées, sur-tout fort sales et sans pavés.

Quelques maisons de Nicosia sont belles; il y en a même de très grandes. Celle où j'étois logé, et qui appartient au *dragoman de Chypre*, premier employé de la nation grecque dans l'île, est véritablement un palais, à cause des colonnes, des jardins et des fontaines dont elle est ornée.

La construction des édifices est tout-à-fait en opposition avec la méthode pratiquée en Barbarie. La plus grande habitation dans cette contrée de l'Afrique ne reçoit de lumière que par la porte. Ici, au contraire, il n'est pas un mur intérieur ou extérieur qui n'ait deux rangs de croisées placées les unes sur les autres, et en si grand nombre, que dans la chambre où j'habitois ordinairement, et qui n'avoit que vingt-quatre pieds de long sur douze de large, on en comptoit *quatorze grandes et la porte*. Le rang supérieur de ces croisées est fermé par une jalousie à la partie extérieure, et par des carreaux de vitres à l'intérieur. Les fenêtres inférieures ont des jalousies, des carreaux et des volets. Cette disposition produit un bon effet dans les habitations qui ont le toit assez haut, et il est à remarquer que les murs de cloison ont des fenêtres comme les murs extérieurs. Les toits et une partie des escaliers sont en bois. Les corridors ou galeries sont également fermés par des jalousies. Les planchers de toutes les chambres sont en marbre, ainsi que les jambages des portes et des fenêtres, et les premières assises des maisons : le reste des murs est construit avec de la pierre grossière, des briques mal cuites et de la chaux. Les maisons ne sont point couvertes avec des tuiles; les toits sont plats, et extrêmement lourds. C'est sans doute à cet usage pernicieux qu'il faut attribuer la destruction de tous les édifices antiques, dont il n'existe plus que le palais.

Ce palais, appelé *Seraya* ou le Sérail, monument vaste et mal distribué, sert d'habitation au gouverneur général de l'île.

L'ancienne cathédrale d'Aïa Sophia, superbe bâtiment gothique, est à présent une grande mosquée des Turcs, qui en ont revêtu les colonnes d'une grosse couche de chaux, en sorte qu'elles ressemblent à des cylindres monstrueux; ils y ont ajouté deux tours ou minarets, bien faits, mais incohérents avec la construction primitive.

Comme la loi exige qu'on se place dans la direction de la Mecque pour faire la prière, et que cette cathédrale n'a point été destinée, en principe, au culte musulman, il a fallu que les Turcs fissent élever, dans l'intérieur de l'église, des façades ou frontispices en bois, placées obliquement dans la direction de la ligne de la Mecque, afin de pouvoir faire la prière suivant le mode prescrit. (*Voyez planche XIII.*)

Tous les évêques de l'île étoient rassemblés à Nicosia, par suite de l'arrivée d'un nouveau gouverneur général. Plusieurs personnages de marque étoient aussi venus lui présenter leurs hommages.

Le lendemain de mon arrivée, l'évêque de Larnaca vint me rendre visite, accompagné d'une suite nombreuse. Je trouvai en lui un homme de bon sens, d'un jugement droit, et fort instruit.

Je reçus le jour suivant la visite de l'évêque de Paphos, qui, quoique jeune, me parut être un homme fin et rusé. L'évêque de Chiriga, qui est le troisième de l'île, se trouvoit grièvement indisposé.

L'archevêque, retenu par son extrême vieillesse et par les douleurs de la goutte, m'envoya son évêque *in partibus*, qui le remplace dans ses fonctions. Celui-ci vint accompagné de l'*archimandrita*, de l'économe et de plus de cinquante prêtres. Les trois dignitaires me firent mille excuses au nom de l'archevêque, qui, malgré son état, vouloit absolument se faire transporter, si on ne l'en avoit empêché.

Parmi les autres personnes de marque qui me fréquentoient j'ai particulièrement distingué M. Nicolaos Nicolidi, chargé de la dragomanie de Chypre, en l'absence du dragoman. C'est un homme entièrement formé pour l'art oratoire; aussi l'ai-je surnommé le Démosthènes moderne.

Le troisième jour je rendis ma visite au gouverneur général, qui me reçut en grande cérémonie, entouré d'un grand nombre d'officiers, de soldats et de domestiques armés jusqu'aux dents. A la porte du salon, il y avoit une sentinelle debout, avec une hache sur l'épaule.

Le gouverneur se leva pour me recevoir, et me fit placer à son côté sur un magnifique sofa. C'est un homme d'esprit, plein de feu, et qu'on dit fort instruit. Nous eûmes un long entretien, dans lequel il fut sur-tout question de politique. MM. Nicolidi et Francoudi, qui m'avoient accompagné, me servoient d'interprêtes, parceque le gouverneur ne parloit point l'arabe ni les langues d'Europe, et que je n'entendois pas le turc. Le gouverneur, magnifiquement habillé, étoit revêtu d'une superbe pelisse. On lui apporta sa pipe persane, qu'il me présenta. Je la refusai, parceque je ne fume pas. Six pages, âgés de quinze ans, de la même taille, beaux comme des anges, richement vêtus de satin et de superbes schalls cachemires, nous servirent le café; ils me parfumèrent ensuite et m'arrosèrent avec de l'eau de rose. A mon départ, le gouverneur me reconduisit jusqu'à la porte de son appartement.

Je passai ensuite dans la chambre d'un frère du gouverneur, qui est un bon vieillard : il nous fit servir du café, et se prit d'enthousiasme pour moi lorsqu'il sut que je me disposois à faire le voyage de la Mecque, où il est allé plusieurs fois lui-même. Il me donna des conseils à cet égard ; et nous nous séparâmes fort contents l'un de l'autre.

Ayant terminé ma visite au sérail, je passai au palais de l'archevêque. Je trouvai à la porte l'archimandrite et l'économe, avec vingt ou trente domestiques, pour me recevoir. Au pied de l'escalier une multitude de prêtres me prirent et me portèrent jusqu'à la première galerie, où l'évêque *in partibus* me reçut avec un autre cortége de prêtres. A la seconde galerie je trouvai l'archevêque. Ce vénérable vieillard, quoiqu'il eût les jambes extraordinairement enflées, s'étoit fait transporter jusque-là par l'évêque de Paphos et cinq ou six autres personnes pour venir à ma rencontre. Je lui fis des reproches d'amitié sur ce qu'il s'étoit dérangé ; puis, lui donnant la main, je le suivis dans sa chambre.

Un médecin italien, domicilié à Nicosia, nommé le docteur Brunoni, qui avoit adopté le costume, les mœurs, et les usages grecs, me servoit d'interprête. C'est un homme de belle humeur, plein de finesse, et entièrement dégagé de préjugés.

Le vénérable archevêque me raconta les vexations violentes qu'il avoit souffertes l'année précédente de la part des Turcs rebelles de l'île. Je tâchai de consoler ce cœur encore ulcéré des maux qu'il avoit éprouvés. Nous causâmes longuement à ce sujet; et, après les honneurs accoutumés du café, du parfum et de l'eau de senteur, nous nous séparâmes avec le sentiment d'une affection cordiale.

Je visitai ensuite l'économe et l'archimandrite dans leurs habitations, où se réunirent aussi l'évêque de Paphos et l'évêque *in partibus*. Mais quelle fut ma surprise, quand, à ma sortie, je trouvai encore le vénérable archevêque dans la galerie, où il s'étoit fait conduire pour me dire un dernier adieu! Je ne saurois dire à quel point je fus touché de la démarche de ce respectable vieillard. Je voulus lui adresser quelques reproches, mais la parole expira sur mes lèvres.

L'archevêque de Chypre, patriarche indépendant au sein de l'église grecque, est aussi le prince ou chef suprême spirituel et temporel de la nation grecque en Chypre. Il est responsable envers le Grand-Seigneur des impôts et des actions des cypriotes grecs. Pour éviter d'entrer dans le détail des affaires criminelles, et pour se décharger d'une partie du gouvernement temporel, il a délégué ses pouvoirs au *dragoman de Chypre*, qui, en vertu de cette délégation, est devenu la première autorité civile : il se trouve dans le rang et avec les attributions d'un prince de la nation, parceque le gouverneur turc ne peut rien faire contre un Grec sans la participation et l'entremise du dragoman, qui est également chargé de porter les vœux de la nation au pied du trône du Grand-Seigneur.

Il y avoit eu, l'année précédente, dans l'île une forte émeute des Turcs contre le dragoman. Ceux-ci, s'étant emparés de la ville de Nicosia, exercèrent mille atrocités sur la personne de l'archevêque et sur les autres Grecs ; ils mirent à mort ceux qui refusèrent de leur donner de l'argent. Le dragoman s'enfuit à Constantinople, où il obtint non seulement gain de cause en faveur des Grecs, mais encore l'ordre de faire marcher un pacha, avec des troupes de Caramanie, contre les rebelles, qui s'étoient retranchés à Nicosia.

Dans une situation aussi critique, l'économe fut l'ange tutélaire de la nation, par le talent et l'esprit qu'il déploya pour neutraliser la fureur des factieux.

Après plusieurs combats, les révoltés ouvrirent des relations avec le pacha, qui, par la médiation de quelques consuls d'Europe, engagea sa parole de ne punir personne. Sous cette condition les rebelles ouvrirent les portes de la ville. Mais, lorsque le pacha fut entré, il en fit décapiter plusieurs, sans égard à l'engagement qu'il avoit contracté.

Cet événement a humilié les Turcs qui résident dans l'île, en même temps que les Grecs en ont pris une certaine fierté et même un air d'indépendance. Le dragoman étoit encore à Constantinople; mais, si je n'ai pu le connoître personnellement, les ouvrages que j'ai vus de lui annoncent qu'il est homme d'esprit et à talent.

J'ai déjà prévenu que, dans la partie spirituelle, l'archevêque de Chypre est patriarche indépendant : c'est pourquoi il n'a aucune espèce de relation avec le patriarche de Constantinople ; il en conserve seulement avec celui de

Jérusalem, par respect pour les lieux saints, dont les desservans possèdent quelques propriétés dans l'île.

L'archevêque accorde les évêchés et les autres dignités ou emplois ecclésiastiques sur la présentation du peuple; il donne les dispenses pour les mariages dans les degrés prohibés.

L'archevêque, les évêques et les autres grands dignitaires, ne peuvent pas se marier : il n'est permis qu'aux simples prêtres séculiers d'avoir une femme, lorsqu'ils l'ont épousée avant d'avoir été élevés au sacerdoce; mais si elle vient à mourir, ils ne peuvent pas en prendre une autre. L'archevêque actuel est veuf; il a un fils de son mariage. Les moines sont pour toujours voués au célibat.

Le signe distinctif des prêtres est un bonnet de feutre noir, angulaire pour ceux qui sont mariés; rond, en forme de cône renversé, pour les célibataires et les moines. Les évêques sont distingués par un petit ruban violet autour de la tête, et s'habillent fréquemment en étoffe de la même couleur. Les autres prêtres sont ordinairement vêtus de noir.

Les Grecs ont une grande soumission et un profond respect pour leurs évêques : lorsqu'ils les saluent, ils se prosternent, ôtent leur bonnet, et le leur présentent renversé. Ils n'osent presque pas parler en leur présence. Il est vrai que les évêques sont, pour cette nation esclave, comme des points de ralliement. C'est par eux qu'ils conservent encore quelque existence, et par conséquent il leur convient de donner à ces prélats une importance politique, qui est même reconnue par les Turcs, si l'on en juge par la manière dont ceux-ci les traitent, et par la déférence et le respect même qu'ils leur témoignent. Dans leurs maisons et dans leur service les évêques étalent un luxe de prince ; ils ne sortent jamais sans une suite nombreuse ; et, quand ils ont à monter un escalier, ils sont portés par les gens de leur suite.

Les Grecs payent à l'évêque la dîme et les prémices de leurs fruits, le casuel, les dispenses, ainsi que beaucoup d'aumônes.

Comme ces princes de l'église perçoivent les impôts de la nation pour payer au gouvernement turc la redevance habituelle, cela donne lieu à une espèce de monopole entre eux. Jamais le gouvernement turc n'a pu savoir exactement le nombre des Grecs qui habitent dans l'île. Ils avouent un total de trente-deux mille ames ;

mais, de l'aveu de personnes instruites, la population grecque s'élève à cent mille. L'année précédente le gouvernement avoit envoyé un commissaire pour faire le dénombrement exact des Grecs; mais il fut circonvenu, chargé d'or, et s'en alla sans avoir rien fait. Cette administration des impôts produit des gains immenses aux chefs; et le peuple souffre en silence, de crainte de tomber plus mal.

Les Grecs payent au gouvernement un tribut de cinq cent mille piastres par an pour la solde d'une garnison de quatre mille soldats turcs; mais il s'en faut de beaucoup que ce nombre soit jamais au complet. Le Grand-Seigneur prélève encore deux ou trois cent mille piastres de droits sur le coton et autres productions. Ces sommes, réunies à ce que le gouverneur général et les gouverneurs particuliers exigent, peuvent faire monter la totalité des impositions à un million de piastres que les Grecs de Chypre payent aux Turcs. Mais les évêques et les autres chefs de la nation en retirent beaucoup plus encore.

Les Grecs sont aussi jaloux que les Turcs; ils tiennent leurs femmes dans des lieux si retirés, qu'il est impossible de les apercevoir. Celles que je rencontrois dans les rues étoient couvertes et enveloppées d'une toile blanche, à la manière des femmes turques; celles qui vont le visage découvert sont ordinairement vieilles ou laides. Leur costume n'est pas dépourvu de grace; mais une espèce de bonnet en forme conique, qu'elles portent sur la tête, me déplaît infiniment. Quant aux hommes, on en voit de bien conformés, et en général ils ont de belles couleurs. Les personnes aisées portent toujours de longs habits, comme les Turcs, dont ils ne se distinguent que par le turban bleu; plusieurs même en ont d'autres couleurs et même de blancs, sans que les Turcs y trouvent à redire. J'ai remarqué que tout le monde, même les pasteurs, les journaliers et les gens les plus pauvres, étoient proprement habillés.

Les Grecs, n'ayant point ici d'établissemens pour étudier les hautes sciences, sont extrêmement en arrière à cet égard. Cependant on reconnoît encore parmi eux l'ancien esprit de leurs pères, et on y trouve fréquemment des hommes remplis de feu et d'excellentes dispositions. Mais la masse de la nation, avilie par l'esclavage, est pusillanime, ignorante et lâche.

Ils font usage de l'ancien calendrier, sans la correction grégorienne; leur comput est donc aussi en arrière de celui d'Europe, dont il diffère, pour le présent, de douze jours; il reste également en arrière du soleil, en sorte que, si on ne le corrige pas, il arrivera un temps où leur calendrier marquera le mois de juillet dans le solstice d'hiver, ou les jours des frimas dans la canicule.

Leur carême, qu'ils observent rigoureusement, dure une semaine de plus que celui des catholiques. Pendant ce temps de pénitence ils ne mangent ni viande, ni poisson, ni laitage; ils se font même un scrupule de l'usage de l'huile: leur nourriture se réduit donc alors au pain et à quelques olives. Ils se croient les seuls orthodoxes, parcequ'ils pensent avoir conservé le rit grec primitif, et donnent le nom de schismatiques aux chrétiens latins. Ils ont tous les sacrements reconnus par l'église romaine; mais ils consacrent l'Eucharistie avec du pain levé.

Le sanctuaire des églises grecques est séparé de la nef par une cloison en bois, couverte de tableaux empreints de ce mauvais goût qui régnoit dans le Bas-Empire. Cette cloison a une large porte au milieu, et une plus étroite de chaque côté; elles servent d'entrée au sanctuaire, au milieu duquel s'élève un piédestal carré, couvert de pagnes, et entouré d'une petite balustrade en bois. Sur ce piédestal sont quelques petits tableaux, le missel, et autres effets. Les ministres du culte, qui seuls peuvent entrer dans cette partie de l'église, disent la messe, à ce qu'on m'a rapporté, avec les trois portes fermées; on ne les ouvre que dans certains moments fixés par le rituel. Les fidèles se tiennent dans la nef, et leur imagination supplée à la grandeur des mystères qu'ils ne voient pas. Les femmes se placent dans une tribune haute, fermée par d'épaisses jalousies, où elles ne peuvent être vues.

Les Grecs portent tous la moustache, et se rasent la barbe à la manière des Turcs; mais les personnes d'un âge avancé et les prêtres la laissent croître ordinairement.

Il est défendu aux Grecs d'avoir des armes; mais ils ont tous un stylet ou couteau caché sous leur habit.

Le commerce de l'île, dont le coton paroît être une des principales branches, est presque entièrement entre leurs mains; et les Turcs, à

cet égard, n'y jouent qu'un rôle secondaire.
L'indolence de leur caractère est bien connue :
satisfaits du climat et des habitants de Chypre,
ils fument tranquillement leurs pipes, et ne
se dérangent que lorsqu'ils peuvent faire une
avanie à un Grec, sous prétexte d'une faute
réelle ou apparente. Le plus grand crime est
pardonné, quand le criminel met dans la balance la quantité d'or qui, selon l'ambition du
juge, équivaut à la gravité du fait. La propriété n'est respectée que lorsque le propriétaire est plus fort ou mieux protégé que le
spoliateur ; aussi l'on voit fréquemment des
malheureux villageois grecs dépossédés par des
Turcs, qui se mettent en possession de leur
patrimoine.

C'est pour éviter ces vexations odieuses que
plusieurs habitants se placent sous la protection des consuls européens, qui ont la faculté
d'accorder cette faveur à un certain nombre.
Ces *protégés* jouissent des mêmes immunités
que les individus de la nation qui les protége.
Ils ont pour signe distinctif une grande mitre
de peau d'ours, nommée *calpàc*, avec le poil
bien noir. J'ai vu cependant quelques Grecs
qui portoient la mitre, sans être du nombre de

ces protégés; et les Turcs n'y trouvoient point à redire (1).

Les mosquées du pays, à l'exception de celle de Sainte-Sophie, que les Turcs nomment *Aïa Sòphia*, sont mesquines et laides.

Nous avons dit que tous les vendredis, avant la prière de midi, l'imañ doit faire un sermon en arabe; mais ici, comme aucun iman turc ne connoît cette langue, leurs sermons se réduisent à quelques phrases très courtes qu'ils apprennent par cœur, et qu'ils répètent toujours, comme des perroquets, sans les comprendre et sans être compris par leurs auditeurs. Quoique l'arabe soit la langue sacrée des musulmans, il n'y en a peut-être pas dix dans toute l'île qui soient en état de l'entendre.

Par des observations satisfaisantes j'ai obtenu la latitude de Nicosia $= 35°\ 13'\ 14''$ N., et la longitude $= 31°\ 6'\ 30''$ E. de l'observatoire de Paris.

Il est remarquable que dans ce pays le geste négatif, c'est-à-dire, le signe pour indiquer *non*, consiste à lever la tête de la même ma-

---

(1) Ces priviléges ont cessé en Turquie postérieurement. (*Note de l'éditeur.*)

nière qu'on le fait en Europe pour indiquer le mépris ou la moquerie. Le geste de mépris se fait en mettant la pointe de la langue entre les lèvres, et en prononçant *ptou*, comme si l'on vouloit rejeter la salive. Le signe de négation que font les Européens, en tournant la tête à droite et à gauche, n'est pas connu dans l'île de Chypre.

CHAPITRE VI.

Voyage à Cythère. — Ruines du palais de la Reine. — Observations sur leur origine. — Retour à Nicosia. — Voyage à Idalie. — Larnaca. — Retour à Limassol.

Le 3 avril je partis de Nicosia à huit heures du matin, dans la direction du N. E. pour aller à Cythère. A neuf heures je passai par un village nommé *Diamiglia;* et trois quarts d'heure après j'étois au terme de mon voyage.

La grande plaine de Nicosia s'étend jusqu'aux environs de Cythère, qui est entourée de petites collines d'argile.

Combien s'échaufferoit une imagination poétique à l'aspect de ces lieux jadis consacrés à la mère de l'Amour!... J'avois trouvé à Limassol un voyageur anglois nommé M. Rook, qui, ayant visité Cythère, me dit que son imagination avoit suppléé au défaut de la réalité, et qu'il s'étoit figuré la Déesse entourée de sa cour. Ma tête, peu propre aux illusions, ne put ici me prêter des images en contraste avec les objets qui se présentoient à mes sens ; les Graces, les Nymphes et les Amours, ne voulurent pas embellir à mes yeux le tableau de la pauvre Cythère, que je ne puis comparer qu'au plus misérable hameau du Comté Venaissin ou de la Limagne d'Auvergne.

Cythère est donc un petit canton de forme irrégulière, couvert de potagers et de mûriers, sur environ une lieue du N. au S., avec peu de largeur. (*Pl. XVIII.*)

L'existence de ce lieu dépend d'une source abondante située dans la partie du N., et qui, se divisant en deux courants, arrose le fond d'une vallée entre des collines d'argile pure, entièrement pelées, et qui n'ont jamais été plus fertiles. Dans cette vallée on voit des maisons éparses çà et là, et quelques moulins qui fournissent de la farine à Nicosia. Le terrain n'y est pas très bon; mais la rareté de l'eau dans l'île fait mettre à profit les moyens d'irrigation ; et cette vallée est bien cultivée par-tout où on peut l'arroser. Dans cet espace il y a des jardins potagers et beaucoup de mûriers; ces arbres ne sont pas isolés ou séparés les uns des autres, comme en Europe; ils sont, au contraire, serrés de manière à former un bois épais, qui ne ressemble pas mal à une pépinière ; aussi restent-ils petits et minces. On prétend que, par cette méthode, ils produisent beaucoup plus de feuilles : on peut d'ailleurs les effeuiller avec la main depuis le bas jusqu'aux branches les plus hautes de l'arbuste. (*Planche XIX.*)

Cythère offre donc à présent un bois de mûriers pour les vers à soie, quelques caroubiers, des oliviers, des arbres fruitiers et des plantes potagères, dans le fond d'un vallon qui, par le peu de circulation de l'air, la réverbération des collines d'ar[...] voisinage d'une chaîne de montagn[es vol]caniques au N., doit être, en été, une de[meu]re infernale. Les habitants disent que cette saison n'y est pas chaude; mais, comme l'homme est par-tout un animal d'habitude, je crois plutôt à ce qui est indiqué par la situation topographique qu'à tous leurs discours.

Dans ce voyage je n'avois pour compagnons qu'un domestique et le docteur Brunoni qui me servoit d'interprète et de *Cicerone*. Par ordre de l'archevêque nous fûmes logés chez le curé, bon et digne vieillard.

J'aurois bien désiré voir quelques unes des femmes, qui jouissent d'une réputation de beauté; mais, soit dans les rues, soit dans les maisons, je n'ai pu en trouver aucune de passable. Mon docteur prétendoit qu'il n'y en a pas de véritablement belles, mais qu'elles sont les plus dissolues de l'île, et qu'elles donnent lieu à une infinité de procès, qui sont portés par-devant les magistrats de Nicosia. Peut-être la chaleur du climat, l'isolement des maisons, écartées les unes des autres, le bois épais de mûriers, et les absences journalières des hommes, qui vont tenir le marché de la ville, sont les causes auxquelles on doit attribuer ce caractère des femmes de Cythère, parcequ'elles favorisent leurs désordres.

On assure que l'ancienne Cythère étoit établie sur une petite hauteur, à un mille de distance. Je ne pense pas que dans cet endroit-là il y ait jamais eu des jardins; du moins n'en existe-t-il aucune trace. Mais nous allons décrire d'autres vestiges bien plus intéressants.

En partant de Nicosia je fus prévenu que je pourrois, au retour de Cythère, visiter les ruines du *palais de la Reine ;* mais on me dit cela d'un air d'indifférence, comme si ce n'eût pas été un objet digne qu'on se dérangeât pour le voir.

A moitié chemin, le docteur m'avoit indiqué l'endroit où sont ces ruines, sur l'aiguille la plus élevée des montagnes, au N. de Nicosia.

L'ayant observé avec ma lunette, je crus y distinguer des objets bien dignes de ma curiosité. En conséquence je pris la résolution de les visiter au retour de Cythère.

De la maison du curé, où nous étions logés, on découvre, sur le côté, la montagne du palais de la Reine. Après le dîner je pris congé de notre hôte, et nous partîmes, vers le N. et le N. E., pour voir d'abord la source qui arrose Cythère.

Au pied des collines d'argile qui sont au S. d'une chaîne de montagnes basaltiques, l'eau sort en abondance par cinq endroits, et en plus petite quantité par plusieurs autres, et forme déjà une petite rivière. Elle est transparente, légère, parfaitement pure, et très froide, dit-on, en été; ce qui prouve qu'elle sort d'une grande profondeur dans les montagnes; il est évident d'ailleurs que son dépôt n'est pas dans les collines argileuses. Les habitants croient qu'elle vient des montagnes de la Caramanie, dans le continent, et qu'elle passe par-dessous la mer. Cela pourroit être possible, à la rigueur; mais il est plus probable qu'elle sort du sein des montagnes basaltiques du voisinage, en passant, à une grande profondeur, par-dessous les collines d'argile, sans les toucher, puisqu'elle perdroit alors ses bonnes qualités, d'autant plus que ces collines sont postérieures et superposées à la masse primordiale des montagnes.

Ma curiosité étant satisfaite, je me séparai, avec beaucoup d'indifférence, de la pauvre Cythère, qui n'a conservé que bien peu de la beauté qu'elle avoit jadis lorsqu'elle étoit le séjour de la Déesse des Graces. Nous montâmes vers le N., jusque sur la première ligne des montagnes qui dominent les collines argileuses et la grande plaine au S., d'où dirigeant notre route vers l'O., en suivant le plan supérieur de cette ligne, qui est couverte de laves et de produits volcaniques, et, côtoyant, sur notre droite, la chaîne de montagnes basaltiques, nous reprimes, deux heures après, la direction du N., et nous fîmes halte au monastère de Saint-Jean-Chrysostôme, situé à peu de distance du rocher sur lequel sont les ruines du palais de la Reine, qu'on appelle aussi de Buffavent, et que je dessinai de ce point. (*Voyez planche XX.*)

Ce monastère, qui a presque la même forme que celui de Sainte-Thècle, appartient aux saints lieux de Jérusalem. Trois moines grecs, une sœur du prieur, vieille et veuve, et une servante, jeune, forte et belle, sont les seuls habitants de cette solitude. Les jardiniers ou travailleurs demeurent hors de l'enceinte du monastère.

Le lendemain matin, 4 avril, je sortis accompagné de deux guides. Le docteur n'osa pas me suivre, et mon domestique étoit trop gros pour escalader des rochers. J'allai, monté sur une mule, jusqu'au pied du rocher des ruines, éloigné d'une demi-heure de chemin ; là je fus obligé de mettre pied à terre, pour gravir des montées rapides. Au bout d'un quart d'heure nous étions arrivés au pied de l'aiguille, où se trouvent deux carrés de murs ruinés. Cette aiguille est une roche coupée presque perpendiculairement de tous côtés. Pour y monter, il ne reste aucun vestige de chemin. Nous grimpâmes donc cette espèce de muraille naturelle, en profitant des parties saillantes ou des pointes de pierres, et des trous, pour nous cramponner des mains et des pieds. Il falloit quelquefois nous aider l'un l'autre au moyen d'un bâton ; d'autres fois le guide s'arrêtoit pour examiner l'endroit où il pourroit s'attacher le plus fortement, afin de pouvoir franchir le parapet qui étoit devant lui ; et, pour achever le tableau, nous avions toujours à nos côtés un précipice horrible.

Nous arrivâmes enfin, après bien des fatigues, à la porte du palais, où nous prîmes quelques moments de repos. La planche XXI représente les parties qui composent ce singulier édifice. On peut le considérer comme divisé en quatre corps de logis, les uns plus hauts que les autres, que je nommerai, savoir : le premier, celui des gardes ; le second, celui des magasins ; le troisième, celui de la cour ou l'habitation de parade ; et le quatrième, le dortoir des maîtres, placé sur le plus haut point de l'aiguille. Cette dernière partie fut peut-être aussi destinée à servir de chapelle ou d'oratoire.

La construction de cet édifice, qui repose sur des souterrains, me paroît avoir précédé l'époque historique : on m'a rapporté qu'il n'en est fait mention dans aucune histoire digne de foi ; je n'y ai trouvé nulle part aucun indice d'inscription ou d'hiéroglyphes.

Les murs sont construits avec des pierres prises sur le lieu, et cimentées avec de la chaux. Plusieurs angles sont en briques encore bien rouges et parfaitement bien cuites. Celles que j'ai mesurées ont deux pieds de longueur, un pied de large, et deux doigts d'épaisseur. Les jambages des portes et des fenêtres sont en marbre entièrement composé de coquillages de mille espèces différentes, et parfaitement bien conservés. Quelques pièces de l'édifice ont encore la toiture, comme il est indiqué dans le plan.

Quand on pense au travail et à la dépense qu'a dû exiger la construction de ce palais, sur-tout dans l'endroit qu'il occupe; quand on réfléchit à son antiquité, on est vraiment frappé d'étonnement. Il fut décoré avec tout le luxe connu à l'époque de sa construction. Les croisées sont bien proportionnées. Le marbre y a sans doute été apporté de fort loin, ainsi que la chaux et les briques, qui n'ont pu être fabriquées sur les lieux. La beauté, je dirai même la magnificence de l'appartement où il est probable que se rassembloit la Cour, enfin jusqu'à l'approvisionnement d'eau nécessaire à la construction d'un édifice aussi vaste dans un lieu aussi élevé, tout fait croire que le fondateur de ce palais fut un souverain qui possédoit à-la-fois de grands talents, un esprit peu commun, et beaucoup de richesses.

Si l'on veut supposer que ce bâtiment ne fut qu'une simple forteresse, on pourroit fixer à-peu-près l'époque à laquelle il fut élevé, sans avoir égard au silence de l'histoire, parcequ'il pourroit bien n'avoir pas attiré l'attention, faute de quelque événement remarquable. Si l'on veut le regarder simplement comme l'habitation de quelque personnage important, pareille à celles que j'ai vues en divers endroits sur les montagnes d'Afrique, et qui servoient de demeure à des cheks arabes, je dirois que ce bâtiment fut élevé dans des circonstances semblables, c'est-à-dire, quand il n'y avoit pas de maisons dans le pays. Mais quand je vois la magnificence et le luxe de ce palais, monument des progrès des arts à l'époque de sa construction, et sa position singulière et inattaquable, je crois y reconnoître la demeure d'un grand souverain.

Il résulte de ces observations que le palais de la Reine fut sans doute construit et habité avant l'époque historique; qu'il fut élevé par un souverain de l'île, riche et puissant, et qu'il a dû être en même temps une forteresse inexpugnable et un séjour de luxe, où les plaisirs de la société étoient réunis à l'appareil de la puissance. Mais quel est le prince qui l'a fait construire?...

Le nom de *palais de la Reine* a été jusqu'à présent transmis de père en fils par une tradition constante, puisqu'il n'est aucun individu dans l'île qui ne le connoisse sous cette désignation.

Comme chaque culte a sa mysticité, on me montra, dans le couvent de Saint-Jean-Chrysostôme, un vieux tableau, peint sur bois, de deux pieds en carré, représentant, dit-on, la reine fondatrice, à laquelle les moines attribuent aussi la fondation de leur monastère. Cette princesse est en prières devant une image de la vierge Marie. Le peintre a fait la figure de la reine aussi jolie qu'il lui a été possible; mais il l'a habillée avec un costume grec moderne. Au bas du tableau se trouve une inscription grecque à demi effacée, sur laquelle on lit encore le prétendu nom de cette reine, *Marie, fille de Philippe Molinos*, etc.

Les moines prétendent que dans leur couvent on conservoit un ancien manuscrit attestant que cette souveraine étoit leur protectrice. Mais personne n'a vu le manuscrit; et la comparaison des deux édifices décèle l'anachronisme. Il est certain que lorsqu'on éleva le palais de la Reine on ne connoissoit encore ni les *Maria*, ni les *Philippe*, ni les *Molinos*, et encore moins le *monastère de Saint-Chrysostôme*.

Ces pauvres Grecs, depuis l'époque du Bas-

Empire, ne voient par-tout que des moines et des monastères : ils appellent église la partie supérieure du palais, quoiqu'elle soit composée de deux petites pièces carrées, avec des portes étroites, sans le plus léger indice qui puisse faire croire qu'elle ait jamais été un lieu de rassemblement. D'autres ruines, placées presque au bas de la roche, sont également considérées par eux comme les restes d'un monastère : cependant elles sont aussi anciennes que les autres. Quant à moi, je les regarde comme des redoutes ou des forts avancés, pour défendre l'avenue du palais.

On trouve, en descendant un peu plus du côté du couvent, les ruines d'une véritable église. La comparaison de ces ruines démontre la fausseté de l'origine attribuée aux premières. Mais élevons notre pensée, et cherchons, pour ce monument singulier, une origine plus analogue aux formes de ses débris et à sa situation enchanteresse.

Le nom de *palais de la Reine*, comme je viens de le dire, a été constamment transmis et conservé par la tradition. A l'époque très éloignée où il fut élevé, si un homme en eût dirigé l'exécution, il en eût fait sans doute une forteresse, et se seroit borné à ménager une habitation pour son usage; mais le luxe et le goût qui règnent dans la partie que je nomme salon de la Cour ou de compagnie, me porte à présumer qu'il fut l'ouvrage d'une femme.

Cette partie est composée de quatre salles carrées, placées à la suite les unes des autres, ayant chacune de grandes croisées au N. et au S., en sorte que de tous côtés on jouit de la vue de presque toute l'île : les portes, pratiquées au milieu, sont de la même grandeur ; par ce moyen, dès l'entrée, la vue se porte dans les quatre pièces ; ce qui produit le plus bel effet.

On ne peut penser que cet appartement ait été destiné à servir de lieu de défense, puisque sa construction n'est point adaptée à cet objet, et que sa situation ne présente aucun avantage. Il ne sauroit d'ailleurs être considéré comme un lieu de résidence habituelle, puisque ses grandes croisées, descendant jusqu'à terre, et ouvertes à tous les vents, repoussent cette opinion. On ne peut non plus le regarder comme un endroit destiné au culte, excepté à celui de la Déesse des Graces, puisqu'il est entièrement privé de cette mystérieuse obscurité qui caractérise les temples anciens. Je ne trouve aucune explication qui puisse convenir à cette suite de pièces, à moins de supposer qu'elles ont été destinées à servir de galerie ou d'appartement de cour et de compagnie. Le goût et l'élégance de la construction me portent à le regarder comme l'ouvrage d'une femme. Quand on trouve d'ailleurs la tradition du nom de *palais de la Reine* conservée d'une manière constante depuis un si long espace de temps, il est difficile de ne pas la respecter.

En considérant la situation de ce monument, on est surpris que jusqu'à présent aucun voyageur n'en ait fait mention sous le vrai point de vue historique et philosophique. M. Rooke lui-même, qui avoit promené son imagination dans ces lieux peuplés de tant d'anciens souvenirs, ne me dit pas un mot de cet édifice singulier, qui domine presque toute l'île, et plus particulièrement Cythère et Idalie, comme on le voit par les deux *planches XIX* et *XXII*. La tradition rapporte que dans les temps anciens les chars pouvoient y monter. Cythère et Idalie sont les deux endroits les plus voisins où l'on trouve des eaux en assez grande quantité pour que la puissante maîtresse du palais ait pu en faire ses jardins. Alors, si cette maîtresse étoit...! Oui, vous le devinez, lecteur, une véritable *Vénus*, ou un des types de la Vénus poétique.... Si d'autres voyageurs ont visité ces ruines, et qu'ils en aient donné une explication mieux fondée (1), ne me le dites pas ; ne détruisez pas l'agréable illusion où je suis d'avoir habité un moment le séjour des Graces, et de m'être introduit dans le réduit le plus élevé et peut-être le plus secret de la Déesse de l'Amour. Sans doute que, lorsqu'elle vouloit dispenser ses faveurs aux mortels, elle venoit recevoir leur encens à Cythère et à Idalie; elle se retiroit ensuite pour jouir de la compagnie des Dieux dans sa demeure céleste placée au-dessus des nuages.... Ah, Rooke! je suis, comme toi, entraîné par l'imagination.

Enfin, si l'on compare la construction, la position et l'antiquité de cet édifice avec la tradition et la fable, il résulte, d'une manière probable, qu'il fut l'ouvrage d'une femme; que cette femme avoit une grande puissance dans l'île; que Cythère et Idalie doivent être regardées comme ayant fait partie de ses jardins; que, s'il eût existé quelque poète dans l'île, il eût sans doute divinisé ces objets, en faisant l'apothéose de l'héroïne, qu'il auroit

---

(1) Il paroît que le peu de voyageurs qui parlent de ces ruines ne les ont examinées que de loin, et les ont considérées uniquement sous le point de vue présenté par les moines. (*Note de l'éditeur.*)

assimilée à la Vénus, fille de Jupiter : allégorie de la fécondité de la matière, ou, peut-être mieux encore, de l'attraction universelle, qui précéda de beaucoup la civilisation des Grecs, et même celle des Égyptiens, leurs maîtres. Dans cette hypothèse, le génie poétique auroit immortalisé un objet qui, par sa nature, étoit peut-être bien loin de le mériter.

Dans la chambre ou la pièce la plus élevée, qui n'a point de toit, est un cyprès sauvage. J'en pris une branche avec le fruit ; puis, montant sur le mur, je détachai la pierre la plus élevée de l'édifice.

De cet endroit on jouit d'un point de vue magnifique. A l'exception d'un petit coin de terre caché par les montagnes de Paphos ou du Mont-Olympe, l'œil embrasse presque toute la circonférence de l'île de Chypre, à vue d'oiseau, comme sur une carte géographique. Vers la côte du N. on découvre la petite ville de Chirigna, qui paroît être assise au pied de la montagne. Ayant fait de là un relevé au compas, et l'ayant comparé à la position géographique de Nicosia, je trouvai que la latitude de Chirigna est $= 35°\ 25'\ 0''$ N., et sa longitude $= 31°\ 1'\ 30''$ E. de l'Observatoire de Paris. L'horizon, sur la mer, est d'une étendue si vaste, que la vue confond au loin la mer et le ciel, qui paroissent comme un chaos ou un brouillard épais. Il n'existe aucune source sur ce rocher ; mais je soupçonne qu'il y en a eu anciennement ; et peut-être que celle du monastère de Saint-Jean-Chrysostôme n'est qu'une ancienne source détournée de sa destination primitive.

On respire sur cette hauteur un air extrêmement pur, mais d'une température telle qu'on peut bien assurer qu'elle n'auroit pas permis à la Déesse de s'habiller aussi légèrement qu'il a plu aux peintres et aux sculpteurs de le supposer, du moins quand elle étoit dans ce palais.

Cette aiguille s'élance dans les airs isolément sur la chaîne des montagnes voisines, et forme une espèce de conducteur électrique. J'ai remarqué plusieurs fois, étant dans la plaine, que les nuages qui s'élevoient des autres montagnes, ou qui étoient amenés par les vents, venoient s'attacher à son sommet ; phénomène favorable aux illusions religieuses de la mysticité.

A neuf heures du matin je sortis du palais de la Reine. Nous cûmes autant de peine et de dangers à descendre le rocher que nous en avions eu pour y monter. Arrivé au pied de l'aiguille, je remontai sur ma mule, et rentrai au monastère à dix heures, pour me réunir au docteur et à mon domestique.

Après une heure de repos, nous descendîmes le dernier degré des montagnes basaltiques, ensuite les collines d'argile qui sont au pied, et nous arrivâmes dans la plaine à midi et demi. Il faut donc deux heures et un quart pour descendre depuis le sommet de l'aiguille, où sont les ruines du palais de la Reine, jusqu'à la plaine.

Continuant au S. O., à une heure après midi je traversai le torrent de Nicosia, qui n'a de l'eau que dans la saison pluvieuse, et un quart d'heure après, un village nommé Caïmaki, d'où j'arrivai à Nicosia sur les deux heures.

Le lendemain, 5 avril, je partis de cette capitale à huit heures un quart, faisant route au S. E. par la grande plaine; ensuite, avançant à travers des collines d'argile, je tournai au S. vers les onze heures et demie, en côtoyant la rive gauche d'une très petite rivière, que nous traversâmes à midi, un peu avant d'entrer à Idalie.

Ce lieu, jadis si célèbre par ses bosquets, n'est plus qu'un misérable village, situé dans un vallon presque entièrement entouré de collines d'argile pure, absolument stériles, et de l'aspect le plus triste. Les maisons sont mal bâties, d'une apparence misérable, et les habitants extrêmement pauvres; il n'y a que très peu d'arbres et quelques potagers; on n'y cultive presque que le blé et l'orge; en un mot, la moderne Idalie, semblable au plus pauvre village des plaines de la Beauce, est le séjour le plus triste qu'on puisse se figurer. On croit dans le pays que l'ancienne Idalie étoit sur une petite hauteur, à un mille de distance de la nouvelle. Je m'y rendis, mais je n'y aperçus aucun vestige d'antiquité. On y découvre parfaitement le rocher du palais de la Reine, comme on le voit à la *planche XXII*.

Ne trouvant rien qui fût digne de mon attention, je me remis en route à deux heures un quart. Après avoir traversé un village et un pays très triste, entre de petites montagnes argileuses entièrement stériles, je revins dans la plaine, laissant sur la gauche le village d'Aradipo, à cinq heures un quart; et à six heures j'entrai à Larnaca, ville la plus considérable après Nicosia, siége d'un évêché, et résidence de tous les consuls, de quelques négociants d'Europe, et de plusieurs Grecs protégés par différentes nations, avec lesquelles ils partagent les priviléges et les immunités de leurs pavillons respectifs. C'est par cette raison qu'on y voit la même civilisation et la même franchise à-peu-près que dans les villes ou les ports d'Europe.

Le jour de mon arrivée, le gouverneur turc, qui est un schérif, vint me rendre visite, avec sa grosse carabine au côté. Le lendemain l'évêque vint aussi me voir, accompagné d'une suite nombreuse. Les consuls et les notables de la ville me rendirent les mêmes honneurs.

La rade de Larnaca m'a paru trop ouverte et peu abritée; mais sa position géographique, en face de la côte de Syrie, y fait relâcher plusieurs bâtiments.

A un mille de Larnaca est un bourg nommé Scala, où réside le consul anglais, ainsi que deux autres consuls, et où il paroît que se trouve l'embarcadaire.

Par de bonnes observations j'obtins la longitude de Larnaca $= 31°\ 27'\ 30''$ E. de l'Observatoire de Paris, et la latitude $= 34°\ 56'\ 54''$ N.

Le 8 avril, à deux heures un quart après midi, je sortis de Larnaca par le S. S. O. Je trouvai à peu de distance un aqueduc d'une longueur considérable, mais d'une construction mesquine. A trois heures un quart je m'arrêtai environ une demi-heure dans le jardin d'une maison de campagne. A ma sortie, le temps commença à se brouiller; et, malgré toute la diligence que je fis pour arriver, la pluie me surprit en chemin. Il étoit six heures du soir lorsque j'entrai dans le village de Mazzotos.

La plaine que nous venions de parcourir est un peu fertile; elle est bornée à gauche, à deux ou trois milles, par la mer, et à droite, à un peu plus de distance, par des montagnes.

Mazzotos est un pauvre village, situé dans un bon terrain au pied des montagnes.

Le 9, à cinq heures et demie du matin, je me dirigeai vers le S. O., et à six heures je doublai vers l'O., après avoir traversé un pays assez fertile que les naturels appellent *Laconicos*, et qu'ils disent avoir été anciennement habité par une nation de ce nom. On me prévint que je trouverois sur ma droite les ruines d'une ville ancienne nommée *Alamina*, qu'il ne faut pas confondre avec Salamine. A sept heures je traversai une petite rivière, et une autre une heure après; et à huit heures trois quarts je fis halte sur le bord de la rivière de Sainte-Hélène.

A l'embouchure de cette rivière est un petit port avec une grande rade, qui porte le même nom, parceque la princesse Hélène, mère de l'empereur Constantin, y débarqua en revenant du pélerinage de Jérusalem.

A dix heures du matin je partis, en suivant la rive de la mer. A deux heures après midi je passai auprès des ruines d'Amathonte. Un quart d'heure après je traversai la rivière de ce nom, et à trois heures un quart nous arrivâmes à Limassol.

CHAPITRE VII.

Voyage à Paphos. — La Couclia. — Beauté des femmes chypriotes. — *Yeroschipos Aphrodytis* ou Jardin sacré de Vénus. — Ktima. — Vieille Paphos. — Nouvelle Paphos ou Baffa.

Le mercredi, 23 avril, je sortis de Limassol à sept heures et un quart du matin, pour aller à Paphos. Je pris d'abord la direction de l'O. S. O.; deux heures après, appuyant davantage vers l'O., je passai par Colossi, d'où, après avoir traversé la rivière qui va au S., je vins me reposer à Episcopi jusqu'à trois heures trois quarts après midi. Continuant alors de marcher dans la même direction, à quatre heures et demie je passai par Saint-Thomas; et à six heures je fis mon entrée à Lataniskio, où je devois passer la nuit.

La plaine de Limassol s'étend jusqu'à Colossi; c'est au midi de cet espace que se développe le cap de Gatta.

Colossi est un village entouré de jardins, avec beaucoup d'eau. Il y existe encore un château fort ou tour carrée, qu'on dit avoir été construit par les chevaliers du Temple, et un grand aqueduc à côté, qui sert encore. Ces deux ouvrages sont en marbre grossier.

Episcopi, placé dans une situation délicieuse, est plus grand que Colossi. Chaque maison y est entourée de jardins, d'arbres, de plantations de coton, et de terres ensemencées. Ce village, situé au pied des montagnes qui s'avancent jusqu'au bord de la mer, domine une très belle plaine et la côte : l'eau y coule en abondance, la terre y est excellente : avantages qui font d'Episcopi un séjour véritablement enchanteur, et infiniment plus digne de la Déesse de l'île qu'Idalie et Cythère.

C'étoit anciennement une ville très riche, qui possédoit de grandes fabriques de sucre. On y voit encore les ruines d'un aqueduc, d'immenses magasins ou pièces voûtées, et de plusieurs églises grecques, avec des peintures à fresque. Aujourd'hui c'est un village peu considérable, composé de Turcs et de Grecs, qui ont chacun leur quartier séparé. Les femmes m'y ont paru jouir d'une liberté assez grande; mais je n'en ai point vu de belles : peut-être ma mauvaise étoile les déroboit-elle à mes regards.

Au-delà d'Episcopi, on gravit des montagnes entièrement calcaires, qui ont de grandes coupes perpendiculaires sur le bord de la mer; ce qui rend le chemin d'autant plus périlleux, que le sol est un plan incliné de roche unie et pelée, où les chevaux ne peuvent presque pas tenir. Après ce dangereux passage, la route continue sur les montagnes, parmi des bois de cyprès, de chênes, de lentisques, et au milieu de plantes aromatiques qui embaument l'atmosphère.

Saint-Thomas est un très petit village situé dans les montagnes. Lataniskio, un peu plus grand, se trouve dans la même situation, et comme au centre de cette branche de montagnes.

De Lataniskio on domine parfaitement le cap de Gatta, dont l'extrémité semble éloignée de sept lieues au S. E.

La plus grande partie des habitants de Lataniskio sont Turcs : ils paroissent bonnes gens et bons travailleurs; ils sont habillés proprement, la plupart en blanc; tous se laissent croître la barbe, qu'ils ont longue, épaisse et ordinairement rousse. Leurs repas sont servis avec propreté et délicatesse. Ils seroient heureux, s'ils n'étoient pas vexés par le gouvernement, qui les maltraite encore plus que les Grecs; car le plus misérable d'entre eux paye cent piastres par an. Ces bons montagnards me firent peine et pitié. Ils sont fidèles musulmans, et pour cela dignes d'un meilleur sort.

Le lendemain 24 je sortis de Lataniskio à huit heures et demie du matin; je descendis un grand ravin, au fond duquel est une belle source, qui, comme plusieurs autres que j'ai vues dans l'île, est décorée d'un petit frontispice antique. (*Voyez la planche XXIII.*) Le ravin a deux cent quarante pieds de coupe perpendiculaire, et présente une infinité de couches horizontales de roche calcaire ou de marbre grossier. Tout ce qui n'est pas coupé perpendiculairement est couvert d'un bois épais.

A neuf heures et un quart je passai par Yalectora, pauvre village aujourd'hui, mais jadis grand et fort riche, si l'on en juge par les ruines des églises et d'autres grands édifices qu'on y voit encore. Il est situé sur le penchant des montagnes, et entouré de superbes vallons, dont plusieurs sont cultivés.

A onze heures trois quarts, étant sorti enfin de cette branche de montagnes, je traversai une petite rivière à peu de distance de son embouchure dans la mer, dont la côte, en cet endroit, va de l'E. S. E. à l'O. N. O.; et, continuant ma route presque au N. O., j'arrivai à la Couclia, ancien palais situé sur une haute colline, à une demi-lieue de la mer, tout près d'un village du même nom, presque entièrement ruiné, et qui ne renferme qu'une dixaine de familles. Le palais est en pierres, composé d'une grande cour entourée d'écuries et de magasins : les habitations sont à la partie supérieure. Mais tout l'édifice tombe en ruines.

Quelques auteurs regardent la Couclia comme ayant été l'ancienne Cythère, et d'autres la considèrent comme l'ancienne Arsinoé. Je renvoie à ma partie scientifique la discussion de ces points d'histoire et de géographie. Les habitants regardent cet endroit comme le jardin ou *séjour favori de la reine Aphrodite* (nom grec de Vénus). Ce palais domine une vaste et belle plaine, bien arrosée par des ruisseaux et quelques rivières : c'est à présent l'apanage d'une des sultanes du Grand-Seigneur; mais, abandonné aux fermiers et aux sous-fermiers, qui négligent la culture, et laissent périr les arbres, ce canton, qui pourroit être un séjour de délices, et qui nourriroit des milliers d'habitants, deviendra peu-à-peu un désert.

L'administrateur ou fermier principal de la

Couclia étoit alors un chrétien grec, logé dans le palais; comme il se trouvoit absent dans le moment, je renvoyai à mon retour de Paphos la visite et la description de quelques antiquités voisines de ce lieu.

De la Couclia on voit la mer à une demi-lieue vers le S. S. O., et un village turc nommé la Mandria, à un mille de distance, et presque dans la même direction.

Au moment de mon départ, un prêtre grec me conduisit à quelques toises de la porte du château, et me montra, sur le milieu de la colline, deux espaces d'environ trois pieds de diamètre, nouvellement découverts, où l'on voit une belle mosaïque. Je suis surpris qu'un amateur des arts n'ait pas fait découvrir le reste, puisque la couche de terre n'a que quelques pouces d'épaisseur. Le prêtre me dit qu'en cet endroit il avoit existé un palais d'Aphrodite.

Sorti de la Couclia vers quatre heures et demie du soir, faisant route au N. O., je passai une rivière sur un joli pont d'une seule arche, qui porte une inscription turque. A cinq heures je traversai une autre rivière, et les villages de Dimi, d'Ascheia et de Coloni, placés à peu de distance les uns des autres. Enfin, à six heures trois quarts nous arrivâmes à Yeroschipos, mot qui signifie en grec *Jardin sacré* : c'est le nom que porte cet endroit depuis la plus ancienne époque traditionnelle. On prétend que c'étoit l'emplacement du jardin sacré de Vénus dans le temps que la Déesse résidoit à Paphos.

Sur la vaste plate-forme de roche qui domine le jardin sacré, il y a, vers le N. O., un petit village appelé aussi Yeroschipos, composé uniquement de Turcs et de quelques Grecs. Je fus logé chez un homme de cette nation, nommé Andrea Zimbolaci, agent du consulat anglois, dont le pavillon étoit hissé sur le toit de sa maison. Ce personnage, homme de bien et rempli d'urbanité, avoit entièrement adopté le costume et les manières angloises. Sa fille aînée me parut digne d'habiter le *Yeroschipos Aphrodytis* : c'est la beauté la plus parfaite que j'aie vue dans l'île de Chypre ; sa figure, sans être très blanche, est véritablement un modèle de grace et de perfection ; cependant je lui trouvai le défaut caractéristique que j'avois remarqué dans toutes les femmes de l'île, c'est-à-dire, un air de réserve et de niaiserie, et la gorge bien peu semblable à celle de la belle Europe, que Métastase a décrite dans ce vers :

Quel bianco petto, rilevato e mobile...

En effet, cette femme, comme toutes celles de l'île, a la gorge trop pendante; peut-être est-ce parceque leur costume ne soutient pas assez les formes. Ayant remarqué qu'elle avoit les cheveux dorés, je me rappelai qu'en Afrique les femmes avoient une couleur pour les teindre. Je priai son père de me dire franchement si sa fille faisoit usage du même moyen. Après m'en avoir fait l'aveu, il ordonna à sa femme de me montrer un plat qui contenoit une espèce de poudre dont toutes les femmes de l'île se servent à cet effet, et qu'on apporte d'Alexandrie. C'est donc à l'Afrique que les femmes de Chypre sont redevables de cette partie de leur beauté. Puisque nous sommes à l'île des Graces, on ne trouvera pas mauvais, sans doute, que je parle du beau sexe toutes les fois que l'occasion s'en présentera. La fille de Zimbolaci étoit malheureusement mariée à un capitaine de bâtiment marchand, dont les apparitions, très rares à la vérité, valoient toujours à sa pauvre femme quelques volées de coups de bâton. Cette malheureuse, qui pouvoit avoir vingt ans, passoit ainsi sa vie dans un état de solitude et de veuvage.

Je remarquai dans cette maison une servante musulmane extrêmement blonde; quoique jolie, elle avoit un air de rusticité qui la faisoit ressembler exactement à une montagnarde suisse. Il est vrai que ce n'est point parmi les musulmanes qu'il faut chercher les restes ou l'idée de l'ancienne beauté chypriote. Les musulmanes sont belles, sans doute; mais on n'ignore point que les Turcs, qui sont d'origine tartare, ont mêlé leur sang avec les Géorgiennes, les Circassiennes et les Mingréliennes, introduites dans les harems. C'est parmi les Grecques qu'on doit chercher le type de la Vénus de *Médicis;* mais comment pouvoir le découvrir, puisqu'elles se dérobent sans cesse à tous les regards? Encore une réflexion. Ce type a-t-il jamais existé?.... Peut-être le peu de mérite des autres femmes grecques servit-il à donner plus de prix aux femmes chypriotes; peut-être encore que la coquetterie et la dissolution qui régnoient alors dans l'île suppléèrent à la beauté pour échauffer la tête des peintres, des sculpteurs et des poëtes. J'avoue qu'abstraction faite de la tournure monastique que j'ai trouvée à toutes les femmes grecques d'aujourd'hui, et qui peut-être est causée par l'abattement et la stupeur de leur situation politique, leur visage trop arrondi, par conséquent sans expression, leur gorge pendante, et leur démarche sans graces, ne donnent pas une idée avantageuse de leur ancienne beauté tant vantée, à en juger même par les femmes qui passent pour belles dans le pays, et qui l'étoient véritablement à mes yeux.

Le lendemain matin, vendredi 25 avril, j'allai visiter le jardin sacré de Vénus. C'est une plaine, sur le bord de la mer, d'environ deux milles de longueur, le long du rivage, et d'un mille de largeur. (*Voyez les planches XXIV et XXV.*) Cette plaine, qui s'étend en pente douce jusqu'au bord de la mer, est entourée, à sa partie supérieure, d'une roche calcaire à couche horizontale, coupée perpendiculairement; ce qui donne au jardin l'apparence d'un souterrain, parceque, de quelque côté qu'on y entre, il faut toujours descendre par un ravin; et que, lorsque les vents les plus violents règnent, comme au moment où j'y étois, sur le plan supérieur, formé de la même espèce de roche dans tout le pays, le jardin jouit d'un calme parfait.

De différents points de la coupe du rocher

jaillit une eau bonne et limpide; on voit même qu'anciennement il devoit en sortir par plusieurs autres endroits. Comme cette eau vient de la partie supérieure, elle pouvoit être facilement distribuée, au moyen du plan incliné du jardin.

La coupure de la roche forme plusieurs sinuosités, comme on peut le voir sur le plan; ce qui diversifie les tableaux, et faciliteroit la division du jardin en plusieurs compartiments, qui auroient chacun différentes grottes ou habitations taillées dans la roche, telles qu'on les voit dans les *planches XXVI et XXVII.*

L'entrée principale me parut être une espèce de rampe ou de descente pratiquée dans le roc, à côté du village actuel, et dont la voûte s'est écroulée, en laissant le passage à découvert et encombré de ruines; ce qui me confirme dans l'opinion qu'on entroit au jardin sacré par une grotte semblable à celles qui existent encore à côté. Peut-être que l'aspirant y étoit retenu pour subir les épreuves, ou pour participer aux mystères de l'initiation. Dans ce cas, lorsqu'on le rendoit à la lumière au milieu du jardin, il devoit se croire transporté dans une région céleste. Il est constant que cette couche de roche est considérablement minée, puisqu'on remarque en différents endroits des ouvertures ou des éboulements; et, dans cette hypothèse, qui pourroit décrire l'obscur labyrinthe que les initiés avoient à parcourir avant d'entrer dans le jardin? Nous connoissons les terribles initiations d'Isis et d'Osiris; nous savons encore que Pythagore, voulant participer aux mystères de Diospolis, fut obligé de se soumettre à la cruelle opération de la circoncision. Ce préalable étoit-il d'usage dans les *initiations d'Aphrodytis,* comme je le soupçonne?... Je parle des initiations primitives, antérieures à celles qui étoient en usage dans les temples de la Déesse.

Toute la surface du jardin étoit semée de grains et d'un peu de tabac; je n'y trouvai point d'arbres, excepté dans quelques sinuosités de la roche, et très peu de productions spontanées, à l'exception de quelques misérables plantes, que j'ai ajoutées à ma collection (*voyez planche XXVIII*); ainsi ce fameux jardin, jadis le charme des habitants de la Grèce et de l'Asie, n'est plus aujourd'hui que le séjour et le champ d'un pauvre fermier.

Vers le milieu du jardin sont les restes d'une église grecque nommée Aïa Marina, parmi lesquels j'ai remarqué le chapiteau d'une colonne striée, en marbre gris, fort simple et très élégant. (*Voyez planche XXVII.*)

Au pied du village d'Yeroschipos, et dans le jardin, se trouve la source principale, qui sort aussi de la coupe de la roche : elle donne en abondance une eau excellente, comme toutes celles du jardin sacré de Vénus. (*Voyez planche XXVI*).

Le même jour, à neuf heures et demie du matin, je quittai le village, me dirigeant vers l'O. N. O., et laissant sur la gauche la ville et le port de Paphos ou Baffa. Nous arrivâmes, à dix heures et demie, à Ktima, résidence du gouverneur turc de Paphos, et siége d'un évêque grec.

Ce gouvernement, regardé comme la seconde dignité des Turcs dans l'île, étoit, depuis un grand nombre d'années, entre les mains d'Alaï Bey, vieillard doué d'une politesse exquise, et qui avoit mérité l'amour et le respect des Turcs et des Grecs. J'allai descendre chez lui. Il me reçut avec pompe; car on me fit entrer à cheval jusqu'à la porte de sa chambre; et on me servit ensuite un grand repas.

Après le repas, je passai dans une maison qui m'étoit préparée, où je fis mon ablution, et me rendis ensuite à la mosquée. Cet édifice, d'une jolie construction, quoique petit, étoit autrefois une église grecque dédiée à sainte Sophie.

La ville de Ktima, jadis considérable, n'est plus aujourd'hui qu'un labyrinthe de ruines; avec l'apparence d'une ville de vingt ou trente mille habitants, elle ne contient que deux cents familles turques et vingt familles grecques. Le palais de l'évêché, avec ses dépendances, est dans un quartier séparé; mais l'évêque, qui étoit alors absent, paroît avoir fixé sa résidence dans une ville de l'intérieur, qu'on dit être assez grande et entièrement peuplée de Grecs.

Ayant obtenu de bonnes observations à Ktima, je fixai la latitude $= 34°\ 48'\ 4''$ N. Une immersion du second satellite de Jupiter donna pour longitude $= 2^h\ 0'\ 9''$ E. de l'Observatoire de Paris; et une distance lunaire donna $= 1^h\ 59'\ 40''$. Donc la longitude moyenne est $= 1^h\ 59'\ 54''$ en temps, ou $29°\ 58'\ 30''$ en degrés E. de l'Observatoire de Paris.

Le port de Baffa est à une demi-lieue au sud de Ktima, par conséquent sous le $34°\ 46'\ 34''$ de latitude N., et sa longitude est la même que celle de Ktima, $= 29°\ 58'\ 30''$ E. de l'Observatoire de Paris.

Le lendemain matin, samedi 26, après avoir reçu la visite du respectable Alaï Bey, je partis pour la vieille Paphos, qui est à la distance d'un mille, sur le bord de la mer.

En approchant de cette ville, je n'aperçus d'abord que quelques roches détachées, isolées dans la plaine. Mais quelle fut ma surprise, à mon arrivée, lorsqu'en les visitant, je trouvai que chaque roche étoit taillée en-dedans avec la plus grande régularité, et qu'elles formoient de véritables maisons! (*Voyez la planche XXIX.*) Combien mon étonnement augmenta quand je trouvai sous terre l'image d'une ville creusée dans le roc! Les plafonds de ces maisons souterraines sont taillés en voûte surbaissée; il y en a même qui n'ont point de cintre; les murs sont perpendiculaires et bien polis, et les angles exactement droits. Quelques uns de ces édifices ont l'apparence d'un palais, avec des cours, des galeries, des colonnes, des pilastres et toute la recherche des ornements d'architecture que l'on peut imaginer; le tout creusé et taillé dans la roche vive avec des moulures d'un fini précieux: le poli le plus parfait se conserve encore après un laps de temps aussi considérable. Quand on considère cet effort de l'homme, on est pénétré d'un sentiment d'admiration pour les constructeurs d'un système d'ouvrages, qui paroit bien antérieur aux livres et aux médailles de la plus haute antiquité. La roche qui compose ces édifices est une pierre calcaire sablonneuse, d'un blanc jaunâtre, à menu grain, formant des couches horizontales obliques. Dans un de ces édifices, je vis quelques colonnes cassées, dont les chapiteaux sont restés suspendus à l'architrave, parcequ'ils forment corps avec la corniche. C'est une chose vraiment singulière. (*Voyez planche XXX.*)

Quoiqu'on puisse regarder ces édifices comme des catacombes, à cause de leur situation et du grand nombre de niches étroites qui semblent avoir été destinées à recevoir des cercueils, cependant le manque de ces niches dans beaucoup d'appartements, et dans quelques autres la communication intérieure d'une niche à l'autre, ainsi que l'espèce d'ornements qui y ont été adaptés, me portent à croire que ces monuments servirent aussi d'habitation.

La vaste étendue qu'occupent ces ruines fait présumer qu'on pourroit trouver des objets intéressants, si l'on entreprenoit de faire des fouilles bien dirigées et soutenues, comme celles d'Herculanum et de Pompeïa, dont l'antiquité n'est rien en comparaison de celle de la vieille Paphos.

La tradition qui présente ce lieu et l'Yeroschipos comme le séjour de Vénus, est trop bien appuyée pour qu'on puisse la révoquer en doute;

et les vastes grottes qu'on y voit encore s'accordent avec l'idée que nous avons des initiations mystérieuses de la Déesse. Mais que cette Déesse de Paphos soit la même que la Déesse d'Idalie et de Cythère, et par conséquent la reine du palais dont les ruines couronnent la cime la plus élevée des montagnes de Nicosia, je ne le pense pas; car le style d'architecture du palais est évidemment d'un temps bien postérieur aux ruines et aux restes de Paphos.

Cela une fois reconnu, on peut établir, avec assez de probabilité, qu'il y a eu dans l'île de Chypre deux reines Aphrodytis ou deux Vénus, dont la première régna à Paphos, à Yeroschipos et à la Couclia; et la seconde, à une époque moins reculée, habita le palais des montagnes de Nicosia, et donna ses lois à Cythère et à Idalie; qu'étant toutes deux très antérieures à l'époque historique, les poëtes les confondirent, et en firent une même Déesse ou souveraine unique de Cythère, d'Idalie et de Paphos. Dans chacune de ces villes on lui dédia des temples, comme à un être identique. Tel est du moins le résultat de mes observations: je le soumets à la sagesse de mes lecteurs, desirant que, dans le cas où ils ne partageroient pas ma manière de voir, ils puissent dire au moins: *Se non è vero, è ben trovato;* car j'aime la vérité, et je suis toujours disposé à sacrifier à ses pieds tout système qui ne seroit pas appuyé sur des démonstrations géométriques ou sur des faits incontestables. Malheureusement, quand il s'agit de choses aussi éloignées de nos temps, on est en quelque sorte forcé de se contenter de probabilités, ou condamné à se taire.

Il est à remarquer que la vieille Paphos, située au bord de la mer, est un monument de l'état stationnaire de la Méditerranée, qui, pendant l'espace de tant de siècles, n'a pas diminué d'un seul pouce son niveau général. A la vérité, les roches dans lesquelles est taillée la vieille Paphos sont formées par la mer; mais cela a dû se faire à une époque bien antérieure même au dernier grand cataclysme du globe.

Ayant observé le passage du soleil au milieu des ruines que je décris, je trouvai la latitude $= 34° 48' 4'' $ N.; et, comme ces ruines se trouvent exactement à l'O. de Ktima, la position de cette ville reste parfaitement confirmée, ainsi que celle du port de Baffa.

Après midi je sortis de ces ruines, et je partis pour la nouvelle Paphos, port de mer à une demi-lieue de distance, que les Turcs et les cartes nautiques nomment Baffa. (*Voyez planche XXXI.*)

Cet endroit fut jadis une ville considérable : on y trouve encore une infinité de débris de colonnes, d'arcs, et autres ruines ; elle n'est composée maintenant que d'un petit nombre de maisons habitables, éparses parmi les ruines, avec quelques jardins. (*Voy. planche XXXII.*)

Le port est petit et encombré de sable, au point que les bateaux les plus petits peuvent seuls y entrer. Sur une pointe de rocher, au S. O., est un château fort, bâti par les Turcs, et garni d'artillerie. Du moment que nous fûmes aperçus, on arbora le pavillon. Le respectable Alaï Bey avoit donné l'ordre de me saluer de trois coups de canon à mon entrée dans le château ; mais, comme il étoit tard, je continuai mon chemin sans m'arrêter. Sur la rive de la mer, en face du port, et dans une petite colline de roche, il y a des excavations en forme d'habitations, dont les entrées sont obstruées. Au-dessus de cette colline, les débris d'un grand nombre de colonnes attestent l'antique existence d'un magnifique monument ; elles sont en marbre gris noirâtre et parfaitement poli. Les habitants disent que c'étoit un palais d'Aphrodytis. Peut-être que les souterrains datent de la même époque; mais je pense que l'édifice, dont il est impossible de reconnoître la forme, étoit un temple dédié à son nom ou à son culte, et construit très postérieurement.

Après avoir jeté un coup d'œil sur le labyrinthe des ruines de la nouvelle Paphos, je revins le même soir à Yeroschipos.

CHAPITRE VIII.

Ruines gigantesques à la Couclia. — Retour à Limassol. — Amathonte. — Ruines. — Catacombes. — Considérations générales. — Voyage à Alexandrie. — Débarquement.

Le lendemain matin, 27 avril, après avoir visité d'autres catacombes ou maisons souterraines, à peu de distance de Yeroschipos, je partis pour la Couclia, en passant par Coloni, par Ascheïa et par Dimi. Il existe dans le second de ces villages les restes et quelques arcades d'un ancien aqueduc, qui servoit aux fabriques de sucre de ce pays.

Le fermier en chef de la Couclia, qui nous attendoit, avoit fait préparer un grand dîner. Il se plaignit beaucoup à moi de la sultane, maîtresse de cette métairie, parcequ'elle ne vouloit rien dépenser pour la conservation de ce domaine, qui se dégrade chaque jour, et qui finira bientôt par tomber en ruines. Il paye vingt bourses ou dix mille piastres par an.

On voit maintenant bien peu d'arbres dans

ce canton; mais on peut juger, par la disposition des eaux, qu'il y avoit anciennement des grands jardins, ainsi que des palais et des édifices considérables. (*Voyez planche XXXIII.*)

Parmi les ruines qui existent à la Couclia se trouve un objet admirable : ce sont plusieurs pans d'une muraille extraordinaire (*voyez la planche XXXIV.*), composée de deux rangs d'énormes pierres, formant la base, et couchées à plat les unes sur les autres; au-dessus s'élève un autre rang de pierres, placées de champ à côté les unes des autres, et formant elles seules la hauteur et l'épaisseur du mur. Cet ouvrage colossal paroît avoir été élevé par des mains gigantesques : ne pouvant en croire mes yeux, je voulus d'abord me persuader que cette masse n'étoit qu'une ancienne pâte pétrifiée; mais en vain sa couleur noirâtre et un commencement de décomposition me faisoient pencher vers cette idée : on ne peut s'y méprendre; ce sont des pierres, et des pierres d'une dimension si énorme, qu'on est frappé d'étonnement en songeant aux efforts qu'a dû coûter leur transport et leur mise en place. Seroit-ce de l'architecture cyclopéenne (1) ?...

---

(1) Ces murs sont de construction cyclopéenne. On en

On rapporte que ces ruines, ainsi que la mosaïque dont il a été parlé plus haut, appartenoient à un palais d'Aphrodytis. J'admire les auteurs d'un pareil ouvrage; et, en contemplant les restes de ce merveilleux édifice, attribué à une femme, je ne peux m'empêcher de me représenter Catherine II faisant transporter la base de la statue de son époux.

Auprès de ces ruines colossales il s'en trouve d'autres qui paroissent appartenir au moyen âge. On y remarque des inscriptions, des bas reliefs et quelques peintures à fresque d'un assez bon coloris. (*Voyez la planche XXXV*.)

La femme du fermier de la Couclia est fort belle, quoique trop grasse. Ses deux servantes sont également jolies; mais toutes trois ont des figures grecques rondes. On assure qu'à Paphos, à Ktima et dans tout le district, le sexe est généralement beau.

Le 28, après une bourrasque qui dura jusqu'à midi, je partis pour Limassol, par le

---

trouve un grand nombre en plusieurs villes de l'Italie et de la Grèce. *Voyez* Éclaircissements demandés par la classe des beaux arts de l'Institut de France sur les constructions de plusieurs monuments militaires de l'antiquité : Paris, an XII, in-4º; et autres écrits. (*Note de l'éditeur.*)

même chemin que j'avois pris en venant. Je couchai à Lataniskio, où mes bons montagnards turcs m'attendoient avec un délicieux souper de laitages; et le lendemain j'arrivai à Limassol.

Peu de jours après j'allai visiter les ruines d'Amathonte, à une lieue au levant de Limassol.

Amathonte étoit jadis une ville immense, bâtie sur plusieurs collines au bord de la mer: elle a dû être aussi une place forte et considérable, vu l'amoncellement des ruines qui existent. Mais ces ruines sont si frustes, qu'on n'y trouve presque aucun objet remarquable. J'ai pris des croquis de ce qui me parut mériter l'attention.

Parmi ces restes j'observai ceux d'un temple (*voyez planche XXXVI*), dont l'architecture peu régulière indique qu'il fut construit à une époque où l'art étoit déjà dégénéré. Sur quelques arcs on distingue des peintures chrétiennes d'un excellent coloris, mais d'un dessin pitoyable.

Sur le sommet d'une colline on voit les fragments d'une colonne; et à peu de distance il existe un autre monument singulier: ce sont deux vases taillés ou formés du rocher sur pied, et d'une grandeur colossale : l'une est presque entièrement détruite ; mais l'autre est assez bien conservée. (*Planche XXXVII.*)

Ces deux vases, de dimension gigantesque, placés l'un à côté de l'autre, devoient être destinés à un même objet. A travers l'obscurité de la tradition, la construction de ces vases sur le sommet de la colline, près du monument, et la figure d'un taureau en relief, sculptée avec la plus grande perfection aux quatre côtés de chaque vase, répondant aux quatre points cardinaux, me font présumer qu'ils étoient destinés aux libations ou aux sacrifices d'Adonis.

On y trouve encore plusieurs tombeaux creusés dans le roc, et un assez grand nombre d'inscriptions gravées sur de grands rochers : j'ai cherché à les copier fidèlement. (*Voyez planche XXXV.*)

Je pris aussi le dessin des catacombes ou grottes sépulcrales, qui sont à l'O. hors l'enceinte d'Amathonte. (*Voyez planche XXXIV.*) L'entrée de ces grottes est tellement obstruée, qu'on ne peut y entrer que par un trou, en se traînant, l'espace de quelques toises, à plat ventre, sans autre clarté que celle des flambeaux qu'on porte avec soi.

Une galerie, une chambre centrale et trois

autres chambres sépulcrales, composent ces catacombes. Des milliers de chauve-souris, étourdies par la lumière des flambeaux, voloient autour de nous, et venoient nous battre la figure de leurs ailes. Ce spectacle me rappela la célèbre aventure de *don Quichotte* à la *grotte de Montesinos*, et mon imagination sourit un moment dans ce funèbre séjour. Mais les épaisses ténèbres qui nous entouroient, malgré nos flambeaux, l'humidité qui transpire de tous côtés, les lits sépulcraux creusés dans le roc, et ouverts, l'aspect désagréable des chauve-souris, leurs excréments, qui couvrent le sol à la hauteur de plus d'un pied, le silence de mon guide, qui seul étoit entré avec moi, me firent bientôt souvenir que j'étois dans le séjour des morts. Du moment que j'eus terminé mon dessin, je sortis, en me traînant comme je l'avois fait pour entrer, et je m'empressai de jouir de la lumière du jour.

Tels sont les monuments qui sont dignes de quelque attention à Amathonte. Il existe encore quelques pans des murs d'enceinte de la ville, mais ils sont extrêmement dégradés.

Les maisons furent anciennement construites avec des cailloux roulés, tirés du rivage de la mer. Ces cailloux, trop durs et trop polis pour adhérer au ciment, composé peut-être de mauvaise chaux, se sont détachés; le mortier a disparu, et on ne distingue l'emplacement de chaque maison que par de grands monceaux circulaires de cailloux roulés et parfaitement lavés.

La rivière d'Amathonte coule à quelque distance à l'O. de la ville, au milieu de laquelle il paroît qu'elle a eu son cours anciennement entre les collines qui étoient alors dans son enceinte. La mer bat exactement le pied des murailles d'Amathonte.

Un petit village, qui porte à présent le même nom, se trouve à un demi-mille dans les terres. Un Turc et un Grec de ce village me servirent de guides dans mes recherches sur les restes de la ville.

L'inspection des antiquités de l'île de Chypre me confirma dans l'idée qu'il a existé deux souveraines différentes, nommées Aphrodytis ou Vénus, à des époques très distantes l'une de l'autre : d'abord la Vénus primitive, antérieure à l'époque historique, souveraine des catacombes ou palais souterrains de la vieille Paphos, du Yeroschipos et de la Couclia ; ensuite la Vénus d'Idalie et de Cythère, maîtresse du palais de la Reine, sur le sommet de la montagne de Saint-Chrysostôme ou de

Buffavent, et qui florissoit dans un temps bien postérieur.

Les poëtes contemporains de la seconde Vénus, pour flatter sa vanité, ne mirent entre elle et la première aucune différence; et ceux des siècles postérieurs, égarés par leurs écrits, finirent par confondre la copie avec le type original, sans se douter de l'anachronisme, et donnèrent à une seule Vénus les attributs de celle de Paphos, et de celle d'Idalie et de Cythère. La superstition, la licence et l'intérêt des Chypriotes consacrèrent des temples à l'apothéose de cette femme dans les lieux que la tradition ou les poëtes, uniques historiens de ces temps-là, avoient signalés comme le séjour de la Déesse. Le port de Paphos ou Baffa, situé à la partie occidentale de l'île, en face de la Grèce et de l'Archipel, étant précisément entre l'ancienne Paphos et le Yeroschipos, semble avoir été le point de débarquement des pélerins grecs. Les offrandes employées sans doute à la construction du temple magnifique dont les belles colonnes existent en morceaux sur le monticule de la nouvelle Paphos ou Baffa, en face du port, auront servi à faire de cette ville un centre de richesses et de luxe, comme il est démontré par l'immense quantité des ruines.

Je ne me rappelle pas d'avoir lu aucune description de cette île ; j'ignore même ce que d'autres voyageurs en ont pensé ; mais, quelle que soit leur opinion, je pense que la Vénus de Paphos n'est pas la même que la Vénus de Cythère et d'Idalie (1).

Si cette île étoit sous un gouvernement tutélaire et ami des arts, il est probable que des fouilles bien dirigées produiroient des objets aussi curieux que ceux qui ont été découverts à Herculanum et à Pompeïa.

L'île de Chypre manque d'eau en général : les montagnes voisines de Paphos et d'Episcopi en fournissent abondamment ; mais dans le reste de l'île il n'y a qu'un petit nombre de ruisseaux et de rivières qui n'ont que peu ou point d'eau en été. Si on vouloit s'en donner la peine, je pense qu'on pourroit tirer du sein des montagnes de Paphos assez d'eau pour les besoins de l'île ; et, d'après les nombreux indices de

---

(1) Il est à regretter, à cet égard, que les voyageurs aient regardé l'île avec des yeux profanes ; en effet, ils ne nous apprennent rien d'intéressant sur Paphos ; et, quant au palais de la Reine, ils ne font que répéter les contes des Grecs, sans se donner la peine d'en vérifier le degré de probabilité. (*Note de l'éditeur.*)

conduits qu'on trouve de tous côtés, même dans les endroits les plus arides, je soupçonne que, dans les temps anciens, il y existoit un moyen général d'irrigation.

On reconnoît aussi qu'à la même époque il y avoit de beaux chemins et des chaussées, dont il ne reste plus que peu de vestiges : les routes actuelles sont dans le plus mauvais état possible.

L'île de Chypre est en proie à deux fléaux terribles : l'un est une multitude de vipères ou de serpents d'environ deux ou trois pieds de longueur, et dont la piqûre passe pour être mortelle; mais ce qui prouve qu'elle ne l'est pas toujours, c'est qu'il y a des charlatans qui se vantent de pouvoir la guérir avec des prières, des amulettes et des cérémonies superstitieuses que quelques succès accréditent. Le nombre de ces reptiles oblige les habitants de tous les âges et de toutes les classes, même les plus pauvres, à être toujours bottés. J'ai vu plusieurs de ces serpents, dont l'allure habituelle est très lente.

L'autre fléau, c'est les sauterelles, qui se reproduisent tous les ans d'une manière effrayante, sans qu'on fasse le plus léger effort pour les détruire, chose qui seroit extrêmement facile. J'envoyai à l'archevêque-prince de Chypre un mémoire relatif à cet objet : il me répondit par la lettre la plus flatteuse. (*Voyéz la planche XXXVIII.*)

Si la population augmentoit au degré dont je crois l'île de Chypre susceptible; si une constitution libérale assuroit la liberté et la propriété individuelle, en faisant disparoître, autant que possible, la rivalité des cultes, cette île pourroit devenir l'un des pays les plus heureux de la terre. Son climat tempéré; ses eaux excellentes, qu'on rendroit fort aisément abondantes par quelques travaux et par la plantation de bois qui attireroient les pluies; la fertilité de la plus grande partie du terrain; les récoltes de coton, de vin, de grains, qui augmenteroient en raison de la population, de l'industrie, de la liberté et de la sûreté des habitants; les fabriques de sucre et de tabac, qu'on pourroit y rétablir; les bois de haute-futaie, qu'on multiplieroit facilement sur les hautes montagnes; l'exploitation des abondantes mines de cuivre, et peut-être de métaux plus riches, qui existent dans l'île; la disposition des habitants pour un nouvel ordre de choses qui favoriseroit le déploiement de l'industrie nationale : tout, absolument tout, se réunit pour faire de l'île de Chypre un pays très intéressant.

Quant à la partie topographique, on peut considérer cette île comme un segment de cercle qui a soixante lieues de corde ou de longueur, et dix-huit et demie de flèche ou de largeur. Cette surface est divisée en trois grandes parties : 1° la chaîne des montagnes de Paphos ou du Mont-Olympe, dont les cimes les plus élevées sont toujours couvertes de neige ; cette chaîne de première formation compose la partie S. de l'île, depuis le voisinage de Paphos, où sont les sommets les plus élevés, jusqu'auprès de Larnaca ; 2° la grande plaine de Nicosia, qui traverse, par le centre, toute l'île du levant au couchant ; 3° la chaîne des montagnes volcaniques au N., qui s'étendent depuis les environs de Chirigna jusqu'au cap Saint-André.

Mes observations astronomiques, faites à différentes époques à Limassol, ont donné pour latitude de cette ville $= 34°\ 42'\ 14''$ N.; pour longitude $= 30°\ 36'\ 30''$ E. de l'Observatoire de Paris; et pour déclinaison magnétique $= 11°\ 26'\ 14''$ O., d'après des résultats satisfaisants.

Voulant continuer mon pélerinage à la Mecque, je profitai de la première occasion qui se présenta pour faire ma traversée à Alexandrie d'Égypte : ce fut dans un petit brigantin grec, dont je nolisai la chambre pour moi, avec des places pour mes domestiques. Comme l'idée des bourrasques que j'avois déjà essuyées revenoit sans cesse à ma mémoire, je n'étois pas extrêmement satisfait de faire ce trajet dans un aussi petit bâtiment; mais enfin je m'y décidai, et je m'embarquai le 7 mai au soir.

Une forte bourrasque de l'O. me força de débarquer le lendemain matin ; et je passai encore deux jours à Limassol. Je me rembarquai dans la nuit du 9 au 10, et quelques heures après on mit à la voile avec un vent favorable qui dura jusqu'à la nuit du 11, où nous eûmes le vent devant ; mais il changea bientôt, et nous suivîmes notre route dans la matinée du 12.

On découvrit avant midi un vaisseau de guerre qui venoit sur nous vent arrière, et qu'on reconnut de suite pour une frégate turque. Au moment d'arborer notre pavillon, on le cherche par-tout, sans pouvoir le trouver. Le capitaine désespéré et craignant quelque avanie ou une bastonnade de la part des Turcs, s'il n'arbore le pavillon, frappe de la tête contre les malles et les ballots; mais le pavillon ne paroissoit point. Enfin il prend son parti, et arbore un chiffon de mille couleurs qu'il trouve dans un coin.

La frégate arrive sur nous. Après les salutations et les questions d'usage, on nous demande : *Quel est ce pavillon ?* Le capitaine répond : *C'est celui d'un bey schérif, fils de sultan, qui est ici, et qui se rend à Alexandrie. — Comment s'appelle-t-il ? — Sidi Ali Bey el Abbàssi. — D'où vient-il ? — D'el Garb* (de l'Occident). *— Où va-t-il ? — A la Mecque. — Bon voyage. — Bon voyage :* aussitôt les deux bâtiments se séparèrent. Je louai la bonté des Turcs ; et, tout en applaudissant à la ruse de mon adroit capitaine, je lui enjoignis de ne pas me compromettre une autre fois. Il plia son vieux chiffon, et continua de chercher son pavillon turc, qu'il trouva enfin au fond d'une caisse.

Nous découvrîmes bientôt le port d'Alexandrie, où notre bâtiment entra heureusement à trois heures après midi le 12 mai 1806, après une traversée de deux jours et demi.

Le lendemain matin le second scheih d'Alexandrie, nommé *Scheih Ibrahim Baschà*, vint me chercher au bâtiment. Je débarquai de suite, et je l'accompagnai chez lui, où nous prîmes du café et de la limonade. Je fus conduit de là dans une maison qui m'avoit été préparée.

On ne voulut ouvrir ni visiter à la douane aucune de mes malles ni mes ballots; je reçus enfin toutes les marques de considération et de respect que l'honnêteté pouvoit inspirer à ces bons habitants.

CHAPITRE IX.

Description d'Alexandrie. — Antiquités.

On pourroit aisément former une bibliothèque entière de voyages en Égypte et de descriptions de cette contrée. Ce pays, déjà assez connu, l'est devenu bien davantage depuis qu'il a été visité par une armée françoise, accompagnée d'un corps de savants dont les lumières et les efforts réunis pendant trois ans ont probablement épuisé tout ce qui pouvoit attirer l'attention d'un observateur. Peut-être ne reste-t-il plus rien à dire de nouveau sur la patrie de Sésostris ; mais est-il possible de se trouver sur cette terre célèbre, et de s'en éloigner comme une ombre fugitive et muette, sans lui payer au moins quelque tribut d'admiration, et sans chercher à réveiller celle des autres ? J'en parlerai donc en peu de mots ; et, si je ne fais que répéter ce qui a déjà été dit, le lecteur pourra passer outre ; mais je serois bien flatté s'il trouvoit ici quelque chose de nouveau.

La position géographique d'Alexandrie se

trouve fixée dans les tables astronomiques pour l'année 1806, en latitude $= 31° 13' 5''$ N. et en longitude $= 27° 35' 30''$ E. de l'Observatoire de Paris. L'éclipse de soleil du 16 juin ne commença pour Alexandrie que quelques moments après le coucher de cet astre, et ce petit retard m'empêcha d'observer le premier contact; dans le doute de quelques moments d'erreur dans mon calcul, je suivis l'astre avec mon télescope jusqu'à sa disparition, favorisé en cela par une atmosphère parfaitement transparente.

On sait que la primitive Alexandrie, l'un des plus grands entrepôts de commerce, séjour de la cour d'Égypte, étoit une ville immense qui contenoit plus d'un million d'habitants. Sa douane, dans ce temps d'opulence, produisoit des sommes énormes, qu'on pourroit évaluer annuellement à soixante ou soixante-cinq millions de francs, dont la valeur relative, en raison de la dépréciation actuelle de l'argent, peut être estimée au centuple de la valeur nominale, ou considérée comme équivalente à six milliards de francs d'aujourd'hui!... Elle ne produit maintenant que cinq cent mille livres ou à-peu-près.

Les historiens rapportent qu'à l'époque de

la conquête du pays par les Arabes, du temps du Calife Omar, cette ville contenoit *quatre mille palais, un nombre égal de bains publics, quatre cents marchés, et quarante mille juifs tributaires*..... Tous ces édifices sont détruits, et l'emplacement qu'ils occupoient est à peine connu.

Les historiens font aussi mention du nombre infini de jardins et de vergers qui embellissoient les environs de la ville; ce n'est plus aujourd'hui qu'un désert de sable mouvant et entièrement aride.

Enfin cette ville magnifique, ouvrage du grand Alexandre, capitale opulente des Ptolémées, séjour délicieux de Cléopâtre, n'est plus que l'ombre de sa grandeur passée. Une immense accumulation de ruines, dont la plus grande partie est ensevelie sous le sable, sur une surface de quelques lieues, la colonne de Pompée, les obélisques de Cléopâtre, les citernes, les catacombes et quelques colonnes entières ou brisées, éparses çà et là, sont les uniques restes de son antique splendeur. Une enceinte de hautes et larges murailles, d'environ deux lieues, avec des tours presque ruinées, et un encombrement immense de débris et de masures qui occupent cet espace : **voilà les tristes restes** du moyen âge ou de la seconde époque de cette cité, lorsqu'elle passa sous la domination de l'islamisme. Une ville d'environ cinq mille habitants de toutes les couleurs, de toutes les nations et de tous les cultes, établie sur une petite langue de terre, dans la mer, n'ayant d'autres moyens de subsistance que la foible ressource d'un commerce languissant, et qui, pour comble de malheur, vient de perdre cette année (1807) la seule eau potable qu'elle avoit: tel est l'état de la moderne Alexandrie. (*Voyez planche XXXIX.*)

Malgré ces désavantages, je ne puis tracer le tableau de cette ville sous d'aussi noires couleurs et sous un jour aussi défavorable que quelques voyageurs l'ont fait. Ils supposent que les rues en sont étroites et incommodes, les maisons obscures et d'un aspect désagréable à cause du manque de fenêtres, les marchés mal assortis, les habitants inquiets, indociles et peu civils. Non; je ne puis confirmer de telles assertions : au contraire, les rues d'Alexandrie sont assez régulières; et quoiqu'il s'en trouve quelques unes d'étroites, comme dans les plus belles villes d'Europe, il y en a plusieurs d'assez larges; quelques unes même, plus larges encore, sont garnies de trottoirs: la rue des Francs ne dépareroit point une des grandes cités d'Europe, et ce n'est pas la seule de ce genre qu'on voie à Alexandrie. Le sol, quoique non pavé, n'en est pas moins très commode pour les gens de pied, puisqu'il est composé de chaux et de sable d'une bonne consistance : on pourroit le comparer à celui de la belle ville de Valence en Espagne. Les maisons sont sans fenêtres, dit-on...... elles pèchent précisément par l'excès contraire ; car, à l'exception de quelques misérables habitations qui n'ont que les quatre murs, comme on en trouve dans toutes les villes du monde, il n'y a pas de chambre, quelque petite qu'elle soit, qui n'ait quatre, six, dix, douze croisées, couvertes, il est vrai, de jalousies, mais donnant un très bel aspect extérieur aux maisons, et assez d'air et de lumière dans l'intérieur. Ce goût pour les croisées est porté à l'extrême, et on néglige même pour cela la régularité des constructions : dans quelques rues, les façades des maisons ne sont pas disposées sur un alignement commun, mais en angles saillants et rentrants ; ce qui, en doublant la largeur de la surface, favorise la multiplicité des fenêtres. Aux endroits où cette méthode ne peut être adaptée, on pratique au premier étage une espèce de belvédère, ou une sorte de projection au moyen de laquelle une partie de la chambre ou du salon est comme suspendue sur la rue; on l'entoure d'un, de deux ou de trois rangs de croisées placées les unes sur les autres, et serrées de manière que presque toutes se touchent sur les trois fronts du corps avancé. Enfin la *Vue générale d'A-lexandrie* (*voyez planche XL*), dont je puis garantir l'exactitude, parceque je l'ai dessinée à mon aise dans les dix-neuf jours que je restai campé hors la ville, comme je le dirai bientôt, représente cette architecture singulière, et le grand nombre de fenêtres aux maisons de cette ville.

Les marchés publics sont toujours aussi bien fournis que les meilleurs de l'Afrique : on y trouve plusieurs espèces de viandes, des fruits frais, des fruits secs, des légumes, des herbages, de la volaille, du gibier, du poisson en abondance, du pain assez bon, des œufs et du laitage. Le pays ne produit presque rien, puisqu'il est entouré d'un désert; mais les productions de Rosette, de toute la basse Égypte, des côtes de la Syrie, des îles de l'Archipel, et de la côte d'Afrique jusqu'à Derna, y arrivent sans interruption sur de petits bateaux, en sorte que, sous le rapport des subsistances, cette ville ne laisse rien à desirer, malgré les circonstances critiques où elle se trouve actuellement, étant presque sans commerce extérieur par suite des guerres avec les chrétiens, et sans commerce intérieur à cause de la guerre des mamloucks, et par conséquent sans argent; malgré encore l'extrême difficulté des transports, et les dévastations des troupes d'Elfi Bey, campées à peu de distance de la ville; malgré la fuite des habitants des campagnes, l'inondation du lac Maréotis, causée par les Anglois pendant la guerre d'Égypte, terrain considérable perdu pour l'agriculture, et qui offroit auparavant plus de cent cinquante douars établis sur sa surface. Si, malgré ce conflit de circonstances aussi défavorables, les marchés publics sont aussi bien approvisionnés, quelle abondance n'y auroit-il pas dans des circonstances plus propices!

La masse principale des habitants d'Alexandrie est composée d'Arabes, c'est-à-dire, d'hommes en général ignorants et grossiers; mais, bien loin d'être indociles et méchants envers les chrétiens, ils les servent, et endurent même leurs caprices et leurs injustices aussi patiemment que des esclaves. Je soupçonne bien qu'antérieurement le peuple étoit moins affable envers les Européens, par la seule raison des préjugés religieux; mais l'expédition des Français leur a fait croire que le chrétien n'abhorre pas le musulman, puisqu'ayant assez de force pour commander en maître, il traitoit l'habitant comme un frère. Ces circonstances ont produit une heureuse révolution dans l'esprit de ces peuples. Les immenses avantages de la civilisation, de la tactique militaire, de l'organisation politique, des arts et des sciences des nations de l'Europe, qu'ils ont eu l'occasion de remarquer; les idées philanthropiques communes à toutes les classes de la société, qu'ils ont eu le temps d'apprécier, leur ont inspiré une sorte de respect pour des nations qui possèdent d'aussi grands avantages sur les Arabes et les Turcs, dont ils reconnoissent franchement l'infériorité à l'égard des Européens.

Les maisons d'Alexandrie ont les toits plats, comme dans tous les pays où il tombe peu de pluie. Quelque grande que soit une maison, l'escalier est toujours étroit, et ne peut servir qu'au passage d'une seule personne.

A l'entrée des salons se trouve ordinairement une cloison en bois, avec des armoires, formant une espèce de cabinet ou tribune à la partie supérieure, avec des petites balustrades ou des jalousies, dont la forme représente exactement une tribune. A l'entour du salon, et à sept pieds de hauteur, est une planche ou tablette d'un pied de large, sur laquelle on met des livres ou autres objets ; le fond du salon est rempli par une espèce d'estrade ou de banc d'un demi-pied de hauteur et de trois pieds de large, qui s'étend sur les deux côtés environ le quart de la longueur du salon. Ce banc est couvert d'un matelas, avec un rang de grands coussins placés de champ contre le mur. Voilà le sofa turc, qu'on appelle dans le pays *diouan*.

Un grand nombre des maisons d'Alexandrie ont des citernes ; mais, comme il tombe rarement de la pluie, on est obligé d'y apporter l'eau du Nil sur le dos des chameaux, lorsque ce fleuve reflue dans le canal au temps de l'inondation.

Les marchés se tiennent dans quelques unes des rues les plus larges de la ville, parcequ'il n'y a aucune place assez grande ; la seule qui soit assez vaste est située à l'extrémité orientale de la ville. Ces rues, qui servent pour la vente des denrées, sont couvertes de roseaux, de branchages et de nattes, et parfaitement à couvert des rayons du soleil pendant le jour ; mais pendant la nuit il y règne l'obscurité la plus profonde. Quand je pense que, malgré les facilités qu'offre cette ville aux malfaiteurs, je n'ai entendu parler d'aucun attentat pendant ma résidence, j'ose assurer que les Alexandrins ne sont pas aussi méchants qu'on a voulu les représenter.

A l'exception de la grande mosquée et de celle du saint *Sidi Abulàbbas*, patron de la ville, qui a son tombeau dans une des chapelles, les autres ne méritent pas qu'on en fasse mention. C'est une chose remarquable que la grande mosquée et plusieurs autres, sont au premier étage; le rez-de-chaussée est occupé par des boutiques, des magasins et des habitations.

Dans les formes du culte, j'ai remarqué une addition que je n'avois pas vue dans l'occident. Avant de commencer la prière du vendredi, plusieurs chanteurs récitent quelques versets dans le chœur : paroît ensuite un vieillard, qui vient au pied de l'escalier ou de la tribune du prédicateur; il prend dans sa main une espèce de crosse ou long bâton, et, debout, tourné vers le peuple, avec une voix nasillarde et tremblante, et d'un ton faux, à la manière d'un vieillard prêt à rendre l'ame, il dit : *Allahou ak^{i}bàr, Allahou ak^{i}bàr*. Le chœur des chanteurs reprend les mêmes paroles en musique. On les chante une seconde fois; puis le vieillard continue toute la formule de l'appel, qui, verset par verset, est encore répétée par le chœur. Enfin le vieillard récite à demi-voix une sentence du Coran, dans laquelle on recommande la prière du vendredi : alors il quitte son bâton, se retire, et l'iman commence son sermon. Cette petite addition, qui est pratiquée dans toutes les mosquées d'Alexandrie, n'est pas indifférente; elle donne au culte une certaine gravité et de l'onction.

Les mosquées ne sont pas riches, et leurs ministres sont dotés pauvrement : l'iman de la mosquée où j'allois ordinairement n'avoit que quatre piastres turques par mois; mais les aumônes ou les dons volontaires des fidèles contribuent à l'entretien des ministres.

Les magnifiques mosquées anciennes dont parlent quelques voyageurs n'existent plus; le temps, les Turcs et les dernières guerres ont tout anéanti. L'ancien et magnifique sarcophage rempli d'hiéroglyphes dont les voyageurs faisoient mention a disparu aussi : il paroît qu'il a été transporté en Angleterre.

Comme les vivres viennent de pays éloignés, les prix en sont un peu élevés, en proportion des autres pays d'Afrique que j'ai visités. Une poule coûte une piastre turque; la paire de pigeons, 30 paras; l'oka de viande de mouton,

40 paras; l'oka de pain, 10 paras; l'oka d'huile, 60 paras; l'oka de beurre, 115 paras. L'institut d'Égypte a analysé la correspondance des mesures, des poids et des monnoies. Il en résulte que l'oka équivaut à 40 onces, 235 grains du poids de France. Le rapport des monnoies actuellement en usage est de 4 piastres turques et demie, de 40 paras chacune, pour une piastre espagnole, et de 10 piastres et 10 paras pour un sequin d'or de Venise.

Les vivres sont ordinairement d'une bonne qualité; mais l'eau, qui demeure en stagnation dans les citernes, offre ordinairement, vers la fin de l'année, une multitude d'insectes, dont les plus communs sont représentés à la *planche XLIV*. Cette cause oblige à purifier l'eau artificiellement pour la rendre potable.

Cette eau, comme je l'ai dit plus haut, venoit tous les ans du Nil, à l'époque de l'inondation, par un canal qui la prenoit à peu de distance de Rahmanieh, et à quatorze lieues d'Alexandrie, en ligne directe : mais le canal vient d'être coupé, par ordre d'Elfi Bey, près de Damanhour; et la ville n'a plus d'autre boisson que l'eau saumâtre de quelques puits, ou celle qu'on apporte par mer dans des bateaux.

On sait que l'ancien phare d'Alexandrie, regardé comme une des merveilles du monde, étoit placé dans une île peu distante du continent. Le temps a successivement amoncelé le sable entre l'île et la terre : il s'en est formé un isthme, sur lequel la nouvelle Alexandrie est élevée. Aux deux côtés de l'isthme sont deux ports : avant l'expédition des François, les bâtiments des chrétiens n'avoient la permission d'entrer que dans le port du levant, qui est le plus mauvais; l'autre, à l'occident, étoit réservé pour les bâtiments turcs. Depuis ce temps les deux ports sont ouverts à toutes les nations.

Une barre qui se trouve à l'embouchure du port oriental ne laisse qu'un passage fort étroit; il y a d'ailleurs peu de fond, encore diminue-t-il continuellement par l'immense quantité de lest que les bâtiments y jettent tous les jours. Ce port est entièrement découvert au quart du N.; et les vents du N. O., qui sont furieux dans ces parages, y causent fréquemment des désastres. Le port du couchant possède un très bon fond, et se trouve parfaitement abrité; tous les bâtiments de guerre ou d'un certain nombre de tonneaux peuvent y jeter l'ancre. Mais il penche également vers sa ruine par la même cause qui doit combler un jour celui du levant, c'est-à-dire, par la grande quantité de lest qu'on y jette.

A l'extrémité orientale de l'île, où étoit jadis le phare, est une forteresse ou une tour de construction arabe qui présente un assez bon aspect. Ce fort est élevé sur un rocher presque isolé, qui ne communique avec la terre que par une étroite chaussée qui tombe en ruines; et comme les Turcs ne réédifient presque jamais, elle sera bientôt entièrement coupée. On donne à cette tour le nom de *phare*: elle est défendue par quelques pièces d'artillerie et par une garnison turque. L'extrémité occidentale de la péninsule du phare est nommée *Ras-et-tinn*, ou Cap des figuiers, à cause du grand nombre d'arbres de cette espèce qu'on y voyoit autrefois, et qui ont été coupés dans les dernières guerres. Sur l'emplacement qu'ils occupoient les Européens ont fait construire un lazaret.

Alexandrie se trouve dans un état de défense régulière; plusieurs forts construits par les François, quelques pans de murailles renouvelés, avec des fossés, quelques tranchées et des épaulements, obligeroient à une attaque compliquée: cependant de semblables ouvrages, pour des troupes européennes, ne peuvent être considérés que comme des fortifications de campagne. Presque tous les forts et les redoutes se dégradent par l'incurie des ingénieurs, qui n'entretiennent pas les travaux; et, comme il y a très peu de revêtements, dans peu de temps tout sera écroulé et détruit. C'est pour cela qu'il est impossible que cette place, même en faisant des efforts extraordinaires de défense, puisse tenir plusieurs jours contre des Européens; mais à l'égard des Arabes, des Mamloucks ou des Turcs, qui sont très ignorants dans l'art militaire, elle peut être considérée comme une place forte. Au surplus, Alexandrie se trouvant presque isolée à cause des lacs Maréotis et Mahadie, sa défense contre les naturels d'Égypte se réduit à garder les deux passages étroits par lesquels on peut venir du continent; et il seroit encore facile de l'isoler entièrement (1). Mais cette mesure augmenteroit encore la difficulté d'approvisionner cette ville, et la priveroit pour toujours de l'unique eau potable qu'elle puisse se procurer.

On trouve quelques petits jardins extrêmement chétifs dans l'enceinte et sur le terrain de

---

(1) D'après les notes d'Ali Bey, il semble que les Anglois avoient employé ce moyen en 1807, au temps de leur dernière expédition à Alexandrie. (*Note de l'Editeur.*)

la vieille Alexandrie. A l'exception des palmiers, à qui le terrain semble parfaitement convenir, la végétation ne présente que des plantes maigres et rabougries : cela provient de ce que les habitants n'ont d'autre eau pour arroser que celle des puits, qui d'ailleurs est très peu abondante.

Pour aller promener dans ces jardins, ou pour passer d'un endroit à un autre de la ville, on se sert d'ânes d'une espèce tellement petite, que leur hauteur suffit à peine pour que les pieds du cavalier ne touchent pas la terre. La petitesse de ces animaux est compensée par leur vivacité et par la rapidité de leur marche; cette vitesse est telle, que leur pas ordinaire équivaut au grand trot d'un cheval. On voit ces animaux, chargés d'un cavalier et quelquefois de poids énormes, courir continuellement d'une partie de la ville à l'autre comme des chevaux de poste. Leurs conducteurs vont toujours à pied, et courent à toutes jambes pour pouvoir les suivre; ce qui est ordinairement un motif de plaisanterie pour les spectateurs. J'ai mesuré la hauteur de ces animaux intéressants; le terme moyen de leur taille est ordinairement trente-neuf pouces de France : plusieurs même n'en ont que trente-sept. Combien l'introduction de ces animaux seroit utile dans les grandes villes d'Europe! Leur dépense journalière ne s'élève pas au quart de ce que consomme un cheval ou une mule, et les services qu'on en retire sont aussi grands.

Les chevaux qu'on vend à Alexandrie sont tirés de toutes les races d'Égypte, d'Arabie, de Syrie et d'Afrique · il en est peu de bons; et le peu qu'il y en a, les maquignons n'oublient pas de les faire payer chèrement. Les étriers, beaucoup plus grands qu'à Maroc, ont des angles aigus qui servent à piquer le cheval, parceque personne ne fait usage d'éperons. Ici, comme en Chypre, lorsqu'on est descendu de cheval, le domestique le prend par la bride, et le promène lentement pendant un quart d'heure, comme pour faire passer par degrés l'animal à l'état de repos : habitude à laquelle on ne manque jamais, lors même que le cheval n'a fait aucune course fatigante.

On rencontre dans la ville des individus qui font métier de servir de valets de pied et de soigner les chevaux : ils sont appelés *saïz*. Quand ou achète ou qu'on vend des chevaux, ils intriguent dans l'affaire selon leur intérêt. Lorsqu'on sort à cheval, il est d'usage que le saïz marche devant, avec un bâton de sept à huit pieds, ordinairement peint en rouge ou en vert, qu'il tient perpendiculairement à la main. Les pachas et les grands se font précéder de plusieurs saïz. Ceux-ci vont deux à deux; et, pour peu que leur nombre soit considérable, ce cortége ne ressemble pas mal aux processions que j'ai vues en Europe.

Alexandrie n'a point d'écoles pour les sciences : l'art de l'écriture y est réduit aux formes les plus grossières; les maîtres d'école n'étant assujettis à aucun examen, à aucune inspection particulière, forment chacun les caractères d'écriture à leur caprice ; en un mot, chacun altère la forme des lettres à sa manière. Les Coptes, les Grecs, les Juifs, et même chaque tribu, ont aussi des traits et des nuances particulières; aussi la vie d'un homme ne suffit-elle pas pour apprendre à lire correctement. Ceux qui veulent entrer dans la carrière des lettres vont faire leurs études au Caire.

Les plus respectables scheihs de la ville font aussi des lectures dans les mosquées principales; ce qui sert à répandre un peu l'instruction. Pour faire ces lectures publiques, le scheih s'asseoit sur un tapis étendu au centre de la mosquée ; autour de lui, et à une certaine distance, les auditeurs forment un cercle; ceux qui arrivent successivement forment d'autres cercles par derrière, et tous assis par terre. Sur une très petite table, placée au milieu, est un chandelier, avec une chandelle de couleur verte. Vis-à-vis du scheih s'asseoit un lecteur, avec des papiers à la main. Ces papiers contiennent ordinairement des articles des principaux commentateurs ou expositeurs du Coran. Le lecteur commence un verset; et à peine en a-t-il lu quelques mots qu'il est interrompu par le scheih, qui les commente plus ou moins longuement, et qui quelquefois sur un seul mot fait le commentaire le plus extravagant et le plus étranger au texte. Le lecteur revient ensuite à sa lecture, et le scheih à ses commentaires, en parlant toujours d'un ton d'inspiré : de temps en temps il se permet quelques saillies agréables ou des bons mots.

Dans la nuit du 27 du mois *Archàb* on célèbre l'ascension ou le rapt de notre saint prophète. Il y avoit déjà quatre heures que le principal scheih prêchoit dans la grande mosquée, lorsque je m'y rendis pour faire ma prière. Il me fit placer à son côté. Après l'avoir écouté pendant un certain temps, je lui dis à l'oreille : *Scheih, vous êtes un homme de fer*. Il sourit, et, sans hésiter, il dit à haute voix à la foule qui l'entouroit : *Sidi Ali Bey trouve que je suis un homme de fer; donc c'est assez pour aujourd'hui;* et de suite il leva la séance. Pour cette fête la mosquée avoit été illuminée d'un grand nombre de lampes ; il y avoit aussi plusieurs cercles en fer, suspendus comme des lustres, et supportant tout autour des lampions de cristal coloriés, qui produisoient un effet magnifique.

Tout le terrain de la vieille Alexandrie a été considérablement exhaussé par le sable de la mer que les vents d'O. transportent et amoncellent continuellement. C'est par cette raison que presque tous les restes de l'ancienne ville sont enfouis dans le sable, et que les colonnes qui sont debout, ainsi que l'obélisque, sont enterrés de plusieurs pieds. Si l'on calcule d'après l'obélisque, il paroît que le terrain de la vieille Alexandrie s'est élevé de quinze à seize pieds, mesure de Paris. Cet exhaussement est égal dans tout le désert qui entoure Alexandrie, et semble avoir été produit par la même cause.

Les restes des anciens édifices bâtis en pierre, et cachés sous le sable, sont les carrières, où les habitants de la nouvelle Alexandrie vont se procurer des matériaux pour la construction de leurs maisons. Tout cet espace est en outre miné par des citernes, dont quelques unes sont décorées de plusieurs ordres de colonnes supportant des arcades les unes sur les autres. On y voyoit anciennement une mosquée, qu'on nommoit la mosquée des mille colonnes.

Un grand nombre de colonnes extraites de ces ruines avoient été amenées, à diverses époques, jusqu'au bord de la mer, par des Européens, pour être ensuite transportées dans leur pays; mais, un jour qu'une flotte turque étoit dans le port, les capitaines qui la commandoient, regrettant de n'avoir pas un débarcadaire commode, firent jeter toutes ces colonnes dans l'eau, en les amoncelant les unes sur les autres; par ce moyen ils formèrent dans un moment un petit môle de ces objets précieux, qui restent une seconde fois ensevelis sous le sable, et perdus pour le luxe de l'homme. Cet embarcadaire, le seul de cette espèce, est situé au port d'occident.

Les obélisques, appelés aussi les *Aiguilles de Cléopâtre*, sont sur l'extrémité orientale du port du levant, et tout près d'une grosse tour, qu'on nomme la tour ronde. Il y en a deux, l'un debout, et l'autre renversé : tous les deux sont d'un granit rouge de tuile, et couverts d'hiéroglyphes bien conservés sur quelques faces, et presque entièrement effacés sur d'autres. On a fait des fouilles pour les découvrir entièrement ; et, comme ils sont parfaitement bien décrits par les savants européens, j'ai copié le dessin qu'ils en ont donné (*voyez planche XLI*), ainsi que celui de la colonne de Pompée et des catacombes royales, parcequ'on ne se lasse jamais de retrouver des monuments aussi classiques et aussi imposants. La base de l'obélisque qui est debout est appuyée sur trois degrés de marbre coquillier blanc.

Si l'on veut examiner quelle a pu être la destination de ce double monument, je dirai qu'en le voyant construit sur le bord de la mer, et sa base presque au niveau de l'eau, on peut le considérer comme un embarcadaire, et que la position des deux obélisques en face de la tour du phare fait conjecturer que l'espace entre ces deux points étoit destiné aux naumachies.

La colonne dite de Pompée, colosse peut-être unique dans son genre, et du même granit que les obélisques, a été pareillement bien décrite (*Voyez la planche XLI*). Elle est composée de quatre blocs qui forment le piédestal, la base, le fût et le chapiteau; le fût, qui est d'un seul bloc, a soixante-trois pieds un pouce trois lignes de long, sur huit pieds deux pouces deux lignes de diamètre à la partie inférieure. Mais combien les sens de l'homme sont fautifs! Arrivé à cinquante pas de ce monument, l'œil n'aperçoit pas encore la grandeur du colosse qu'il a devant lui ; l'imagination n'est nullement frappée de cette masse, lors même qu'on n'en est qu'à une très petite distance : cela provient de ce que la colonne est isolée sur une petite hauteur, sans avoir auprès d'elle aucun objet de dimension ordinaire qui serve d'échelle de comparaison. Les sens se représentent une grande colonne et rien de plus ; mais quand on arrive à huit ou dix pas de distance, alors, comme s'il tomboit tout-à-coup un voile de devant les yeux, on aperçoit tout le grandiose de ce monument. Nous apprenons à voir en touchant, et, ici, l'œil ne donne pas la mesure de l'objet, jusqu'à ce que l'on soit près de le toucher, ou au moins de comparer la dimension de quelqu'une de ses parties avec celle de notre corps; c'est alors qu'un éclair de lumière vient surprendre notre imagination, et qu'on est étonné de la masse énorme qu'on a devant soi. J'ai plusieurs fois éprouvé ce phénomène d'optique que des gens de l'art ont savamment expliqué. Le chapiteau, percé de plusieurs trous, indique que ce monument étoit jadis surmonté d'une statue.

L'époque de la construction de cette colonne et des obélisques est absolument ignorée. Les noms de *Cléopâtre* et de *Pompée* qui leur ont été donnés ne peuvent être considérés que comme des dénominations modernes : ces monuments sont sans doute beaucoup plus anciens que les personnages dont ils portent le nom. Celui de *Sévère*, donné par quelques uns à la colonne, est sans contredit plus absurde encore, puisqu'il a pour origine l'ignorance de la langue arabe : ces peuples appellent ce monument *El Souari*, nom qui signifie *la colonne*, et que, dans l'imperfection de l'écriture arabe, on écrit avec les mêmes caractères ou lettres que le mot *Sévère :* ce qui a donné lieu à l'erreur.

Quelques Arabes instruits pensent que la colonne est l'ouvrage d'Alexandre, qu'ils nomment *Scander;* mais j'ai trouvé parmi d'autres savants du pays une tradition plus respectable et plus analogue à la nature et à la grandeur de l'objet; elle rapporte que la colonne a été élevée du temps et pour le culte d'Hercule, qu'ils appellent *Scander-el-Carnéinn*, c'est-à-dire *Alexandre des deux siècles*, parceque la tradition est qu'il a vécu deux siècles ; et non *Alexandre des deux cornes*, comme quelques auteurs ont traduit ce nom : *Carn* veut dire *siècle; carnéinn*, qui est le duel de *carn*, signifie *deux siècles*.

Les catacombes ou grottes qui composoient l'ancienne *Nécropolis* ou *ville des morts* sont un autre objet digne de l'attention du voyageur. Il y en a plusieurs qui sont creusées dans la roche, en forme de chambres plus ou moins grandes, avec un, deux et trois rangs de niches destinées à recevoir les corps. Auprès de la demeure d'un marabout nommé *Sidi-el-Pabbari*, on voit une espèce de rue uniquement composée de catacombes, et située au pied de deux collines en face l'une de l'autre. L'un des deux côtés est presque entièrement couvert par le sable, à l'exception d'une catacombe extrêmement grande, qui contient trois salons et un grand nombre de niches; de l'autre côté, je comptai onze catacombes, dont quelques unes, parfaitement bien conservées, ont trois rangs de niches les uns sur les autres.

Les grottes les plus magnifiques sont à la distance de deux milles au S. O. de la ville. Il paroît qu'elles servoient à la sépulture des anciens rois d'Égypte; aujourd'hui elles sont très dégradées, et dépérissent même en certains endroits; une grande partie est déjà encombrée par les ruines et par le sable, parceque la toiture s'écroule : aussi est-il extrêmement pénible de pénétrer dans plusieurs, parcequ'il faut y entrer en se traînant par terre. Avant d'y mettre le pied, il est prudent de tirer quelques coups de fusil ou de pistolet, autant pour épouvanter les bêtes féroces, qui ordinairement viennent s'abriter dans ce lugubre séjour, que pour mettre l'air en mouvement. On entre ensuite avec des lumières, et toujours muni d'une corde qui sert de guide, et dont l'extrémité reste attachée à la porte.

Il règne une très grande chaleur dans l'intérieur de ces grottes; on y sue comme dans un bain à vapeurs, en sorte qu'avant de sortir nous fûmes obligés de nous arrêter une demi-heure dans le salon d'entrée, afin de nous essuyer la sueur, et de nous mettre par degrés au niveau de la température extérieure. Les ténèbres y sont tellement denses, que plusieurs flambeaux réunis suffisent à peine pour qu'on puisse distinguer quelque chose de près, lors même qu'on y est resté environ une heure, et que la prunelle de l'œil a pris toute la dilatation dont elle est susceptible.

Les bêtes féroces qui habitent ces catacombes y apportent leur proie pour la dévorer; car le sol étoit rempli d'ossements de toute espèce d'animaux, dont quelques uns paroissoient récemment dévorés. On n'y voit pas des chauve-souris comme aux catacombes d'Amathonte, mais un grand nombre de phalènes ou papillons nocturnes, et des mouches à couleurs éclatantes comme les cantharides. On y rencontre aussi des crapauds dont les terriers pénètrent sous le sol, où ils trouvent de l'eau à peu de profondeur; leur peau est d'un blanc grisâtre, et paroît pulvérulente. Tels sont les habitants de ces demeures sépulcrales, que l'homme prépara avec le plus grand luxe pour éterniser l'existence de sa dépouille mortelle. Les corps que la vanité y avoit placés, réduits depuis long-temps en poussière, n'ont laissé aucune trace; nous ignorons même les noms de ceux qui ont fait creuser ces monuments. La roche qui les compose est de sable granitique lié par un gluten calcaire. Les *planches XLII et XLIII* représentent le plan et les trois coupes ou profils de ces grottes magnifiques.

A quelques pas vers l'O. des catacombes royales, on voit les *Bains de Cléopâtre:* ce sont trois chambres creusées dans le roc, en forme d'étang, d'une forme presque carrée, et de onze pieds environ sur chaque côté. L'eau de la mer peut y entrer par trois ouvertures, élevées de quelques pieds au-dessus du sol : disposition qui fait croire que c'étoit réellement des bains.... Des bains à côté du séjour des morts...! Par qui et dans quels temps ont-ils été construits...? Rien, absolument rien n'est parvenu à notre connoissance sur ces époques éloignées. O perte irréparable de la bibliothèque d'Alexandrie...! Mais je respecte la décision du calife du plus grand des prophêtes (1).

En suivant le rivage de la mer vers l'O., on trouve, à la distance de deux lieues, la demeure du marabout nommé *Sidi el Ajami* : c'est l'endroit où débarqua l'armée françoise.

---

(1) On sait que la célèbre bibliothèque d'Alexandrie fut brûlée par ordre du calife Omar. (*Note de l'Editeur.*)

CHAPITRE X.

Lacs Mahadie et Maréotis. — Habitants d'Alexandrie. — Musique. — Correspondance. — Climat. — Notes historiques. — Firman du capitan pacha.

J'ai déjà dit que le terrain d'Alexandrie est circonscrit et presque isolé par la mer Méditerranée au N., et par le lac Maréotis au S.

Ce lac, dans les temps les plus reculés, étoit rempli par l'eau du Nil; la branche ou *bras Canopique*, ayant été coupée vers la seconde époque, ainsi que le canal qui venoit de la partie supérieure, et n'ayant aucune communication avec la mer ni avec aucune rivière, s'évapora successivement, et fut ensuite transformée en un champ fertile couvert d'habitations.

Il en fut de même du lac Mahadie, quoiqu'il fût garanti des empiètements de la mer par une forte muraille ou un épaulement qui s'étendoit du côté du levant jusqu'au fond de la baie d'Aboukir.

Par la succession des temps, l'épaulement du lac Mahadie fut rompu; l'eau de la mer inonda le terrain qui formoit le lac; et, comme on a laissé dégrader de plus en plus cette ouverture de l'épaulement, il est impossible maintenant de pouvoir le remettre dans son premier état.

Le lac Mahadie et le lac Maréotis sont séparés par une langue de terre extrêmement étroite, sur laquelle passe le canal d'Alexandrie. Au temps de l'expédition des François, les Anglois coupèrent cette langue de terre; l'eau du lac Mahadie, qui vient de la mer, s'étendit sur le terrain jadis occupé par le lac Maréotis; cent cinquante douars furent noyés; plusieurs milliers de journaux d'une excellente terre végétale furent perdus; et la ville d'Alexandrie fut privée d'eau potable.

Par un bonheur singulier, trois ans après, le célèbre *Genib-Elfendi*, par des dépenses et des sacrifices sans nombre, parvint, au moyen d'une maçonnerie établie sur pilotis, à rétablir le canal, en bouchant la coupure faite par les Anglois : malheureusement cet ouvrage se dégrade, et l'insouciance naturelle des musulmans laissera arriver le jour où l'eau du lac Mahadie rompra une autre fois la digue, et inondera de nouveau le lac Maréotis, qui actuellement se dessèche et se réduit de jour en jour par l'évaporation ; et je crois bien difficile de pouvoir rencontrer un autre Genib-Effendi (1). Tout le terrain que l'eau, en s'évaporant, abandonne sur les rives de ce lac, reste couvert d'une couche de sel marin d'une blancheur parfaite. La récolte de ce sel appartient au gouverneur d'Alexandrie, qui, chaque année, en retire une grosse somme ; mais personne ne pense à conserver ou à réparer la digue.

Le lac Mahadie est très poissonneux ; quantité de bateaux y sont toujours occupés à la pêche ; ils ont une seule voile latine, et naviguent sur le lac jusqu'à son embouchure, au fond de la baie d'Aboukir. Ayant visité cette embouchure au mois de juillet, je trouvai que l'eau du lac est de plusieurs degrés plus chaude que celle de la mer, tant à l'embouchure que le long de la langue de terre qui sépare les deux eaux, et qui peut avoir de dix-huit à vingt pieds de largeur seulement.

Le terrain où se trouve Alexandrie, entre les deux lacs et la mer, n'est qu'un désert de sable mouvant, sans autre trace de végétation que

---

(1) On a déjà remarqué que, postérieurement aux notes d'Ali Bey, les Anglois avoient coupé cette digue une seconde fois en 1807. (*Note de l'Editeur.*)

quelques bouquets de soude. Mais à peu de pieds de profondeur on trouve par-tout sous cette couche de sable une nappe d'eau plus ou moins saumâtre, et presque potable en certains endroits. C'est par cette raison qu'on voit des plantations de melons, des figuiers et des palmiers du côté d'Aboukir, là où l'on croiroit toute végétation impossible, puisque les chevaux s'y enfoncent jusqu'au ventre dans le sable.

La manière d'y semer les melons consiste à faire de larges fossés de quarante-cinq à soixante pieds de longueur, et de huit à dix pieds de profondeur; ce qui coûte peu de peine, vu la mobilité du sable; mais, pour l'empêcher de retomber, on est obligé de donner beaucoup d'inclinaison aux parois des fossés, qui en conséquence sont très larges à la partie supérieure, et ont à peine un pied de largeur dans le fond, où l'on sème un rang de melons dans toute la longueur du fossé : les plantes s'accrochent successivement et montent sur les côtés. Comme les racines trouvent immédiatement de l'eau, les plantes prennent un accroissement vigoureux. Ainsi chaque plantation est un ensemble de fossés à côté les uns des autres. On cultive de la même manière quelques plants de vigne.

Chaque figuier est entouré d'une haie de branches sèches de palmiers, qui embrasse et couvre exactement l'espace compris entre les branches du figuier et le sol. Cette méthode garantit du soleil le terrain qui est au pied de l'arbre, empêche que le sable n'y soit accumulé par le vent, maintient l'humidité et la fraîcheur, et défend le fruit des mains étrangères et des animaux du désert. Quand il y a trois ou quatre figuiers ensemble, ils sont si serrés, que leurs branches s'entrelacent, et, par le moyen de la haie, ils se trouvent parfaitement garantis du soleil et du sable, comme si ce n'étoit qu'un seul arbre. Quel plaisir on éprouve, et combien le spectacle de la culture réjouit l'œil et le cœur, lorsqu'après s'être fatigué le physique et le moral dans la vaste aridité du désert, on trouve un endroit planté de figuiers, de vignes et de melons! Dans tout ce canton désert on n'aperçoit que quatre ou six douars, dont les habitants vivent pauvrement, avec un petit nombre de bestiaux.

Le désert est peuplé d'un grand nombre de *chakals*, de lézards, et d'une multitude prodigieuse de *gerbòa*, petits animaux très jolis, sur lesquels on a une excellente dissertation du voyageur Sonnini. (*Voyez planche XLIV.*)

Le mélange confus des habitants d'Alexandrie, qui sont un composé de toutes les nations, fait qu'on y parle toutes les langues; mais on les parle mal, parceque dans cette Babel moderne on oublie presque sa langue maternelle pour parler divers idiomes et se faire comprendre des autres. Les enfants apprennent en même temps, et sans maîtres, trois ou quatre langues, qu'ils ne savent jamais que très imparfaitement; et l'on peut dire qu'Alexandrie est le plus mauvais endroit du monde pour apprendre une langue avec perfection.

Les Coptes, descendants, comme on sait, des anciens habitants d'Alexandrie et de l'Égypte, sont réduits maintenant à un millier d'individus, qui, en général, s'appliquent au commerce. Ils avoient autrefois pour leur culte un temple magnifique, qui a été rasé pour découvrir les feux de la place.

Il ne reste à Alexandrie qu'une quarantaine de familles grecques domiciliées; mais il y a toujours un grand nombre de Grecs passagers, parceque la plupart des bâtiments qui y viennent sont grecs ou montés par des équipages grecs. Il y a une église et un couvent de cette religion, où résident l'évêque et le *patriarche d'Alexandrie*, homme estimable et parfaitement instruit. On y trouve aussi quelques Syriens catholiques, qui font un petit commerce d'occasion.

Alexandrie renferme plus de trois cents juifs établis, qui s'occupent du commerce et de l'agiotage, et qui entretiennent des correspondances très actives avec Livourne, lorsque les circonstances le permettent. Ils n'ont à présent que deux petites synagogues provisoires, parceque leur grande synagogue a été aussi abattue par les Européens.

Les chrétiens et les juifs du pays s'habillent avec le costume long des Orientaux, et ne sont nullement distingués les uns des autres. Ils sont assez bien traités par les Turcs et par les Arabes; aussi ils font leurs affaires, pratiquent leur religion, célèbrent leurs fêtes, et déploient tout le luxe qu'il leur plaît, suivant leurs moyens, avec une entière liberté, et sans crainte d'avanies.

Les Européens, ici comme dans tout le Levant, sont connus sous le nom de Francs. Leur nombre, qui peut s'élever à deux cents, présente un échantillon de toutes les nations. En temps de paix, occupés d'un commerce actif, ils ne pensent qu'à leurs affaires ; satisfaits de leur gain, ils vivent tranquillement dans l'aisance; mais, à l'époque de mon séjour, désœuvrés et oisifs, à cause de la presque totale interruption du commerce, aigris par la considération de ce qu'ils perdoient chaque année, par l'épuisement de presque toutes leurs ressources, achetant les denrées à plus haut prix, et ne gagnant rien dans leur négoce, la plupart se trouvoient dans un état de tristesse impossible à décrire; la plus légère bagatelle les irritoit les uns contre les autres ; la plus petite dette ou la moindre affaire commerciale produisoit de longs procès ; aussi étoient-ils alors presque tous divisés ou brouillés, au point qu'on pouvoit difficilement réunir dans une maison une société de quinze à vingt personnes.

Les Francs et leurs femmes s'habillent à l'européenne, avec tout le luxe, la recherche et le goût du jour. Ils habitent un même quartier, qui ressemble parfaitement à une ville d'Europe. Le jour et la nuit, les hommes et les femmes sortent librement, jouent des instruments, et chantent par les rues, sans que jamais un musulman se soit permis la plus légère insulte, la moindre malhonnêteté envers eux. Cette liberté s'étend même aux protégés des consulats, qui, vêtus à l'européenne, jouissent des mêmes droits que les Européens, quoiqu'ils soient juifs. Quelle différence avec Maroc !

Les catholiques ont une église et un couvent placés sous la protection de la France, comme tous les établissements de ce genre dans le Levant, et entretenus par l'Espagne.

Les femmes du pays, chrétiennes ou juives, sortent voilées, et vivent retirées comme les musulmanes ; au lieu que les Européennes jouissent de la même liberté qu'en Europe. Parmi les chrétiennes et les juives du pays il s'en trouve quelques unes de belles. Si nous devons juger de la beauté des musulmanes par les formes de leurs enfants, nous en aurons une très mauvaise opinion, parceque tous les enfants musulmans ont des formes repoussantes, de gros ventres, des jambes courtes et cagneuses, une grosse tête hors de proportion, des yeux presque toujours affectés d'ophtalmie et couverts de chassie, des couleurs citrines ou d'un brun verdâtre ; et cet ensemble désagréable qu'on voit dans presque tous les enfants ne donne pas une grande idée de la beauté et de la propreté de leurs mères, d'autant plus que les enfants des Européennes, nés et élevés dans le pays, sont aussi beaux et aussi bien conformés que dans la patrie de leurs pères. Combien sont différents les enfants musulmans à Fez, où l'on trouve des figures presque angéliques !

Alexandrie ne renferme que deux bains publics, où vont indistinctement les personnes de tous les cultes. Le meilleur, situé hors la ville, est pavé de beaux marbres pris dans les ruines, et assez bien servi. Je m'y rendis de nuit, accompagné des principaux scheihs. On eut soin de tenir la porte de la ville ouverte jusqu'à mon retour, qui n'eut lieu qu'à minuit.

Les arts ont conservé la grossièreté qu'on remarque dans toute l'Afrique; je trouvai cependant un bon horloger, un peintre en bâtiments, et quelques autres artistes européens, tels qu'un chapelier, deux cordonniers, trois pharmaciens, dont l'un étoit fort instruit; et quelques soi-disant médecins, dont un seul étoit passablement bon.

Je dois relever ici une erreur bien grande du savant voyageur anglois M. Brown.

« L'on fabrique à Alexandrie, dit-il, des

« lampes et des fioles de verre vert et de verre
« blanc; on y emploie le natrum au lieu d'autre
« alkali; et la plage basse des côtes d'Égypte
« fournit d'excellent sable (1). »

Il ne suffit pas, pour une fabrique de verre, d'avoir de l'alkali et du sable; le premier article, et même le plus important, c'est le combustible, et il n'en existe point à Alexandrie : la chose me paroissoit donc impossible. J'ai questionné, à cet égard, divers habitants, qui m'ont assuré qu'il n'y avoit jamais eu de fabrique de verre à Alexandrie. Je me suis informé encore plus particulièrement sur les époques antérieures, et tous m'ont confirmé ce qui m'avoit été dit précédemment. En effet, le plus simple raisonnement suffit pour faire comprendre que, dans un pays où le bois à brûler ne vient que par mer des pays turcs, il auroit été bien extravagant de songer à établir une verrerie. Je ne sais à quoi attribuer une erreur aussi grave de la part d'un écrivain si exact dans tout le reste.

Les musulmans, ici comme dans les autres

―――――――――――――――――――

(1) Voyage de Brown au Darfour, etc., tome premier, page 15.

endroits, sont dans l'usage de fêter la circoncision de leurs enfants ; ils font cette cérémonie à tout âge, jusqu'à celui de douze ans, mais plus communément dans la première enfance. Les néophytes sont promenés solennellement dans les rues, bien vêtus, sur des chevaux richement ornés, et précédés de hautbois et de tambours.

Cette musique est comme celle de Maroc : point d'harmonie, une mélodie détestable, et des hauts cris au lieu de chants : voilà ce qui touche les habitants jusqu'aux larmes.

La musique turque, quoique du même genre que la musique arabe, est un peu mieux composée, puisqu'on y trouve au moins quelques cadences bien terminées. Le capitan pacha de la Porte Ottomane, qui étoit alors à Alexandrie, avoit la bonté de m'envoyer son orchestre tous les six ou huit jours ; ce qui me mit à portée de pouvoir l'apprécier.

Cet orchestre de la chambre de son altesse est composé de cinq musiciens et d'un *schaoux* ou commandant, qui les accompagne toujours : ils jouent de quatre instruments, qui sont un psaltérion, qu'on frappe avec des petites baguettes, et dont le chevalet du milieu est placé de manière que les cordes donnent sur la gauche l'octave du ton qu'elles donnent sur la droite ; une viole d'amour, montée de six cordes, et accordée dans la progression *ut, mi, sol, ut;* une espèce de hautbois d'un son très doux, et analogue au basson, ou, pour mieux dire, au *cor anglois;* enfin deux petites timbales accordées à la quinte, au lieu de l'être à la quarte, comme en Europe, et qu'on frappe doucement avec le bout des doigts : le cinquième musicien chante, et ne joue d'aucun instrument.

Chaque fois que cet orchestre venoit chez moi passer la soirée, le schaoux commençoit par me faire un compliment de la part de son altesse : les musiciens s'asseyoient en demi-cercle à terre devant mon sofa, le schaoux à leur tête. Les instruments étoient accordés d'avance, et, à mon signal, ils commençoient un *adagio,* dans lequel un des instruments suivoit le thême ; les deux autres faisoient une basse continue, et jouoient *pianissimo;* les petites timbales se taisoient. Jusque-là c'étoit tolérable, et même agréable dans quelques parties ; mais bientôt on commençoit un *andante* ou un *allegro,* dans lequel les petites timbales avoient leur partie : c'est alors que les voix et les instruments faisoient de vains efforts pour se mettre à l'unisson, et que mes pauvres oreilles, accoutumées à entendre une harmonie régulière, payoient l'amende des jouissances qu'elles s'étoient données en Europe.

Après un quart d'heure de ce *charivari*, le chant cessoit, les instruments continuoient de jouer : enfin les timbales se taisoient aussi, et on reprenoit un adagio semblable au premier. Après ce morceau, les musiciens me faisoient une révérence, et le premier acte étoit fini. On leur servoit du café. Ils donnoient ensuite un second acte, avec les mêmes cérémonies, et en tout point semblable au premier. J'applaudissois à leur talent musical, et leur faisois quelques questions. Enfin, après avoir recommandé au schaoux de présenter mes remercîments à son altesse, je leur donnois une petite gratification; et ils s'en retournoient fort contents. Cette scène se renouvela plus de vingt fois pendant la résidence du capitan pacha à Alexandrie.

Vu le grand commerce de cette ville, il est bien étrange qu'il n'y ait aucun établissement public pour la poste aux lettres : les correspondances se font de la manière la plus ridicule et la plus grossière. Les patrons des petits bateaux, qui viennent fréquemment de Smyrne, de Constantinople et des autres endroits, se chargent des lettres pour Alexandrie volontairement ou par spéculation particulière. A leur arrivée, ils parcourent les rues et les maisons avec les lettres renfermées dans un mouchoir ou dans un petit sac qu'ils portent à la main. Il arrive souvent que les paquets sortant de leur enveloppe tombent dans la rue, et se perdent. Toute personne qui croit avoir des lettres à recevoir arrête le porteur dans sa course, et lui demande le sac. Celui-ci, qui ordinairement ne sait pas lire l'écriture arabe ni l'écriture européenne, le lui présente ; et de cette manière des indiscrets peuvent faire passer entre leurs mains toute la correspondance de la ville : sous le prétexte de chercher les lettres qu'ils prétendent leur être adressées, ils font l'inventaire du sac, prennent celles qui leur conviennent, et, moyennant une petite gratification au porteur, ils s'en retournent tranquillement, après avoir violé peut-être les secrets des particuliers, et porté atteinte à la foi publique. Je tremblois de voir ainsi exposés l'honneur et la fortune des particuliers, et les intérêts politiques des différentes nations qui ont des consuls à Alexandrie. Je suggérai l'idée d'un établissement public de correspondance ; mais les disputes particulières des Européens y apportèrent toujours un obstacle insurmontable.

Quoique la température d'Alexandrie soit chaude, elle ne l'est pas en proportion de la position géographique. Il est vrai que le soleil y est brûlant en été; mais les vents du N. O. ou de la mer, qui soufflent continuellement, tempèrent l'atmosphère à l'ombre, où le thermomètre, pendant les mois de juillet et d'août, ne monta pas sensiblement au-dessus de vingt à vingt-deux degrés de Réaumur, terme de la chaleur d'un été ordinaire en Europe. Pendant mon séjour, les vents de mer régnèrent presque continuellement, l'air fut à-peu-près toujours humide, et l'hygromètre marqua un degré d'humidité très élevé dans les jours où la plus forte chaleur devoit se faire sentir.

L'ophtalmie, considérée comme l'unique maladie endémique du pays, me semble provenir d'une cause purement mécanique : c'est sans doute l'effet de quelques grains de sable impalpable que le vent tient toujours en volatilisation dans ce pays. Ce sable, pénétrant dans l'œil, y fait naître une sorte de prurit, qui donne l'envie de se frotter. Comme l'organe est ordinairement irrité par la forte réverbération du soleil et par la poussière saline, la moindre friction, lorsque le sable est entré dans l'œil, déchire la pellicule, et produit une inflammation. Il est très peu de personnes qui échappent à cette maladie : pour moi, persuadé de cette vérité, lorsque je me sentois un corps étranger dans l'œil, je résistois à la démangeaison; et cette seule précaution m'a garanti de l'ophtalmie.

Je ne fus pas aussi prévoyant pour les changements de température en automne : ils sont tellement brusques dans cette saison, que, dans l'espace de trois ou quatre heures, on éprouve différentes variations de chaleur et de froid. On se prémunit contre ces effets en s'habillant un peu chaudement. Cependant, malgré mes précautions, j'ai souffert deux indispositions pour cette cause.

Quoique l'histoire des pays que j'ai visités me semble un objet étranger à l'itinéraire de mes voyages; cependant la singulière situation politique de l'Égypte, contrée qui n'a point de souverain territorial, et qui jouit d'une sorte d'indépendance anarchique, demande une attention particulière. Je donnerai, d'après les renseignements qui m'ont été communiqués, une idée de sa situation depuis l'expédition des

François jusqu'au temps de mon départ pour la Mecque.

On sait qu'une poignée de François qr' occupoient l'Égypte durent céder aux efforts réunis d'une armée angloise de 23,400 hommes, commandée par le général Abercromby; d'une armée turque de 6,000 hommes, débarquée à Aboukir, sous les ordres de Hassan Pacha, capitan pacha de la Porte Ottomane; d'une autre armée angloise de 6,000 hommes, aux ordres du général Baird, débarquée à Suez; et d'une quatrième armée turque de 28,300 hommes, venant de la Syrie, et commandée par le grand-visir; ce qui, joint à 27,000 matelots ou employés, fait un total de 90,700 hommes. L'Égypte, au moyen de ces forces, resta donc entre les mains des Anglois et des Turcs.

Quelque temps après, par suite du traité d'Amiens, les Anglois évacuèrent le pays, Hassan Pacha se retira, et le gouvernement d'Égypte demeura entre les mains de Mehemed Pacha, avec un corps de troupes turques, dont la plus grande partie étoit composée d'Albanois ou d'Arnautes.

Bientôt les Albanois se révoltèrent contre le pacha turc, et appelèrent les Mamloucks, qui vivoient retirés dans la haute Égypte. Ceux-ci, par leur caractère de domination, s'emparèrent bientôt du commandement; et les Arnautes ne furent plus que de simples soldats à la solde des beys. Mais, bientôt lassés de la domination des Mamloucks, ils se révoltèrent contre eux, et en firent périr un grand nombre; le reste se retira dans la haute Égypte. Au commencement de la révolte du Caire, le brave Osman Bey Bardissi étoit chez lui, n'ayant autour de sa personne qu'une vingtaine de Mamloucks. Des milliers d'Arnautes viennent l'attaquer : il fait seller tranquillement les chevaux, et tout-à-coup, faisant ouvrir les portes, il tombe comme la foudre sur les Arnautes, leur passe sur le ventre avec sa petite escorte, et se retire dans la haute Égypte, où il est encore aujourd'hui (1). Il paroît que cette révolte fut organisée par Koursouf Pacha, gouverneur d'Alexandrie, et que les scheihs du Caire ne furent pas étrangers à cette intrigue.

Koursouf se rendit aussitôt dans cette ville,

---

(1) Postérieurement à l'époque dont parle notre voyageur, Osman Bey a été empoisonné. (*Note de l'Editeur.*)

et prit le commandement de l'Égypte. Mais les Arnautes, toujours inquiets, excités d'ailleurs par les scheihs du Caire, culbutèrent Koursouf, et mirent à sa place Mehemed Ali, pacha actuel.

Dans le temps que les Mamloucks étoient au Caire, la Porte nomma pour gouverneur d'Alexandrie l'inquiet Ali Pacha, qui s'étoit déjà fait connoître pendant la révolution de Tripoli en Barbarie, où il avoit été pacha intrus quelque temps. Il vint avec des instructions pour affoiblir la puissance des Arnautes et des Mamloucks, et pour attirer et remettre l'Égypte sous l'obéissance de la Porte. Il étoit suivi d'un corps de troupes bien dignes d'un tel chef : leur indiscipline, leur désordre, leur licence étoient à un tel point, qu'il leur arrivoit fréquemment de tirer des coups de fusil sur les personnes qu'ils rencontroient dans les rues, et qu'il leur prenoit fantaisie de tuer, sans aucun motif. Les Européens et leurs maisons n'étoient pas à l'abri de ces violences : un des consuls établis à Alexandrie me montra des balles qu'il avoit recueillies dans les chambres de sa maison, à la suite de coups de fusil tirés par ces brigands au travers des croisées. De son côté Ali Pacha, qui étoit l'homme le plus cruel qu'on puisse imaginer, ne laissoit passer aucun jour sans faire étrangler quelques victimes, et jeter leurs corps dans la mer, en même temps qu'il en faisoit assassiner d'autres secrètement dans les catacombes. Tel étoit le caractère de l'homme que la Porte envoyoit pour faire rentrer l'Égypte sous ses lois.

Toutes les réclamations des consuls européens au pacha pour faire cesser les excès de ses troupes ayant été infructueuses, ils prirent enfin la résolution de s'embarquer, avec leurs familles, dans une frégate qui étoit au port, et de là ils envoyèrent des représentations à leurs ambassadeurs respectifs à Constantinople.

Ali Pacha, craignant les conséquences de cette démarche des consuls, les pria d'entrer en négociation avec lui. Ils accédèrent à la fin à la proposition qu'il leur fit de revenir à terre et de rentrer dans leurs maisons, après avoir été embarqués pendant quinze jours, et après avoir fait une capitulation solennelle avec le pacha.

Cette affaire terminée, il fit consentir les Mamloucks et les Arnautes à le laisser aller au Caire sans troupes. A peine fut-il arrivé, que ses troupes, qui s'avançoient aussi, furent surprises et défaites en chemin. En conséquence, Ali Pacha reçut l'ordre de sortir du Caire et du pays par le chemin de la Syrie. Il partit escorté par un détachement de Mamloucks : mais, le troisième jour, ceux-ci étant restés en arrière, firent feu sur le pacha et sur sa suite, qui furent tous assassinés. Pendant que ces événements se passoient, la politique préparoit une révolution bien plus importante pour l'Égypte et pour le commerce européen du Levant, si elle n'eût pas échoué.

Lors de l'évacuation de l'Égypte par les Anglois, le Mamlouck *Elfi Bey*, esclave et l'un des héritiers de Murat Bey, partit avec eux pour Malte, dans le dessein de passer à Londres. Comme les circonstances politiques varioient d'un moment à l'autre, et que l'importance de la personne d'Elfi suivoit leur vicissitude, celui-ci, lassé enfin du peu de considération que les Anglois avoient pour lui à Malte, résolut d'ouvrir des relations avec la France : il étoit prêt à s'embarquer pour s'y rendre, lorsque les Anglois lui offrirent une frégate, sur laquelle il passa à Londres. Du moment qu'il eut débarqué, il traita de ce qui convenoit à son ambition, combinée avec les intérêts de la Grande-Bretagne. En conséquence on lui donna des fonds et des moyens pour s'agrandir, et on régla le plan de conduite à tenir envers l'Égypte.

Comblé de présents et de richesses, Elfi fut ramené en Égypte sur une frégate angloise. Osman Bey Bardissi, celui de tous les beys mamloucks qui avoit le plus de bravoure et d'influence, craignant l'agrandissement du pouvoir d'Elfi, attendit le moment de l'arrivée de son ennemi. Dès qu'il en fut instruit, il prit des mesures pour le faire empoisonner, et poussa la précaution jusqu'à faire placer sur la route quelques détachements pour le faire assassiner, dans le cas où il échapperoit au poison. Malheureuse politique asiatique! elle a toujours le poignard et le poison à la main!

Elfi se douta ou reçut peut-être quelque avis secret du péril qu'il couroit : il échappa sur son cheval à travers le désert, seul, sans argent, et dans le plus absolu dénuement. On dit que, lors de sa fuite, étant entré, sans le savoir, dans la tente d'un Bédouin, son ennemi, au moment où la femme étoit seule, il déclina son nom pour obtenir des secours. La femme, épouvantée du péril de cet homme, lui donna des vivres et de l'eau, en l'invitant à s'éloigner sur-le-champ, parceque son mari, qu'elle lui nomma, étoit son plus grand ennemi. Elfi profita du conseil, et s'éloigna. Le Bédouin revenu, sa femme lui raconta l'événement qui s'étoit passé en son absence. Celui-ci, plein de fureur, et en même temps animé des plus nobles sentiments, répondit : « Femme!... si je l'avois « trouvé ici, je ne sais ce que j'aurois fait.... « peut-être l'aurois-je tué.... mais.... je t'aurois « tuée également, si tu lui eusses refusé l'hospi-« talité et des secours. » Trait admirable, qui n'est pas sans exemple dans l'histoire.

Tout le magnifique mobilier et les effets précieux qu'Elfi avoit rapportés de Londres furent, après sa fuite, entièrement brisés, pillés et vendus.

Rejoint par quelques uns de ses Mamloucks, Elfi s'établit dans le désert : avec l'argent que les Anglois lui firent passer, il vint à bout de se former un parti, à l'aide duquel il soumit quelques douars et même quelques tribus, et vint bloquer la ville de Damanhour, peu distante d'Alexandrie. Mais les habitants, qui s'étoient déclarés contre Elfi, se sont défendus jusqu'à ce jour, pendant plus de deux ans, avec une petite garnison d'Arnautes.

Pendant ce temps, les Anglois et les agents d'Elfi obtinrent du Grand-Seigneur des firmans pour constituer Elfi Bey *Schèih-el-Belèd*, c'est-à-dire, prince feudataire de l'Égypte.

La Porte envoya le capitan pacha avec toute l'escadre ottomane, à l'effet de faire exécuter ces firmans; elle envoya aussi Mussa, pacha de Salonique, avec quelques troupes, en qualité de pacha du Caire; mais Mehemed Ali et les scheihs de cette ville s'opposèrent à cette disposition, et, par leurs négociations avec le capitan pacha et la cour de Constantinople, ils obtinrent de nouveaux firmans en faveur de Mehemed Ali. Le capitan pacha et Mussa Pacha se retirèrent, sans avoir rien fait, le 18 octobre 1806: Elfi Bey resta seul, abandonné dans le désert. Ce fut sans doute un coup fatal pour les Anglois, qui par-là ont perdu le fruit de tant de sacrifices, et l'avantage de demeurer maîtres du commerce de l'Égypte. Au reste, je ne rapporte ceci que d'après ce qui m'a été dit, et sans en rien garantir, parceque je ne réponds jamais que de ce que je vois; et, quoique le capitan pacha et Mussa Pacha aient eu la bonté de me combler de témoignages de considération et d'amitié depuis le premier jour jusqu'au dernier, mon caractère, plus porté à la contemplation de la nature qu'aux intrigues des hommes, me tint toujours éloigné de ces sortes d'affaires.

Pendant mon séjour, je fis quelques acquisitions intéressantes en objets d'histoire naturelle et en antiquités. J'avois empaillé un beau poisson volant, pêché sur cette côte ; mais comme il commençoit à devenir la proie des vers, je me hâtai de le dessiner. (*Voyez planche XLIV.*)

Je passai dix-neuf jours, campé avec mon monde, hors les murailles de la vieille Alexandrie, à peu de distance des avant-postes d'Elfi. J'y pris les bains de mer, et je fis une bonne collection de plantes marines, que je cueillis vivantes au fond de l'eau ; j'y dessinai aussi la vue générale d'Alexandrie. (*Voyez la planche XXXIX.*) Le capitan pacha eut la bonté de m'envoyer presque tous les jours son médecin, qui venoit par mer dans un bateau : il m'envoyoit aussi des sucreries et d'autres petites choses qu'il croyoit pouvoir m'être agréables. Un jour avant son départ d'Alexandrie il eut la délicatesse de me présenter, sans que je le lui eusse demandé, une lettre de recommandation pour Mehemed Ali, une autre pour le pacha de Damas, et un firman pour le sultan schérif de la Mecque. Les deux lettres étoient fermées ; mais le firman étoit roulé dans un sachet ou bourse de satin blanc, fermée par un cordon en soie, avec un peu de cire rouge molle, et un morceau de papier au-dehors qui contenoit l'adresse. Le firman étoit ainsi conçu :

« DIEU LE CONSERVE.

Au Prince illustre, la gloire des Princes, héritier des Prophétes de la gloire divine.

« Je vous présente mes respects avec d'autant plus de soumission et d'humilité, que ces sentiments proviennent d'un cœur qui vous est attaché sous les rapports de l'estime et de la sainte fidélité.

« Le porteur de la présente, nommé Ali Bey, est un seigneur au service de sa majesté Mulei Ismael (1), roi de Maroc. Il est venu ici dans l'intention de remplir le devoir que prescrit la religion. Il a demeuré quelque temps à Alexandrie, et il part aujourd'hui pour l'Arabie, où il desire obtenir l'indulgence pour ses péchés, en remplissant le vœu de son cœur et celui de la religion. Après avoir donné sur la terre l'exemple de toutes les vertus, il veut aller visiter les

---

(1) Deux erreurs. (*Note d'Ali Bey.*)

lieux saints, et s'en retourner ensuite dans ses foyers. Mon cœur me force à vous recommander ce seigneur, moins parce qu'il est au service de sa Majesté le roi Muley Ismael, que parce que j'admire ses vertus et ses talents. Au surplus, quand ce seigneur se sera présenté, que vous aurez pu le connoître et l'apprécier, vous jugerez bientôt qu'il porte sa recommandation avec lui, sans avoir besoin de la mienne. Malgré cela, je vous écris cette lettre pour profiter de l'heureuse occasion de vous présenter mes respects, et de vous demander votre sainte bénédiction.

« Ainsi je me flatte que, par considération pour un seigneur qui est au service de sa majesté le roi Muley Ismael, et en faveur des vertus et des talents dont il est orné, vous le distinguerez du nombre de ceux qui se présenteront à vous. J'ose donc espérer que, lorsqu'il aura la satisfaction de vous voir, vous l'accueillerez avec générosité et bonté. Dieu vous conserve, et prolonge vos jours.

« Celui qui soutient la miséricorde du Suprême,

Signé EL HAGE MOHAMED, amiral de la mer. »

L'adresse portoit :

« *Au Respecté de la Puissance Ottomane, très noble, très majestueux et très révérend Schérif de la sainte Mecque.* »

Ce firman, écrit sans ma participation, contient deux erreurs : il donne le nom de Muley Ismael à l'empereur de Maroc, qui s'appelle Muley Soliman : il me suppose au service de ce prince, ce qui n'est pas vrai, quoique les Mogrebins ou Marocains qui étoient à Alexandrie l'eussent dit pour m'attacher à eux dans l'opinion publique ; c'est après la traduction de ce firman que je me suis aperçu de ces erreurs, qu'il n'étoit plus temps de faire rectifier, puisque le capitan pacha étoit parti d'Alexandrie, et que le firman écrit en turc ne fut traduit qu'à Rosette par le dragoman du consulat françois, plusieurs jours après son départ.

CHAPITRE XI.

Traversée à Rosette. — Bouche du Nil. — Rosette. — Voyage au Caire par le Nil.

Je repris la continuation de mon pélerinage le jeudi 30 octobre 1806, après avoir passé cinq mois et demi à Alexandrie, et je m'embarquai sur une *djerme*, accompagné de quelques uns des principaux scheihs de la ville, qui voulurent encore rester avec moi dans le bâtiment pendant au moins deux heures de navigation. Nous nous fîmes alors nos adieux, et ils s'en retournèrent dans un bateau.

La djerme est un bâtiment découvert à voiles latines ou triangulaires. Celle que je montois étoit des plus grandes; elle avoit trois mâts, avec une grande voile à chaque mât. Les antennes de ces bâtiments sont fixées à l'extrémité des mâts, de sorte que, lorsqu'il faut prendre des ris à la voile, on est obligé de monter tout le long des antennes; ce qui expose à mille accidents sur des navires aussi petits, sur-tout lorsque le vent ou les vagues viennent à renforcer. Il n'est presque pas d'années qui ne soit signalée par le naufrage de quelques unes de ces djermes, à cause de cette mauvaise disposition et du passage dangereux et difficile de la barre du Nil. Comme nous avions peu de vent, que la djerme faisoit peu de chemin, et que nous ne pouvions arriver à temps pour passer la barre du Nil avant la nuit, nous prîmes le parti de mouiller dans la rade d'Aboukir à quatre heures du soir.

A l'extrémité occidentale de cette rade est le château, vieille forteresse avec une tour élevée et quelques nouveaux plastrons. On aperçoit à côté un village entièrement ruiné, et, plus loin, quelques maisons entourées d'arbres et de jardins. Il y a sur la forteresse quelques pièces de canon montées; on me dit qu'elle ne contenoit alors que huit à dix hommes de garnison. Vis-à-vis sont quelques petits îlots, où l'ancrage est bon.

A trois heures du matin du vendredi 31 on mit à la voile; mais le vent étant foible, on n'arriva sur la barre du Nil qu'à sept heures.

La barre du Nil est à-peu-près à quatre milles dans la mer. Ordinairement la houle y est très forte, parceque les eaux de la mer s'y entre-choquent avec celles du Nil. Les bateaux y trouvent très peu de fond, et les détroits praticables changent de place presque continuellement; aussi y a-t-il toujours un bateau pratique sur la barre pour indiquer le passage. Malgré cette précaution, comme la barre est si large, qu'il faut quelquefois dix minutes pour la traverser, il arrive que dans les basses eaux du fleuve il n'y passe presque aucun bateau, sans que la quille ne touche plusieurs fois le sable; ce qui cause beaucoup de fatigue aux équipages, et les expose souvent à se perdre. Lors de mon passage, comme le Nil étoit très haut et la mer tranquille, la barre ne se laissoit distinguer que par la ligne rouge que forment les eaux du Nil, toujours chargées de limon; et nous la traversâmes sans presque nous en apercevoir.

Le vent manquant absolument, on jeta l'ancre sur le Nil, à la partie intérieure et à peu de distance de la barre. Qu'il est beau de voir cette espèce de mer d'eau douce! La bouche du Nil étoit encore éloignée d'une lieue au moins; nous étions véritablement sur la mer Méditerranée, et nous buvions les eaux du Nil, qui sont parfaitement douces et qui repoussent celles de la mer bien au-delà de la barre.

A neuf heures et demie un vent favorable se

leva, et l'on mit à la voile. A dix heures nous entrâmes par la bouche du Nil... Quel admirable tableau! Un fleuve majestueux dont les eaux coulent lentement entre deux bords couverts de palmiers, d'arbres de toute espèce, de grandes plantations de riz qu'on récoltoit alors, et d'une infinité de plantes sauvages et aromatiques dont les parfums embaument l'atmosphère; des hameaux, des chaumières, des maisonnettes éparses çà et là de tous les côtés; des vaches, des moutons, et autres animaux paissants ou couchés sur la verdure; mille espèces d'oiseaux qui faisoient retentir l'air de leurs chants d'amour; des milliers d'oies, de canards, de poules d'eau et d'autres oiseaux aquatiques folâtrant sur l'eau, parmi lesquels on distinguoit de grandes bandes de cygnes qui paroissent les souverains de ces peuples aquatiques..... Ah! pourquoi la déesse de l'amour ne choisit-elle pas pour sa demeure les bords de l'embouchure du Nil?

Nous laissâmes sur la rive gauche de ce fleuve le fort Julien, qui paroît être en bon état et bien garni d'artillerie; et sur la rive droite, une grande île nouvellement formée, nommée *Djezira Hhàdera* ou île verte, et qui doit son origine à une djerme naufragée, sur laquelle le sable et le limon se sont amoncelés ; à présent elle est d'une grande étendue, et couverte de maisons et de jardins. Nous continuâmes ce délicieux trajet, accompagnés de treize ou quatorze autres djermes, qui avec la nôtre formoient une petite flottille.

Dans un détour de la rivière, ayant le vent devant, tous les équipages sautèrent à terre sur la rive gauche; chaque équipage remorqua son bâtiment avec des cordes, jusqu'à ce que dans un autre détour, gagnant le vent arrière, on remit à la voile, et nous arrivâmes à Rosette vers midi. Je me fis mettre de suite à terre, et j'allai loger dans une maison qu'un Arabe de mes amis me tenoit préparée.

La ville de Rosette, que les habitants nomment *Raschid*, est située au bord de l'eau, sur la gauche du Nil. Elle est peu large, mais très longue. Ses maisons comme celles de la campagne sont en briques, et de quatre à cinq étages ; ce qui, réuni au grand nombre de fenêtres, et à de grandes et superbes tours, donne à Rosette l'apparence d'une belle ville européenne. Si l'on ajoute à ce tableau le voisinage du grand fleuve, et, au-delà, la perspective du Delta, la beauté du climat, et l'excellence des productions, on jugera combien cette ville seroit un séjour délicieux, si les hommes ne contrarioient pas les bienfaisantes dispositions de la nature.

Rosette a pour gouverneur un aga arnaute, nommé Ali Bey, qui a ordinairement sous ses ordres deux à trois cents soldats de sa nation. Il y avoit aussi par hasard en ce moment un autre Turc appelé Ali Bey, fils d'un ancien pacha; en sorte que nous étions en même temps trois Ali Bey à Rosette.

Cette ville est la résidence d'un évêque grec. L'archevèque du mont Sinaï, venant du Caire, et se rendant à Constantinople, s'y trouvoit aussi avec le *kiàhia* ou lieutenant général du capitan pacha, qui suivoit la même route : aussi Rosette offroit alors l'image d'une petite cour.

Plusieurs personnes de la ville me rendirent visite le samedi; mais je ne sortis ce jour-là que pour aller chez le célèbre M. Rosetti, qui me donna une petite fête. Le dimanche fut un jour de grande pluie accompagnée de forts coups de tonnerre.

Le lundi 3 octobre, à deux heures après midi, je m'embarquai sur un *càncha*, pour remonter le fleuve. Les canchas sont des bâtiments destinés à naviguer seulement sur le Nil. Leur construction est peu différente de celle des djermes : ils ont la même grandeur et les mêmes agrès ; mais ils ont de plus une chambre extrêmement commode, divisée en deux parties, qui forment une salle et un cabinet entourés de belles fenêtres avec une espèce de balcon sur l'arrière, le tout indépendant du reste du bâtiment. Dans le cancha où j'étois embarqué j'occupois seul la chambre; mes domestiques, mes équipages, et mes chevaux étoient très commodément placés dans le corps du navire.

A deux heures et demie on passa devant Abu Mandour, qui est la mosquée d'un saint sur la rive gauche du Nil ; et à cinq heures on arriva près de Berinbal, bourg sur la rive droite, après avoir laissé Lemir sur la rive gauche.

Les sinuosités du Nil obligent souvent de tourner la proue au vent; dans ces cas on remorque le bâtiment au moyen d'une corde, comme on a déjà dit, et à cet effet les canchas ont toujours un équipage plus nombreux que le port du bâtiment ne l'exigeroit; le mien avoit quatorze hommes.

A huit heures du soir notre bâtiment fut mis à

l'ancre entre le village d'Emtaubes, sur la droite, et celui d'Edfina, sur la gauche du fleuve.

♂ 4.

On mit à la voile par un très petit vent à huit heures du matin; huit hommes sautèrent à terre pour remorquer le bateau; mais, ne pouvant marcher sur le bord du fleuve, qui étoit comme une mare d'eau, ils revinrent au bâtiment, et le poussèrent avec des perches. Parvenu à peu de distance, le pilote, qui avoit une grande connoissance pratique du terrain, fit une seconde fois mettre les hommes à l'eau; ils nagèrent jusqu'à sept ou huit toises de distance, où ils trouvèrent deux pieds d'eau seulement; et quoique le bâtiment fût encore assez éloigné de la terre, ils continuèrent à le remorquer.

En cet endroit je vis un pêcheur tranquillement assis sur un petit radeau formé de six ou huit bâtons; un autre homme marchoit dans l'eau, et poussoit le radeau en avant et peu-à-peu, tandis que le pêcheur guettoit; quand celui-ci voyoit le poisson à portée, il jetoit son filet d'un trait, sautoit dans l'eau, tiroit les poissons du filet l'un après l'autre, et les tuoit en les comprimant entre ses dents. Le pêcheur retiroit ensuite le filet, et remontoit sur le radeau, pour recommencer le même manège.

Les bâtiments qui descendent le Nil vont sans voiles et sans rames, et lorsque le courant est fort, les pilotes les laissent entraîner à l'eau (1); mais ils les gouvernent par la proue, au moyen d'un grand aviron ou longue perche, que trois ou quatre hommes manœuvrent presque continuellement.

Nous étions assaillis d'une multitude de mouches très incommodes; il y avoit peu de moucherons, et seulement pendant la nuit.

Vers dix heures du matin, on s'arrêta un instant sur la rive gauche pour faire reposer l'équipage, et lui donner le temps de déjeûner. Dans l'endroit où nous étions, l'eau étoit si profonde, même sur les bords, que nous nous approchions de terre au point que les roseaux du rivage passoient dans les fenêtres de ma chambre, sans que la quille touchât le fond.

A dix heures et demie, on continua de re-

---

(1) Je vis alors la véritable cause pourquoi les bateaux des nègres, sur le Niger, sont sans voiles et sans rames.

(*Note d'Ali Bey.*)

morquer. Bientôt après nous passâmes entre le village de Schemschera, sur la droite, et celui de Fizzara, sur la gauche du fleuve.

En ce moment je vis passer un convoi funèbre à Schemschera. Un homme respectable et bien vêtu, l'iman peut-être, ouvroit la marche, suivi de douze ou quinze personnes; venoit ensuite le mort porté sur les épaules de quatre hommes, et couvert de différents pagnes, dont le dernier étoit rouge; le cortège étoit suivi d'une centaine de femmes qui pleuroient et jetoient de grands cris. Celles-ci étoient, comme toutes celles que j'ai vues dans le voisinage du Nil, habillées seulement de toile bleue, à l'exception d'une seule qui étoit plus élégante que les autres, et couverte d'une grande serviette à raies bleues et blanches. Le convoi arrivé au lieu de la sépulture, les femmes se retirèrent, et les hommes restèrent seuls pour ensevelir le corps.

A chaque moment nous rencontrions des aires où l'on battoit le riz. Tous les rivages étoient couverts de vaches et de buffles: plusieurs de ces animaux sont presque toujours dans la rivière, ayant de l'eau jusqu'au cou; de temps en temps ils plongent la tête, et restent dans cette position une minute ou deux.

Nous passâmes à une heure après midi entre le village de Derout, sur la gauche, et celui de Sindioun, sur la droite du fleuve ; à trois heures et demie, nous étions devant la ville de Foua, située sur la rive droite, et d'une assez grande étendue ; car j'y comptai quatorze minarets, et les maisons y sont d'ailleurs très vastes : il y avoit alors beaucoup de troupes ou de soldats arnautes. En face de cette ville est le village de Zurumbé. La rivière, au milieu de laquelle est une grande île, peut avoir en cet endroit une demi-lieue de largeur.

A cinq heures et demie du soir notre bâtiment passa devant le village de Salmia, situé sur la rive droite; et trois heures après, ayant traversé entre la ville de Rahmanieh, sur la rive gauche, et le village de Dessouk, sur la droite, on jeta l'ancre à leur vue.

L'aspect de Rahmanieh, comme celui de toutes les villes intérieures de la basse Égypte, n'est rien moins qu'agréable. Les habitations sont établies sur des petites hauteurs d'une terre presque noire, et construites, faute de pierres, avec des briques mal cuites de la même terre noire, et qui, n'étant pas blanchies, donnent à cette ville un air lugubre. On y remarque encore un quartier uniquement composé de colombiers, en forme de pain de sucre ou de coupole parabolique, dont l'ensemble donne à Rahmanieh une tournure originale. (*Voyez pl. XLV.*)

A côté de la ville, et sur le bord du fleuve, étoit un camp de deux milliers d'Arnautes, qui avoient un grand nombre de bateaux placés tout le long de leur ligne.

☿ 5.

Le calme régnoit. A dix heures du matin le vent se leva, et l'on mit à la voile.

Une demi-heure après nous étions entre le village de Morgues, sur la rive gauche, et celui de Maïdmoun, sur la droite.

Bientôt, laissant le village de Mehalet Abouaali, sur la rive droite, nous passâmes par Caffer-Machar, situé du même côté de la rivière. On voit sur la rive opposée plusieurs groupes de maisons, et des hameaux peu considérables.

Dans tous ces villages et hameaux il y a un grand nombre de colombiers pareils à ceux de Rahmanieh : comme la viande est très rare dans cette partie du pays qui manque de pâturages, on y supplée par les pigeons. Les deux rivages sont dépeuplés d'arbres dans cet endroit.

A midi, on passa devant Ssaffia, sur la rive

droite; trois quarts d'heure après, entre Mahhaladiaya, sur la droite, et Hheberhhil, sur la gauche; à une heure et demie, entre le village de Dameguiniddena, sur la droite, et celui de Scheberriss, sur la gauche du fleuve.

Je vis, à trois heures, le bourg de Saoun-el-Hajar, qui est assez grand, et à un demi-mille dans les terres, sur la rive droite. Une heure après j'avois Nikleh en face, sur la rive gauche, et sur l'autre, une flottille de vingt-quatre bâtiments remplis de soldats arnautes.

Sur les six heures je passai devant Addahharie, village situé sur la rive gauche, et alors occupé par des Mamloucks; c'est pourquoi nous évitâmes d'en approcher, et nous suivîmes la rive droite, où sont quelques hameaux: celui de Schabour est sur la rive gauche.

Enfin, à huit heures, nous étions à Noffa, sur la rive droite, d'où, continuant notre route, nous échouâmes à dix heures du soir près de la même rive. Cet accident nous força de passer la nuit en cet endroit.

♃ 6.

Dès le matin je m'aperçus que nous étions à la vue de Nitmé, sur la rive gauche, et de Caffer-el-Baga, sur la droite.

Les efforts de tout l'équipage ne suffisant pas pour remettre le bâtiment à flot, on fit venir des Arabes qui nous tirèrent d'embarras ; mais un très fort vent de l'E. nous obligea de mouiller à Caffer-el-Baga.

Je descendis à terre à midi, et, ayant observé le passage du soleil, j'obtins la latitude de ce village $= 30° 47' 53'' $ N.

Le vent s'étant un peu adouci vers une heure et demie, on remorqua le bâtiment par la rive droite ; mais la contrariété du vent et du courant ne lui permettoit pas d'avancer beaucoup. Nous étions à quatre heures à Mischla, sur la rive droite ; et, une heure après, nous fûmes forcés de jeter l'ancre, faute de vent.

Deux autres bâtiments étoient arrêtés au même endroit ; les gens de l'équipage nous informèrent que les Arabes de la rive gauche, un peu plus loin en amont, avoient dans la matinée enlevé un bâtiment, et qu'ils avoient deux chaloupes armées.

A six heures et un quart, il s'éleva un petit vent, à la faveur duquel les trois bâtiments mirent à la voile. Une heure après, on laissa Zaïra, sur le bord de droite ; et à huit heures et demie on jeta l'ancre à Tounoub, sur la même rive.

♀ 7.

Une bourrasque du S. O. nous retint toute la matinée. Le temps s'étant un peu radouci sur les deux heures et demie, on mit à la voile, en suivant toujours la même côte.

Je reconnus vers trois heures un village nommé Amorus, situé sur la rive droite. Un quart d'heure après je vis le village de Komscherif, sur la gauche, et à trois heures et demie, Tschtan, sur le côté opposé.

A quatre heures nous étions devant Zaoueh, situé sur le même rivage. L'aspect de ce lieu est extrêmement singulier : qu'on se figure un groupe de cent cinquante coupoles paraboliques de dix-huit à vingt pieds de hauteur, dont la base peut en avoir dix à onze de diamètre, construites en terre et en briques noires, et un grand minaret qui s'élève au milieu. Ces coupoles servent de colombiers ; et, comme elles sont plus grandes que les misérables maisons qui leur servent de base, on pourroit dire que c'est une peuplade de pigeons, où habitent quelques êtres de l'espèce humaine. (*Voyez la planche XLVI.*)

A l'entrée de la nuit les trois équipages se

mirent sous les armes, pour être prêts à tout événement, en cas d'attaque de la part des habitants de la rive gauche.

A six heures et demie, ayant laissé Nadir sur la rive droite, nous entrâmes demi-heure après dans le canal de Menouf, au S. E., abandonnant le bras principal du Nil, dont la navigation est périlleuse, parcequ'on y est exposé aux insultes des Arabes de la rive gauche.

Le vent étant trop foible, on mouilla dans le canal à dix heures du soir.

♄ 8.

On mit à la voile à sept heures et demie du matin, par un brouillard très épais. Le canal paroît avoir en cet endroit à-peu-près de deux cent cinquante à trois cents pieds de largeur. Un calme parfait nous obligea de nous faire remorquer; aussi la lenteur de cette manœuvre ne nous permit d'arriver à Menouf que vers midi. Quelques soldats arnautes voulurent forcer mon patron à les recevoir dans le bâtiment, pour les transporter au Caire : je m'y opposai, et j'envoyai sur-le-champ deux de mes domestiques au gouverneur, qui offrit de me donner toute espèce de satisfaction; mais, avant l'arrivée de la réponse, les soldats avoient disparu.

Après avoir mouillé pendant une heure à Menouf, on reprit la remorque jusqu'à la nuit, qu'il s'éleva un petit vent; et à dix heures on mouilla dans le canal comme la veille.

☉·9·

A sept heures du matin on continua de remorquer, faute de vent. A neuf heures on passa devant Quéleti, sur la rive gauche : je commençai alors à découvrir avec ma lunette les montagnes du Caire.

Peu après j'aperçus sur la rive droite un hameau avec plusieurs colombiers, formés de segments de sphères en terre cuite, dont la partie convexe est en dehors, et la partie concave, tournée en dedans, est destinée à servir de nid. Chaque sphère peut avoir un pied de diamètre, et chaque colombier est composé d'un grand nombre de sphères arrangées en coupole parabolique, et liées avec de la terre pétrie; une seule fenêtre sert d'entrée et de sortie aux pigeons : le maître y entre par une ouverture pratiquée dans l'intérieur de la maison à la base de la coupole. Au-dehors il y a une quantité de petits bâtons fixés dans le mur, pour servir de perchoirs aux colombes.

Ayant débouché le canal à dix heures et demie, nous entrâmes dans le bras droit du Nil, qui se rend à *Doumia* ou Damiette.

Le canal de Menouf prend l'eau dans le bras droit du Nil, et la verse dans le bras gauche. La sinuosité de son cours rend la navigation très fatigante, soit à la voile, parcequ'il faut manœuvrer à chaque instant, soit à la remorque, par la difficulté de doubler les caps. Sa direction, en général, vient du S. E.; sa moyenne largeur paroit être à-peu-près de cent cinquante à cent soixante pieds; son courant est assez fort; et ses rivages sont bordés de prairies découvertes, excepté dans quelques endroits, où les arbres forment de jolis paysages.

A dix heures trois quarts on mouilla sur le bras droit du Nil, d'où je découvrois parfaitement les deux grandes pyramides, quoique encore éloignées de douze lieues.

Sur les onze heures et demie, on mit à la voile par un petit vent qui commençoit à souffler; une heure et demie après j'aperçus Bouschara sur la rive gauche. A deux heures et demie, étant à la hauteur de Schobra, sur la droite du fleuve, je commençai à distinguer la troisième pyramide.

A trois heures un quart nous laissions Chifeïta sur la rive droite, et une heure après nous passions devant Daraouek, situé à la pointe du S. du Delta, dans l'endroit où se divisent les deux bras du Nil.

A cinq heures nous avions Schalakan sur la rive droite; et six heures après nous mouillâmes heureusement à Boulak, qui est le port du Caire sur le même rivage.

Cette navigation sur le Nil, depuis Rosette jusqu'au Caire, est aussi délicieuse que la liste de tant de noms de villages inconnus doit être peu intéressante pour le lecteur; mais je ne pouvois la passer sous silence sans manquer à l'exactitude de mon itinéraire.

CHAPITRE XII.

Débarquement. — Visites. — Mehemed Ali. — État politique de l'Égypte. — Le Caire. — Les pyramides. — Djizé. — Le Mikkias. — Le vieux Caire. — Commerce.

Le lundi, 10 novembre 1806, je donnai avis de mon arrivée au scheih *El Methluti*, mon ami, et le second personnage de la ville, puisqu'il étoit le scheih *El Mogarba*, c'est-à-dire, le chef des Mogrebins ou Occidentaux.

Immédiatement après la réception de ma lettre, il la transmit à *Seid Omar el Makràm*, premier scheih du Caire, qui joignoit à cette dignité celle de *Nekìb el Ascharàf* ou chef des schérifs, et qui jouoit presque le rôle de prince indépendant.

Seid Omar m'envoya de suite un nombre suffisant de chameaux pour débarquer mes effets. Scheih el Medluti vint, avec plusieurs personnes, à ma rencontre, et me conduisit dans sa maison, où il m'avoit fait préparer un appartement.

Je reçus les visites de Seid Omar, de Scheih el Émir, de Scheih Soliman Fayoumi, de Scheih Sadat, et des autres grands du Caire, qui, dans leur conversation, développèrent la plus ardente philanthropie. Mais combien je fus ému quand je vis entrer *Muley Selema*, frère de Muley Soliman, empereur de Maroc! Sa figure, ses formes et ses manières me rappeloient exactement celles de mon cher et respectable prince Muley Abdsulem : mon cœur tressaillit ; je m'écriai : Muley Selema !... et déjà nous étions dans les bras l'un de l'autre ; pendant long-temps nos larmes mouillèrent mutuellement nos visages.

Nous nous assîmes ; mais nos cœurs trop pleins ne nous permettoient pas encore de parler.

Muley Selema est plus âgé que Muley Soliman ; mais le droit d'aînesse est compté pour rien à Maroc, où la succession au trône n'est réglée par aucune loi : c'est la force seule qui fixe le droit des prétendants, comme nous avons déjà dit. C'est par suite de ce système d'anarchie que Muley Selema, après un règne de quelques mois, ayant été deux fois battu par son frère, fut obligé de renoncer au trône, et se retira définitivement au Caire, où il est établi avec sa famille, abandonné de son frère, et vivant aux dépens des scheihs de la ville.

J'étois au fait de son histoire; il connoissoit entièrement la mienne; en conséquence nous pûmes franchement entrer en matière. Il s'emporta beaucoup contre Muley Soliman. Je parvins cependant à calmer son ressentiment; je lui reprochai amicalement quelques fautes légères; et, après une longue séance, qu'il termina en me baisant la barbe et le schall, il s'écria que mes paroles *étoient plus douces que le sucre*.

Je rendis mes visites aux grands scheihs; et, accompagné de Seid Omar, j'allai voir le pacha Mehemed Ali, auquel je remis la lettre du capitan pacha : il me fit toute sorte d'honnêtetés. Ce prince, encore jeune, est d'une taille mince, et marqué de la petite vérole; il a beaucoup de bravoure, les yeux très vifs et un certain air de méfiance; avec du bon sens et de l'esprit, il manque d'instruction, et se trouve très fréquemment embarrassé; c'est alors que Seid Omar, qui a une influence remarquable, rend de grands services au peuple et au pacha lui-même.

On porte à cinq mille hommes le corps d'Arnautes sous les ordres de Mehemed Ali, qui domine l'Égypte. Ces soldats sont mutins et exigeants; mais le peuple les souffre patiemment, parcequ'il ne seroit pas plus heureux avec les Mamloucks ni avec les Turcs; et, comme il n'est pas en état de se donner un gouvernement représentatif, il supporte le joug en silence. D'un autre côté, Mehemed Ali, qui doit son élévation au courage de ses troupes, tolère leurs excès, et ne sait pas s'en rendre indépendant; les grands scheihs d'ailleurs, jouissant, sous cette espèce de gouvernement, de plus d'influence et de liberté, appuient de tout leur pouvoir le système existant. Le soldat tyrannise; le bas peuple souffre; mais les grands ne s'en ressentent nullement, et la machine marche comme elle peut. Le gouvernement de Constantinople, sans énergie pour tenir le pays dans une complète soumission, n'y a qu'une sorte de suzeraineté, qui lui rapporte de légers subsides, qu'il cherche tous les ans à augmenter par de nouvelles ruses. Le très petit nombre de Mamloucks qui restent sont relégués dans la haute Égypte, où Mehemed Ali ne peut pas étendre sa domination; mais comme, par une singularité de la nature, ils ne peuvent maintenir leur population en Égypte par la génération, et qu'on ne permet pas qu'il en vienne d'autres de l'Asie, ils finiront par s'anéantir entièrement. Elfi Bei, avec son corps de Mamloucks, d'Arabes, de Turcs et de renégats, parcourt le désert de Damanhour. Le gouvernement de Constantinople ne peut nullement compter sur Alexandrie, qui, par sa position géographique, n'est ni une ville égyptienne, ni une ville turque; voilà le tableau fidèle de la situation politique actuelle de l'Égypte.

Le Caire est désigné par les naturels sous le nom de *Màssar;* les Turcs le nomment *Misr Kàhira* ou Massar le grand. Le nom d'*Égypte* est inconnu aux habitants, qui appellent ce pays *Berr-Màssar* ou *Belèd Màssar,* c'est-à-dire, terre ou pays de Massar; ils donnent à la haute Égypte le nom d'El Saaid.

Plusieurs voyageurs chrétiens ont représenté les rues du Caire comme extrêmement sales et d'un aspect fort triste. Je puis assurer que j'ai vu peu de villes en Europe qui aient des rues aussi propres. Le sol en est extrêmement doux, sans pierres, et parfaitement semblable à celui d'une allée bien arrosée, comme les promenades d'Europe. Si l'on trouve quelques rues fort étroites, on en trouve un assez grand nombre de larges, quoique toutes paroissent plus étroites qu'elles ne le sont en effet, à cause des projections du premier étage des maisons, comme celles d'Alexandrie. Ces avancements sont disposés de manière que, dans les rues étroites, les maisons se touchent presque avec celles d'en face, dont elles ne sont séparées que par un intervalle de quatre doigts. Cette disposition est nécessaire et agréable dans un pays aussi chaud.

Loin que les rues du Caire offrent une apparence de tristesse, le grand nombre de boutiques et d'ateliers, joint à la multitude innombrable de peuple qui circule, fait varier les tableaux à chaque instant, et je les trouve aussi gaies et aussi agréables que celles des grandes villes de l'Europe. Le quartier des Francs ou Européens, situé dans un enfoncement solitaire, loin du grand commerce, peut avoir donné lieu aux descriptions faites par les voyageurs chrétiens. Je ne nie pas que le séjour du Caire ne soit désagréable pour les Européens : renfermés dans leur triste quartier, et obstinés à conserver le costume et les manières de leur patrie, s'ils veulent paroître dans les rues, cette singularité attire sur eux la curiosité publique; déconcertés alors, ils marchent comme des effarés. Pourroit-on reprocher cette incivilité aux Arabes, dont l'esprit n'a jamais été cultivé, quand on voit à Londres l'Anglois civilisé en faire de même, et insulter encore l'étranger qui se présente avec un habit de deux doigts plus ou moins long que le sien?

On prétend que l'été est très chaud au Caire; mais la chaleur doit y être tempérée par la forme des rues et des maisons; les toits des chambres ont des ouvertures très bien entendues pour produire des courans d'air. L'automne fut très fraîche pendant mon séjour, au point que le froid y étoit aussi sensible que celui que j'avois éprouvé à Londres dans la même saison. Déjà prévenu de la fraîcheur des nuits dans le désert, j'avois pris les précautions convenables.

Le climat du Caire n'est pas aussi humide que celui d'Alexandrie; car l'hygromètre de Saussure ne marqua que 56°. La disposition de mon logement ne me permit pas d'observer les vents. L'atmosphère fut alternativement sereine ou couverte de nuages, comme en Europe. Pendant ma résidence il tomba quelquefois un peu de pluie; mais je n'entendis point de coup de tonnerre.

Le Caire renferme quelques mosquées, dont la plupart ne valent pas la peine d'être visitées. La grande mosquée, *El Azahàr,* est superbe par l'étendue de l'édifice, mais non par la magnificence de la construction et le luxe des ornements, comme le dit M. Brown. Ses petites colonnes en marbre commun, d'un pied de diamètre au plus, avec des chapiteaux grossièrement travaillés et très sales, cadrent mal dans un édifice de cette nature. Le sol, au lieu des superbes tapis de Perse dont parle le même voyageur, étoit couvert de nattes très communes et fort usées, que je vis remplacer par d'autres de la même espèce pendant mon séjour. Je demandai expressément aux scheihs et à d'autres personnes où avoient été transportés les tapis précieux qui décoroient auparavant la mosquée de l'Azahar; tous m'ont attesté que dans ce temple il n'y en avoit jamais eu d'autres que ceux qu'on y voyoit; et qu'au surplus il seroit impossible de pouvoir faire usage de tapis, parce que plusieurs mendiants sont dans l'habitude d'aller se coucher à la mosquée, enveloppés dans les nattes, comme je les ai vus souvent; et que les insectes qu'ils y laissent ne meurent que lors du lavage des nattes; ce qui ne pourroit avoir lieu avec des tapis. Je suis fâché de contredire M. Brown, qui est un des voyageurs que j'estime particulièrement pour son hardi voyage au Darfour: j'aime à penser que ses descriptions de l'intérieur de l'Afrique ne contiendront pas autant d'inexactitudes qu'on peut lui en reprocher sur l'Égypte.

Cette mosquée, aux environs de laquelle demeurent les principaux scheihs du Caire, est particulièrement affectée aux Mogrebins, qui viennent ordinairement y faire la prière de préférence à toute autre mosquée. C'est dans ce temple que se rassemblent les conseillers du cadi; c'est là aussi que se réunissent les principaux savants pour faire leurs lectures, ou donner les explications de la loi, en se divisant en plusieurs cercles dans la vaste étendue de la mosquée.

Celle où la dévotion attire le plus de monde se nomme *El Hazanèinn :* on y révère les restes d'un petit-fils du Prophète. Sa construction est semblable à celle des autres; mais elle a une chapelle carrée, surmontée d'une belle coupole, et dans laquelle on révère la tête du saint *Sidi Hassàn*, placée dans un sarcophage en bois, comme tous les sarcophages des saints musulmans; ce monument est couvert de riches étoffes en soie, brodées en or et en argent, et entouré d'une belle grille en laiton et argent, qui se termine par une espèce de petite coupole ou de dais à la partie supérieure.

Le second objet de la dévotion des habitants est la belle mosquée de *Setna Ziànab* ou Notre Dame Zianab, ainsi appelée du nom de la sœur de Sidi Hassan, petite-fille du Prophéte.

La mosquée du sultan Hazan, située auprès de la citadelle, est remarquable par la hardiesse de sa construction, par sa hauteur et par une belle nef, à la manière de quelques églises d'Europe.

La mosquée du sultan Calaoun n'est pas sans mérite; mais la chapelle séparée où se trouve le sépulcre de ce prince est plus belle encore. Cette chapelle est terminée par une coupole soutenue par de superbes colonnes. Je vis dans cette mosquée plusieurs tailleurs occupés à coudre une immense toile en laine noire, destinée à couvrir la *Kaaba* ou Maison de Dieu à la Mecque. Cette toile, qui est envoyée tous les ans du Caire, est une espèce de camelot, dont le tissu, artistement travaillé, forme la profession de foi : *Il n'y a d'autre Dieu que Dieu.* Les caractères, qui ont quelques pouces de grandeur, sont parsemés dans la toile en guise de fleurs ou d'autres dessins. Quand j'entrai à l'endroit où l'on travailloit, les ouvriers me présentèrent une aiguille et du fil pour coudre; comme c'est un acte pieux et méritoire, je m'empressai de faire quelques points à cette toile, dont la destination étoit si respectable.

Dans les dépendances de la mosquée du sultan Calaoun est un hôpital général pour les malades des deux sexes et pour les fous. Tous ces malheureux sont dans la plus affreuse misère et dans un entier dénuement, tandis que l'administrateur étale le plus grand luxe. Après qu'il m'eut montré toutes les parties de l'hôpital, je lui laissai une aumône, que je ne tardai pas à regretter, en apprenant que l'hôpital possédoit assez de revenus pour que tous les malades y fussent bien traités, si l'administration étoit en des mains pures. Dans l'origine de cet établissement, on avoit poussé le luxe et la recherche jusqu'au point de faire construire un superbe berceau pour les malades, au milieu d'une grande cour entourée de galeries, et d'entretenir une troupe de musiciens pour jouer tous les jours sous le berceau. Tout cela a disparu : il ne reste maintenant que des ruines, dont la vue inspire une tristesse profonde.

Nous avons déjà parlé de Seid Omar el Makram, chef des schérifs, et de Scheih el Methluti, chef des Mogrebins : voici les noms et les emplois des autres grands scheihs du Caire :

Scheih Scharkâoui, chef de la grande mosquée El Azahar, et premier scheih de l'Ulema ou corps des savans.

Scheih el Emir, administrateur et trésorier de l'Azahar, et second chef de l'Ulema.

Scheih Sadàt el Ouafaïya, chef de l'ordre ou confraternité des Ouafaïyas ; c'est un rit qui a des pratiques et des prières particulières.

Scheih el Bekri, chef de l'ordre d'Aboubekr.

Les quatre scheihs et juges conseillers du cadi :

Scheih Hhaneffi,
Scheih Schaffi,
Scheih Maleki,
Scheih Hanbeli, } dont les noms répondent aux quatre rits orthodoxes.

On compte parmi les principaux savans :
Scheih el Mehedi.
Scheih Soliman Fayoumi.
Seid Daouahli.
Seid Abderrahman Djabarti, premier astronome du pays.

Scheih el Aroussi et scheih Saoui jouissent d'une grande considération, en mémoire de celle dont jouissoient leurs pères.

Seid el Meherouki, chef du commerce, personnage de la plus grande influence.

Mahmud Hhassen, second chef du commerce.

Ces dignitaires déploient autant de luxe que

leurs moyens peuvent leur permettre, et l'on peut dire qu'à cet égard le pays offre le contraste le plus marqué avec la misère apparente qui règne dans le royaume de Maroc. Aucun d'eux ne fait un pas sans être accompagné d'un grand nombre de domestiques ; ils reçoivent les personnes d'un rang inférieur avec toute la dignité d'un sultan ; ils sortent presque toujours à cheval, précédés d'une procession de saïz ou valets de pied, qui portent de longs bâtons à la main, tandis qu'un groupe d'autres domestiques, à cheval et armés, les escorte par derrière. Cela donne à l'Égypte l'apparence d'une république aristocratique courbée sous le fer du despotisme militaire, et qui ne veut pas abandonner ce simulacre de la liberté, qu'elle croit pouvoir conserver sous des formes d'indépendance. Mehemed Ali et les Arnautes se soucient peu de ces formes, pourvu qu'on paye et qu'on obéisse.

Le culte se pratique avec les mêmes additions que j'ai fait connoître en parlant d'Alexandrie. Je passai le Ramadan au Caire. On sait que, pour les riches, ce temps d'abstinence se réduit à vivre à rebours, c'est-à-dire, à dormir toute la journée et à s'amuser la nuit.

Pendant ce temps, les mosquées, les maisons et les rues sont parfaitement bien illuminées : dans les grands salons des personnes puissantes, on compte des centaines et même des milliers de petits lampions ou de verres en cristal de différentes couleurs, remplis d'huile, et suspendus à des cercles de fer de diamètres divers, placés les uns sur les autres en forme de lustres; ce qui produit un effet charmant, sans donner aucune mauvaise odeur, parceque la fumée se dissipe par les ouvertures supérieures pratiquées au rond-point des coupoles qui sont au milieu des salons.

Les habitants courent comme des fous par les rues le jour de pâques, avec des feuilles vertes de palmier-dattier à la main. Les femmes vont par groupe d'un côté et d'autre, la plupart en pleurant et poussant de grands cris. La tradition porte que, dans ce jour, on doit visiter les sépulcres; mais je suis très porté à croire que cet usage public, nullement indiqué par la loi, n'est qu'un reste de l'ancien culte d'Adonis ou Adonaï : tant il y a de l'analogie!... Comme notre année est lunaire, ces fêtes ne tomboient pas alors au printemps : cela n'arrive que huit fois dans chaque période de trente-trois ans.

La citadelle, qui domine entièrement la ville, est, à son tour, dominée de près par une montagne ; en sorte qu'elle ne pourroit soutenir une attaque en règle. C'est là qu'est le célèbre *puits de Joseph*, tant de fois décrit par les voyageurs.

Quoique les pyramides de Djizé fussent alors entourées d'Arabes révoltés, et qu'il y eût du danger à s'en approcher, je voulus essayer néanmoins de voir ces colosses élevés par la main des hommes. M'étant rendu à Djizé dans cette intention, je m'avançai du côté des pyramides, escorté de mes gens, les armes à la main, jusqu'au point qu'il eût été imprudent de dépasser, puisque nous étions presque en présence de différents partis de cavalerie ennemie, qui nous menaçoient, et qui brûloient de venger la perte de deux cents chameaux que les Arnautes de Djizé avoient eu le bonheur de leur enlever la nuit précédente.

L'imagination ne peut suffire, sans le secours du tact, pour se former une idée juste et exacte des pyramides, de la colonne d'Alexandrie et de tout autre objet à formes et proportions insolites. J'avois apporté mon télescope achromatique et ma lunette militaire de Dollond. A force de comparaisons, de rapprochements et de raisonnements, je crois avoir réussi à m'en former une idée, sinon entièrement exacte, ce qui est impossible quand on ne consulte qu'un de ses sens, du moins extrêmement rapprochée.

Je ne parlerai pas de leurs dimensions, puisque la commission d'Égypte a complètement résolu le problème ; il suffit de savoir que ce sont les plus grandes masses colossales qui existent.

Les pyramides de Djizé sont au nombre de trois, dont deux considérablement plus grandes que la troisième ; mais, entre les deux grandes, je crois apercevoir moins de différence en hauteur que les voyageurs n'en ont indiqué.

Le profond historien des écarts de l'esprit humain, M. Dupuis, a dit que la grande pyramide est construite de manière que l'observateur, placé au pied le jour de l'équinoxe, verroit le soleil à midi comme assis ou appuyé sur le sommet. Cela veut dire que le plan incliné ou le côté de la pyramide forme, avec le plan de l'horizon, un angle égal à la hauteur méridienne du soleil à cette époque, ou égal à la hauteur de l'équateur. Les pyramides étant placées assez exactement à la latitude de 30 degrés N., il résulte que cet angle doit être de 60 degrés. Or, comme tous les côtés paroissent être également inclinés, le profil de la pyramide, coupé perpendiculairement du sommet à la base par le milieu de deux de ses côtés opposés, doit exactement représenter un triangle équilatéral. Cet heureux hasard, causé par la plus simple figure rectiligne, employée dans la construction d'un édifice, produit ce beau phénomène, et devenoit, pour moi, un aiguillon qui me poussoit à le vérifier.

Quand on regarde les pyramides de quelque distance, elles paroissent avoir la base beaucoup plus longue que les côtés, ou l'angle du sommet plus ouvert ou plus obtus que les angles de la base; mais cette illusion provient de ce qu'on découvre presque toujours deux côtés de la pyramide, et alors on voit la diagonale du carré de la base, qui par sa nature est plus longue que le côté; ce qui fait paroître à l'œil les pyramides écrasées, quoique leur hauteur soit égale à la longueur d'un des côtés de leurs bases.

Le problême sur la destination des pyramides est également résolu; elles furent élevées pour servir de dernière demeure à des souverains qui, portant au-delà du tombeau la distinction énorme de leur rang parmi un peuple esclave, faisoient élever leurs dépouilles mortelles vers le ciel, tandis que les corps de leurs sujets étoient enfouis à peu de distance de là dans les puits des momies : voilà l'homme, sur-tout l'homme puissant.

Les pyramides sont connues des Arabes sous le nom de *El Haràm Firàoun.* Ils débitent mille contes à leur sujet, et croient qu'elles ont des galeries souterraines qui se ramifient et s'étendent sous toute la basse Égypte.

On sait qu'il n'existe sur ces monuments antiques aucune inscription, aucun hiéroglyphe qui puisse offrir quelques données sur l'époque de leur construction. On attribue la grande pyramide à *Cheops*, qui vivoit environ huit cent cinquante ans avant l'ère chrétienne; mais je pense qu'il vaut mieux la croire antérieure à l'époque historique; car, si c'étoit l'ouvrage de ce prince, il existeroit d'autres témoignages que le simple récit d'Hérodote sur un monument qui de son temps devoit exciter l'attention et l'admiration des hommes.

Au pied de la grande pyramide est un douar arabe; la comparaison réfléchie des maisons et des tentes avec cette construction colossale me servit d'échelle pour me former une idée aussi exacte que possible de ses vastes dimensions.

Auprès des pyramides je vis le *sphinx*, buste ou tête formée d'une roche de grosseur énorme, que les Arabes appellent *Aboulhhoul*. J'en distinguai parfaitement la coiffure, les yeux et la bouche; mais, comme j'étois presque en face, je ne pus la voir de profil, comme je le désirois.

La plaine et les collines du Sahhara, entièrement couvertes de sable blanc mouvant, terminent le tableau vers l'occident.

Djizé est sur la rive gauche du Nil. Jadis ce bourg, selon le rapport qu'on m'a fait, étoit un lieu de délices, environné de maisons de campagne et de jardins; aujourd'hui ce n'est qu'un séjour triste et peuplé de soldats arnautes, qui ne peuvent être mieux comparés qu'à des bandits. (*Voy. pl. XLVI.*) Au moment où je venois d'y mettre pied à terre, un de leurs chefs s'approcha de moi, et porta la main sur un côté de mon bournous, comme pour examiner la qualité du drap; mais au même instant un de mes domestiques vint d'un air menaçant lui faire lâcher prise, en lui détournant la main; cet homme, alors voyant plusieurs autres domestiques armés, et des chevaux qui arrivoient dans des chaloupes et venoient se ranger autour de moi, se retira; et je n'en vis aucun autre s'approcher, soit en allant, soit en revenant des pyramides. Le nom de *Djizé* est prononcé *Guizé* par les habitants, qui donnent le son de *Guim* à la lettre arabe *Djim*.

Au retour de Djizé, je visitai l'île de *Roudi* ou Rouda, sur le Nil, tout près de la rive droite. Cette île, aujourd'hui abandonnée, étoit anciennement un petit paradis, couvert de jardins délicieux. A l'extrémité S., et dans une espèce de cour profonde qui communique avec les eaux du fleuve, se trouve le fameux *Mikkias*, colonne établie pour mesurer journellement la hauteur des eaux du Nil, à l'époque de l'inondation. Elle est divisée, à cet effet, en coudées inégales, ou, pour mieux dire, inexactes, et en doigts; de manière que chacun peut, d'après cette donnée, calculer le degré de fertilité de la terre à la récolte suivante. Mais aujourd'hui ce monument d'une si haute importance est abandonné à une troupe de soldats, ou plutôt de barbares, qui semblent conspirer pour sa destruction. A mon débarquement, on me conduisit sur des monceaux de ruines désertes; et quelle fut ma surprise et ma douleur, lorsque je fus convaincu par le témoignage de mes propres yeux qu'un pareil sort attendoit le mikkias! Déjà une mosquée et d'autres édifices adhérents au mikkias sont en ruines; quatre petites colonnes des huit qui formoient la galerie supérieure gisent dans la poussière; les toits tombent par morceaux; et, comme si la main du temps étoit trop lente à le détruire, les soldats arrachent le plomb qui unit les pierres, et les bois qui forment la toiture : c'est ainsi que s'accélère rapidement la ruine d'un édifice de la plus grande utilité, et qui, pendant tant de siècles, a contribué à la gloire de l'Égypte.

Les François, dans le cours de leur expédition d'Égypte, avoient fait plusieurs réparations au mikkias, et rétabli l'ordre du service; mais tout est déjà détruit, et la colonne même du mikkias seroit déjà renversée, si elle n'étoit appuyée par une très grosse poutre transversale que les François ont placée sur le chapiteau. Je demandai s'il n'y avoit pas quelqu'un de préposé à la garde d'un édifice aussi intéressant; on me répondit : *Qui le paieroit? — Pourquoi du moins ne place-t-on pas une porte pour empêcher d'y entrer? — Cela coûteroit de l'argent; d'ailleurs les soldats emporteroient la porte et la poutre...* Les larmes sont l'unique réponse à une apathie aussi désolante. Je fus tenté de croire que Mehemed Ali conspiroit de son côté comme les autres à la destruction du mikkias, dont le calife Omar semble avoir aussi desiré l'anéantissement.

Les murs de la cour, au centre de laquelle est le mikkias, sont revêtus de pierre quartzeuse; l'escalier par lequel on descend au fond de la cour est de la même pierre, ainsi que la colonne, dont il me fut impossible d'approcher, parce qu'elle étoit entourée d'eau. Une coupole en bois, d'une forme agréable, qui couvroit jadis la cour et la colonne, disparoît partiellement de jour en jour.

Un monument de cette espèce, dans un pays où les récoltes dépendroient des pluies ou d'autres causes accidentelles, seroit insignifiant et déplacé ; mais en Égypte, où l'abondance et la disette sont relatives au degré d'accroissement périodique du Nil, l'expérience ayant exactement démontré le résultat que produit sur les récoltes chaque coudée d'eau d'élévation, l'instrument destiné à mesurer cet accroissement du fleuve doit être de la plus haute importance pour un gouvernement éclairé, puisqu'il lui donne un moyen certain de se prémunir d'avance contre des désastres qui sont inévitables en d'autres pays où l'on ne peut connoître le degré d'abondance ou de pénurie qu'au moment de la récolte. C'est pour cela que les François donnèrent à cet objet une attention particulière ; c'est à eux aussi qu'est due la superbe promenade de plusieurs allées d'arbres, qui traversent toute la longueur de l'île Rouda, du S. au N.

Je revins de là au vieux Caire ou *Massar el Atik*, faubourg, sur la rive droite du fleuve, en face de l'île et de Djizé.

On prétend que ce faubourg étoit autrefois plus agréable que le Caire, à cause du grand nombre de maisons de plaisance que les grands et les gens riches du Caire y avoient fait bâtir ; aujourd'hui les maisons abandonnées tombent en ruines, et j'ai vu même des soldats en arracher les bois pour les vendre. Cependant la population y est encore assez considérable ; les marchés publics y sont abondamment fournis.

On y trouve des couvents des différents rits chrétiens. Je visitai le monastère grec, situé dans une belle position, ayant une terrasse élevée qui domine la ville et la campagne. De là on aperçoit les *pyramides de Sakkàra*, qui paroissent rivaliser en hauteur avec celles de

Djizé, et dont une est construite en grands échelons.

Il y a dans ce monastère une chapelle dédiée à saint George, qui est en grande vénération dans le pays. L'image du saint est placée dans un coin, au-dessus d'un petit autel, et sous une grille d'archal. Du milieu de la chapelle s'élève une colonne, à laquelle est fixée une chaîne de fer qui sert à attacher les fous qu'on y amène pour implorer la protection du saint; les moines rapportent qu'il fait des guérisons miraculeuses, quelle que soit la religion des fous qui lui sont présentés.

Étant allé visiter le couvent des coptes, je fus introduit dans une grotte, sous le maître-autel, où l'on prétend que la famille du Christ trouva un asile quand elle vint en Égypte, fuyant les persécutions d'Hérode. La chose me parut si absurde dans toutes les circonstances, qu'elle ne mérite pas d'arrêter notre attention. On doit bien supposer que cette grotte et la chapelle ne sont pas des monuments stériles pour les moines chargés de leur conservation.

Le faubourg le plus considérable du Caire est Boulak, sur le rivage du Nil. On y trouve de bons édifices; et la situation de ce lieu le garantit de la destruction qui pèse déjà sur

Djizé et le vieux Caire. Le port de Boulak est rempli d'un grand nombre de bâtiments qui font le commerce avec tous les lieux riverains du Nil : aussi y voit-on beaucoup d'activité, et la douane produit des bénéfices considérables. Le chemin de Boulak au Caire est superbe, depuis qu'il a été réparé et embelli par les François.

En parlant du commerce de Boulak, il faut convenir qu'il est à peine l'ombre de ce qu'il devroit être, puisque l'état d'insurrection de la haute Égypte, où se sont retirés les Mamloucks avec Ibrahim Bey et Osman Bey Bardissi, fait perdre au Caire presque tout le commerce de l'Afrique intérieure. Les révolutions en Barbarie empêchent le départ des caravanes de Maroc, d'Alger et de tous les pays occidentaux ; d'un autre côté, les Arabes du *Ssaddòr* ou désert de l'Égarement viennent jusqu'aux environs de Suez voler les caravanes qui apportent les marchandises de l'Arabie et de l'Inde par la mer Rouge ; ajoutons à cela que la guerre d'Angleterre suspend entièrement le commerce de la Méditerranée : voilà les causes qui ont bien diminué le commerce extérieur de l'Égypte.

Le commerce intérieur n'est pas plus florissant. Les Mamloucks dominent dans toute la haute Égypte ; Elfi, dans la province du Behira ; les Arabes de la province de Scharkia sont en rebellion ; des révolutions partielles se succèdent continuellement dans la Garbia ou le Delta, de manière qu'il est presque impossible de pouvoir faire un pas aujourd'hui dans l'Égypte sans courir les plus grands risques.

Dans des circonstances aussi fatales, lorsque je vois qu'il se fait encore un grand commerce au Caire, je ne puis m'empêcher de dire que l'Égypte est un pays admirable par ses ressources ; mais que seroit-il dans des circonstances plus propices, et sous un gouvernement tutélaire…!

CHAPITRE XIII.

Voyage à Suez. — Bâtiments arabes. — Traversée sur la mer Rouge. — Danger du bâtiment. — Arrivée à Djedda. — Affaire avec le gouverneur. — Djedda.

Le ramadan terminé le 11 décembre, je fis toutes les dispositions nécessaires pour mon voyage à la Mecque. Quelques uns de mes amis écrivirent à leurs correspondants de Suez, de Djedda et de la Mecque, pour me faire préparer des logements, et me procurer des protections dans tous les endroits où je m'arrêterois. Ce fut le lundi, 15 décembre 1806, que je sortis du Caire, accompagné de plusieurs scheihs.

A peu de distance de la ville, je congédiai ces bons amis, que je ne voulois pas voir s'enfoncer plus avant dans le désert, et, deux ou trois heures après, je m'arrêtai à Ahsas, qui est à une demi-lieue au N. de Matarieh (1).

---

(1) Le journal de voyage du Caire à Djedda ayant été

J'attendis deux jours à Ahsas sous la tente la réunion d'une grande caravane. Pendant ce temps, quelques uns de mes amis du Caire, tant chrétiens que musulmans, vinrent me rendre visite, entre autres M. le consul de France, qui vint accompagné d'une suite assez considérable et de cinq Mamloucks, renégats françois, au service de Mehemed Ali. J'interrogeai ceux-ci sur leur situation, et je sus qu'après avoir appartenu à l'armée françoise, ils avoient pris le turban, et qu'ils se trouvoient très bien établis avec leurs familles. Ils ont par jour une piastre espagnole d'appointements chacun, et sont presque toujours en commission dans les villages pour en percevoir les contributions et

---

perdu, Ali Bey fut obligé de le refaire d'après les notes détachées qu'il conservoit avec ses observations astronomiques. Cette relation et celle du voyage de Tanger à Tétouan sont les seuls papiers qui se soient égarés dans tous ses voyages en Afrique et en Asie. Par bonheur ce journal a pu être remplacé à temps par notre voyageur lui-même, quoique privé des détails de l'original; et Ali Bey étant revenu de la Mecque au Caire en suivant la même route, il en résulte que cette perte est indifférente, puisqu'elle se trouve compensée par le journal du retour, que nous verrons en son lieu.

(*Note de l'Editeur.*)

autres objets : métier qui leur rapporte beaucoup d'argent; ils ont, du reste, de superbes chevaux, et sont richement équipés.

Le jeudi 18, le signal du départ fut donné à midi, et de suite apparurent de tous les côtés de l'horizon des longues files de chameaux sortant de leurs campements respectifs pour se réunir au grand groupe, qui se mit bientôt en marche en se dirigeant vers l'E. à travers le désert.

Je n'avois avec moi que quatorze chameaux et deux chevaux, parceque j'avois laissé en Égypte presque tous mes effets et une partie de mes domestiques. La caravane comptoit en tout cinq mille chameaux et deux ou trois cents chevaux. Il s'y trouvoit des gens de toutes les nations musulmanes, qui alloient faire le pélerinage à la Mecque.

Les chameaux marchent par files, et d'un pas égal et réglé comme celui d'une pendule. Nous campâmes une partie de la nuit au milieu du désert.

♀ 19.

Comme la caravane marchoit très lentement, en suivant toujours la même direction, je passois à la tête, accompagné de deux domestiques, qui me plaçoient un petit tapis et un coussin à côté du chemin, et je m'asseyois pendant plus de trois quarts d'heure que la caravane mettoit à défiler; je remontois ensuite à cheval, et, arrivant à la tête comme auparavant, je répétois la même manœuvre trois ou quatre fois, au moyen de quoi ma journée de chemin n'étoit point fatigante.

Ce désert est entièrement composé de collines de sable mouvant, sans le plus petit indice de plantes ou d'animaux; on n'y voit pas un insecte, pas un seul oiseau. Au loin, sur la droite, on découvre la branche du *Djebèl Mokkattàm* ou montagne coupée du Caire, qui s'étend jusqu'aux environs de Suez.

♄ 20.

On se mit en route de grand matin. Arrivé sur une petite hauteur, j'aperçus la ville de Suez à une grande distance. Alors tous ceux qui étoient sur des chevaux, ainsi que les Arabes armés, montés sur des chameaux ou sur des dromadaires, passèrent en avant de la caravane, formant une espèce de ligne de bataille, et continuèrent à marcher dans cet ordre.

Peu après nous vîmes une troupe de gens à

cheval qui sortoient de Suez, et se dirigeoient de notre côté. Déjà nous nous préparions à nous défendre, lorsqu'il fut reconnu que c'étoit des soldats arnautes et des habitants de Suez qui venoient à notre rencontre : la joie fit place à la crainte, et les deux corps s'étant bientôt réunis, les réjouissances commencèrent.

Nous marchions dans le même ordre, sur une longue haie, pendant que quelques Arabes se détachant successivement de droite et de gauche, se faisoient des défis les uns aux autres, et s'amusoient à courir en tirant des coups de fusil, parallèlement à notre ligne, en sorte que nous entendions les balles siffler devant nous, et extrêmement près; ce qui faisoit un grand plaisir à toute la caravane.

C'est un coup-d'œil vraiment admirable de voir ces Arabes se détacher de la ligne, courir à toute bride, montés sur des chevaux ou des dromadaires, la lance en arrêt ou pointée en avant, dans une direction parallèle à la ligne, et si près d'elle, que la pointe de la lance passoit à moins de quatre doigts de distance du nez de nos chevaux. Qu'on se figure l'espèce de mouvement qu'ils devoient donner à leurs chevaux, pour éviter de toucher la ligne, qui n'en continuoit pas moins de marcher en avant; il falloit que la course de leurs chevaux fût sur un pas oblique, et rapide comme l'éclair : quels chevaux que les chevaux arabes!

Enfin, vers midi, au bruit des coups de fusil et des cris de joie, la caravane fit son entrée à Suez, où je fus logé dans une maison qui m'avoit été préparée.

Suez est une petite ville qui tombe en ruines, et où l'on compte cinq cents hommes musulmans et environ trente chrétiens. Par sa position à l'extrémité de la mer Rouge, elle est la clef de la basse Égypte de ce côté, d'autant plus qu'il n'y a aucun point d'appui au milieu de ce désert.

Le port est extrêmement mauvais; les bâtiments de la mer Rouge qu'on appelle *Daos* ne peuvent y entrer qu'à la haute marée, et après avoir été déchargés. Le véritable port de Suez est à une demi-lieue de distance vers le S., sur la côte d'Afrique : il est accessible aux grandes frégates.

La mer Rouge, en face de Suez, a tout au plus deux milles de large pendant les hautes marées; dans les basses marées, elle se réduit à un tiers de cette largeur. Sur l'embarcadaire est un quai presque entièrement construit de coquillages, et fort commode pour le débarquement.

Les rues de la ville sont régulières, sans pavés, sur un sol de sable; quant aux maisons, la plupart tombent en ruines, ainsi que les mosquées.

Le climat du pays est très variable. Le marché public est assez bien fourni de certains articles; les vivres y arrivent, la plus grande partie par mer, des deux côtes de l'Arabie et de l'Afrique. Le Wadi tor et le *Djebèl tor* ou mont Sinaï, fournissent à Suez d'assez bons fruits et des légumes. Le pain qu'on y fait est une espèce de gâteau mal pétri. La viande y est rare, et manque souvent tout-à-fait. Il y a aussi très peu de poisson. La réunion des convois maritimes et des caravanes y fait circuler une masse considérable de numéraire, aliment continuel de l'activité des habitants, qui sont tous, sans exception, négociants, marchands ou porte-faix.

La ville n'a point d'eau: on l'y apporte de loin. *El Bir Suez* ou puits de Suez, dont l'eau est saumâtre, est à une lieue et un quart de distance, sur le chemin du Caire; *El Aayon Moussa* ou fontaines de Moïse, qui donnent une eau fétide, sont encore plus loin sur la côte d'Arabie. La seule eau qui soit bonne est celle qui vient des montagnes de l'est; elle coûte fort cher, et on en apporte si peu, qu'il faut souvent se disputer ou se battre pour en avoir une outre; l'aridité du sable qui entoure Suez est telle, qu'on n'y voit pas un seul arbre, ni un brin d'herbe.

Les chrétiens, qui sont tous du rit grec, ont une église et un papaz à Suez.

La ville est entourée d'un mauvais mur, de quelques tranchées et d'autres ouvrages de campagne, élevés par les François; mais tout cela n'est défendu que par deux ou trois petits canons de deux livres de balle.

Un nègre, esclave d'une personne du Caire, étoit alors gouverneur de Suez, avec le titre d'aga et une trentaine de soldats arnautes sous ses ordres. Son *kiàhia* ou lieutenant gouverneur étoit en même temps le juge civil de la ville. Tous ces soldats et leurs chefs gagnent beaucoup d'argent par la contrebande qu'ils font habituellement.

Suez ne renferme d'autres artistes que des calfats.

Je ne restai dans cette ville que deux jours; et le mardi, 23 décembre 1806, je m'embarquai sur un *dào*, pour faire ma traversée à Djedda par la mer Rouge.

Les *daos* sont les bâtiments arabes du plus

grand port, qui naviguent sur cette mer. Ils sont d'une construction singulière; leur hauteur est égale à plus d'un tiers de la longueur du corps du bâtiment, et cette longueur est encore augmentée à la partie supérieure par une longue projection sur l'avant, et une autre sur l'arrière, à la manière des anciennes galères troyennes. (*Voyez planche XLVII.*)

Proportions du dao que je montois.

	pieds de Paris.
Longueur de la quille.	43
Projection de la poupe.	16
Projection de la proue.	32
Plus grande largeur du corps du bâtiment.	21
Hauteur de la carcasse.	16
Le mât, mesuré depuis le fond de cale.	60
L'antenne.	80
Largeur moyenne de la Chambre.	14
Sa longueur.	14
Sa hauteur.	5 1/2

Les cordes de ces bâtiments sont d'écorce de palmier; et les voiles, de coton extrêmement grossier. Ils portent trois voiles de rechange de différentes grandeurs, et deux petites voiles latines; mais on n'en met jamais plus d'une, grande ou petite, suivant le besoin.

La *planche XLVII* présente la coupe de ces bâtiments. Celui sur lequel j'étois monté n'avoit d'autre charge que des groupes d'argent monnoyé, renfermés dans des sacs cachetés par les négociants de Suez ou du Caire, et adressés à leurs correspondants de Djedda. Je nolisai la chambre pour moi seul; mes domestiques étoient dans le corps du bâtiment, où se trouvoient aussi plus de cinquante pélerins. Le capitaine étoit de Mokha; les quinze matelots de l'équipage étoient minces et noirs comme des singes.

Après être resté à l'ancre pendant trois jours, on mit à la voile le vendredi au soir, 26.

Samedi 27.

Ayant navigué toute la nuit et toute la journée du 27, on jeta l'ancre à quatre heures du soir dans un port de la côte d'Arabie, nommé *El Hàmmam Firàoun* ou bains de Pharaon. La longitude de ce lieu, d'après mes observations, est de 30° 43' 25" E. de l'Observatoire de Paris, à la pointe du cap Almarhha, où il est situé.

☉ 28.

A l'entrée de la nuit, on jeta l'ancre à peu de distance de la ville de Tor, sur la côte d'Arabie.

☾ 29.

Le matin, notre dao entra dans le port de Tor, où nous restâmes toute la journée. Mes observations me donnèrent pour longitude 31° 12′ 55″ E. de l'Observatoire de Paris.

♂ 30.

Le 30, nous tînmes tout le jour la mer; nous passâmes devant le cap *Ras Aboumohhammèd*, sur la même côte.

☿ 31 *décembre* 1806.

Après avoir navigué toute la nuit pour traverser le bras de mer qui entre dans l'Arabie, et qu'on nomme *Bahàr el Akkaba*, notre capitaine fit jeter l'ancre, après le soleil couché, dans un petit port bien fermé, situé dans une des îles *Naàman* ou des Autruches.

Jeudi 1ᵉʳ janvier 1807.

On fit voile toute la journée, et vers la nuit on mouilla sur la côte d'Arabie.

♀ 2.

Mêmes manœuvres que le jeudi.

Cette navigation de la mer Rouge est affreuse. On va presque toujours entre des écueils et des rochers à fleur d'eau, en sorte que, pour diriger le bâtiment, il faut avoir toujours une garde de quatre ou cinq hommes en avant sur la proue, qui observent attentivement la route, et qui, par leurs cris, avertissent le timonier de tourner à droite ou à gauche : mais, s'ils se trompent; s'ils découvrent l'écueil trop tard; si le timonier, qui ne voit pas les écueils, ne s'en sépare pas assez, ou s'il s'en sépare trop, et qu'il jette le bâtiment sur un autre écueil voisin qu'on n'avoit pas remarqué; s'il entend le cri de travers, comme il arrive quelquefois; si le vent ou le courant s'oppose au changement de direction dans un aussi petit intervalle que celui qui se trouve entre la découverte du rocher sous l'eau et l'arrivée du bâtiment au lieu du danger: que de chances à courir à chaque instant entre la vie et la mort dans cette hasardeuse navigation ! C'est pour cela que tous les ans il y a un grand nombre de naufrages sur cette mer, qui semble repousser l'audace des navigateurs : mais qu'est-ce que la crainte de la mort, auprès de l'appât des richesses? Les bâtiments arabes qui portent les précieuses productions de l'Inde, de la Perse et des Arabies, sillonnent continuellement cette mer insatiable de victimes, et qui les attend peut-être pour les engloutir à leur tour.

Pour parer un peu à ces inconvénients, les daos ont une fausse quille en dessous, qui, lorsqu'on touche, amortit un peu le coup, et garantit le bâtiment, si la commotion n'est pas trop forte. D'un autre côté, l'immense voile de coton, de presqu'un doigt d'épaisseur; sa mauvaise forme, qui exige la même manœuvre qu'une voile latine, de manière que, pour changer de rumb, il faut détacher la voile, qui flotte alors comme un immense drapeau, et donne des secousses terribles; les grossières cordes d'écorce, qui n'obéissent que difficilement : tous ces inconvénients rendent la manœuvre si lourde, si fatigante et si tardive, que je suis étonné moi-même que le nombre des naufrages ne soit pas encore plus considérable. Dans mon bâtiment, quinze hommes d'équipage ne suffisoient pas toujours pour manœuvrer la voile : il falloit souvent que les passagers missent la main à l'œuvre.

♄ 3.

On passa au milieu du groupe nombreux des îles *Hamara*, près de l'une desquelles on jeta l'ancre.

☉ 4.

Nous mouillâmes à l'entrée de la nuit sur un îlot, entre des écueils.

☾ 5.

Journée terrible ! après minuit, il s'éleva une bourrasque furieuse. Le vent fraîchit de telle manière, qu'à deux heures du matin les coups d'ouragan se succédoient sans cesse avec une nouvelle violence; et, en peu de minutes, les câbles de nos quatre ancres furent cassés.

Le bâtiment, abandonné à la fureur du vent et des vagues, fut porté sur un rocher contre lequel il commençoit à frapper des coups horribles. Déjà l'équipage, se croyant perdu, jetoit des cris de désolation et de désespoir. Au milieu de ces clameurs, je distingue la voix grêle d'un homme qui sanglotoit et poussoit des cris comme un enfant : je demande qui ce pouvoit être : c'est le capitaine, me dit-on. Je fais chercher le pilote, mais inutilement. Alors voyant la chose perdue, puisque le bâtiment étoit abandonné à son malheureux sort, et qu'il continuoit à frapper des coups horribles, je ne voulus pas attendre qu'il fût écrasé contre les rochers : je crie à mes domestiques : *la chaloupe*. Ils s'en emparent aussitôt ; soudain tout le monde veut s'y précipiter : on me tend la main ; je saute dans la chaloupe par-dessus les têtes des passagers, et j'ordonne qu'on l'éloigne du bâtiment : mais un homme qui avoit son père à bord la retenoit par une corde du bâtiment qu'il tenoit à la main, en s'écriant : *Abouya! abouya! oh mon père! oh mon père!* Je respectai un moment cet élan d'amour filial ; mais, à la vue d'un groupe d'hommes prêts à se jeter dans la chaloupe, je crie à ce bon fils de lâcher la corde ; sourd à mes cris, il continue d'appeler son père ; un fort coup de poing que je lui donne sur la main lui fait lâcher prise, et dans le même instant la chaloupe est emportée à plus de deux cents toises du dao. Cette scène se passa en moins d'une minute : moments courts, mais bien affreux.... Au lieu de la douce clarté de la lune qui devoit éclairer notre route, un voile de nuages extrêmement noirs nous tenoit dans une obscurité si profonde, qu'on ne voyoit absolument rien. Nous étions presque nus : les coups de mer remplissoient la chaloupe d'eau, tandis que des averses de pluie tomboient par intervalles. Une discussion s'élève; les uns veulent aller à droite, les autres à gauche, comme s'il avoit été possible de distinguer notre direction au sein des plus épaisses ténèbres. La dispute devenant plus sérieuse, je la fis cesser, en me saisissant du gouvernail, et en leur disant impérativement : *J'en sais plus que vous ; et je m'empare du gouvernement de la chaloupe ; malheur à qui osera me le disputer.*

J'avois bien observé la position de la terre à l'entrée de la nuit; mais j'ignorois de quel côté je devois me diriger. Ne pouvant m'orienter au milieu des ténèbres épaisses qui m'entouroient, je tâchois, autant qu'il m'étoit possible, de conserver ma position relativement au bâtiment que je distinguois encore. Pour comble de malheur, je me trouvois attaqué de violents vomissements de bile : cependant je ne quittai pas le gouvernail.

J'ordonnai de ramer; mes compagnons ne savoient pas le faire : j'assigne à chacun sa place, et, après leur avoir distribué les avirons, je leur explique la manœuvre, et je me mets à chanter à la manière des matelots de la mer Rouge, pour leur donner la mesure, et les faire mouvoir uniformément. Quel spectacle! J'étois presque nu, en butte aux coups de mer, à la pluie, à la grêle, attaché au gouvernail sans savoir où aller, souffrant des vomissements horribles, et obligé néanmoins de chanter, pour régler l'uniformité de la manœuvre. Quelquefois la chaloupe, notre dernière et unique ressource, touchoit un rocher, et notre sang se glaçoit dans les veines. Enfin, après une heure entière passée dans cette affreuse agonie, les nuages s'éclaircirent un peu; un rayon de la lune servit à m'orienter, et porta la joie dans mon cœur : je criai *nous sommes sauvés*. Alors je fixai la direction de la chaloupe vers la côte d'Arabie, quoiqu'il ne fît pas encore assez clair pour la découvrir; et, après trois heures des plus grandes fatigues, je me trouvai presque sur la terre, à la pointe du jour.

Nous débarquâmes tous, presque nus ou en chemise, au nombre de quinze : notre premier mouvement fut de nous embrasser et de nous féliciter de notre salut; mes compagnons surtout ne pouvoient se lasser de témoigner leur surprise d'un bonheur aussi inattendu; ils me demandoient comment j'avois pu savoir, malgré l'obscurité, que la terre étoit là.... et, par un mouvement spontané de leur reconnoissance, ils se dépouillèrent d'une partie de leurs vêtements en ma faveur; et je me trouvai bientôt grotesquement habillé, à la vérité, mais du moins à l'abri du vent froid qui souffloit.

Il restoit à savoir quelle étoit cette terre sur laquelle nous étions descendus. J'envoyai pour cela quatre hommes à la découverte. Leur rapport me fit connoître que nous étions sur une île déserte, qui n'étoit absolument qu'une plaine de sable mouvant, sans eau, sans rocher et sans végétation. On voyoit bien la grande terre à quelques lieues de distance; mais comment se hasarder encore dans la chaloupe sur une mer toujours furieuse ? et, si la bourrasque devoit durer quelques jours, comment pouvoir rester dans l'île sans boire ni manger? Le temps, qui s'éclaircissoit toujours davantage, me fit apercevoir notre bâtiment à l'horizon, accompagné d'un autre dao. Quelle fut notre joie en le revoyant, après l'avoir cru perdu!... D'où venoit cet autre bâtiment?

Le temps se brouilla une autre fois; des torrents de pluie tomboient, en même temps qu'un vent glacé nous ôtoit presque le sentiment. Nous nous tînmes étroitement serrés les uns contre les autres; une seule capote, que nous avions par hasard, fut étendue sur nos têtes; ce qui nous garantit un peu des coups de pluie et de vent, et nous laissa reprendre un peu de chaleur.

A midi le temps devint plus calme, et la chaloupe de l'autre bâtiment, qui nous cherchoit, morts ou vivants, vint assez à portée pour apercevoir les signaux d'appel que nous lui faisions avec une chemise au bout d'un aviron. Aussitôt elle s'approcha : ses matelots nous assurèrent que le dao étoit sauvé, sans avoir d'avarie considérable, parcequ'il étoit très fort et qu'il n'étoit presque point chargé. Comme il avoit perdu toutes ses ancres, il fut heureusement secouru par l'autre bâtiment, qui, arrivant par hasard dans ce moment de détresse, lui avoit prêté une ancre et des câbles.

Nous nous rembarquâmes sur les deux chaloupes, et nous revînmes au bâtiment. Mais quelle scène se passa à notre arrivée à bord! Tout le monde, joyeux de me voir sauvé, se jeta à mes pieds en versant des larmes d'alégresse; ils m'embrassoient, et ne savoient comment m'exprimer leur contentement, parcequ'ils nous avoient crus engloutis dans la mer, comme nous les avions crus eux-mêmes mis en pièces sur la roche. Mon cœur ne put résister à cette scène attendrissante; profondément ému de ces témoignages spontanés de leur affection, je sentis mes yeux se mouiller de larmes.

Dans le moment terrible où j'avois abandonné le bâtiment, un homme, pour sauter dans la chaloupe, étoit tombé dans la mer : ce fut l'unique victime de la tempête. Nous restâmes ce jour-là et la nuit suivante à l'ancre, pour donner le temps de remettre tout en ordre dans le bâtiment, afin de partir le lendemain.

♂ 6.

Après avoir navigué toute la journée, et passé près de l'île de *Djebèl Hazèn*, on jeta l'ancre sur la côte d'Arabie à l'entrée de la nuit.

☿ 7.

On aborda vers le soir au port de *l'Ienboa*, ville assez considérable, et la plus importante de la côte d'Arabie, après Djedda.

♃ 8.

Le capitaine voulut passer la journée à l'Ienboa pour acheter des ancres et autres objets qui lui manquoient, et pour faire radouber le bâtiment.

♀ 9.

On passa ce jour-là le tropique, et on jeta l'ancre à Algiar.

J'y fis quelques observations curieuses qui se sont perdues dans la suite.

10, 11 *et* 12.

Nous naviguions pendant le jour, et nous restions à l'ancre, sur la côte d'Arabie, pendant la nuit ; mais les notes que j'avois prises se sont égarées.

Je commençai alors d'éprouver une petite douleur continue vers le bas-ventre, et une enflure considérable dans la partie inférieure : ce qui me fit croire que j'avois une rupture. C'étoit sans doute un effet de l'effort violent que j'avois fait en sautant dans la chaloupe pendant la nuit de la bourrasque. Cela m'attrista d'autant plus, que je craignois de devenir incapable de supporter aucune fatigue, et de monter à cheval, au moment où j'avois le plus besoin de toutes mes forces.

Comme c'étoit un accident que je n'avois jamais prévu, et que dans mes notes de médecine je n'avois pris aucun renseignement sur cette maladie, je ne savois comment la guérir. Guidé par le simple raisonnement, je fis usage de bandages et de compresses, et je restai couché dans la posture la plus favorable à mon état.

Un de ces jours nous arrivâmes vers les dix heures du matin à *Aràboh*, qui est à la limite N. du *Beled el Haram* ou terre sainte ; le bâtiment y échoua la proue dans le sable, afin de faciliter aux pélerins la pratique de la première cérémonie du pélerinage, appelée *Iahàrmo*. Pour remplir ce préliminaire, il faut se jeter dans la mer, se baigner, faire une ablution générale avec de l'eau douce ou du sable, réciter ensuite la prière tout nu, s'envelopper la ceinture et jusqu'aux genoux d'un pagne ou d'une serviette sans couture, qu'on nomme *l'Ihràm*, marcher quelques pas dans la direction de la Mecque, en proférant l'invocation suivante :

Li Bèïk; Allàhumma li Bèïk.
Li Bèïk; la scharìka làka li Bèïk.
Inna alhàmda, oua naamàta làka,
Ouèl moulkou, la scharika lèïk.

Enfin on forme quelques petits monceaux de sable avec les mains; puis on s'embarque avec le même costume, en répétant les mêmes prières pendant le reste du voyage.

Comme j'étois malade, je ne me jetai pas dans la mer; je fis mon ablution avec du sable; mes domestiques me formèrent une enceinte avec des draps de lit et des bhaïques pour me garantir du vent pendant que je faisois mon ablution, ma prière, mes invocations, et que je formois des monceaux de sable, suivant le rit, sans manquer à la circonstance qui exige qu'on fasse tout cela à ciel découvert. Je revins ensuite appuyé sur leurs bras, comme j'étois venu.

De quelque côté que le pélerin arrive au Béled el Haram, il est obligé de faire les mêmes cérémonies, qui sont regardées comme le prélude indispensable du pélerinage; elles présentent quelques légères différences dans les quatre rits orthodoxes de la loi.

Dès ce moment on ne doit plus se raser la tête, jusqu'à ce qu'on ait fait les sept tours à la maison de Dieu, qu'on ait baisé la pierre noire, bu de l'eau du puits sacré, nommé *Zemzem*, et fait les sept voyages entre les collines sacrées de Ssafa, et de Méroua.

♂ 13.

On jeta l'ancre heureusement dans la rade de Djedda, terme de cette traversée maritime.

J'envoyai de suite un de mes domestiques à terre avec des lettres pour le négociant *Sidi Mohamed Nas*, chargé de mes affaires.

Un peu après midi on vint me chercher avec un bâteau qui me transporta à terre, où je débarquai vers les trois heures. Je fus bien reçu dans un appartement orné avec tout le luxe oriental, et l'on m'y servit de suite un grand repas.

Au coucher du soleil le bâtiment fit son entrée dans l'intérieur du port; et le lendemain matin ayant fait débarquer mes domestiques et mes effets, j'allai m'établir dans une maison que j'occupai seul avec mes gens.

Je me sentois indisposé et foible, au point de ne pouvoir presque plus remuer. Les quatre premiers jours que je fus à terre, j'eus une forte fièvre; malgré cela, le vendredi je me rendis à la mosquée, où j'essuyai un petit désagrément dont je vais raconter l'histoire.

Le lendemain de mon arrivée, le gouverneur, qu'on appelle Ouisir, et qui est un nègre, esclave du sultan schérif de la Mecque, m'avoit fait dire qu'il étoit prévenu que j'avois quelques selles, et qu'il desiroit les voir. Il étoit clair que l'objet de cette démarche avoit pour but d'obtenir qu'on lui fît présent au moins d'une; mais n'ayant reçu de ce personnage aucune marque de considération, n'ayant pas besoin de lui, ne le craignant nullement, j'ordonnai à mon écuyer de lui faire porter les cinq selles que j'avois avec moi, *mais seulement pour les lui montrer.*

Le gouverneur, les ayant examinées, laissa échapper quelques propos indirects devant mon domestique; celui-ci fit semblant de ne rien entendre, et, conformément à mes instructions, il rapporta les cinq selles.

Il paroit que cette aventure avoit piqué l'orgueil du gouverneur; pour s'en venger, il chercha à me causer quelque désagrément public. Ce fut le vendredi qu'il choisit pour exécuter son projet, lorsque je fus rendu à la mosquée.

Dans tous les pays où j'ai voyagé j'étois dans l'usage, pour faire ma prière à la mosquée, les vendredis, de me faire précéder par quelques domestiques chargés de me placer un tapis à côté de l'iman, et de le garder jusqu'au moment de mon arrivée. Je m'y plaçois alors, et, quelle que fût la foule des assistans, mon tapis étoit toujours respecté.

Le vendredi en question, mes domestiques, m'ayant précédé à la mosquée, placèrent le tapis comme à l'ordinaire, et j'y fis ma prière préalable. Bientôt le gouverneur arriva avec ses officiers, nègres comme lui, et quelques soldats, qui firent retirer ceux qui étoient auprès de moi, et mirent le tapis du gouverneur de manière qu'une partie étoit placée sur le mien; mais ils n'osèrent rien me dire.

Le gouverneur se plaça sur son tapis; et son premier officier, après avoir hésité quelques moments, s'enhardit enfin jusqu'à me frapper doucement sur l'épaule; je tournai la tête, il me fit signe de quitter ma place; ce que je fis sur-le-champ pour ne pas causer de scandale; il se mit à ma place pour faire la prière sur mon tapis.

Tout le monde attendoit avec impatience la fin de cette scène, et desiroit voir comment je la prendrois : moi, schérif, fils d'Othman Bey *el Abbassi*, pouvois-je endurer l'insulte d'un esclave !.... Mais il avoit la force en main, il cherchoit à me provoquer; et, si je m'étois laissé emporter, il auroit pu abuser de son autorité; je pris donc un autre parti.

Du moment que la prière fut terminée, et avant que personne ne se levât, je dis à mes domestiques d'un ton brusque : « *Otez ce tapis;* « *portez-le à l'iman : dites-lui que je le lui* « *donne pour son service à la mosquée. Jamais* « *je ne pourrois faire ma prière sur ce tapis-là :* « *emportez-le.* » Mes domestiques enlevèrent brusquement le tapis, et le remirent à l'iman, qui fut très content de ce don. Tout le monde applaudit à l'action que je venois de faire. Le gouverneur et les officiers nègres restèrent pétrifiés. Je laissai quelques aumônes à la mosquée et aux pauvres; et, accompagné de plusieurs personnes, je rentrai chez moi pour me mettre au lit, étant toujours tourmenté d'une forte fièvre.

Ces officiers nègres étalent le luxe oriental le plus raffiné; ils portent de superbes schalls cachemires, des toiles très riches de l'Inde, des armes magnifiques et des parfums exquis.

Malgré le délabrement de ma santé, je fis quelques observations astronomiques qui me donnèrent la longitude par distances lunaires $= 36° 32' 37''$ E. de l'Observatoire de Paris (1) : la latitude par des passages du soleil $= 21° 33' 14''$ N., et la déclinaison magnétique $= 10° 4' 53''$ O.

Djedda est une jolie ville, dont les rues sont régulières, et les maisons agréables, à deux et trois étages, entièrement construites en pierres, mais d'une manière peu solide; elles ont toutes un très grand nombre de grandes croisées, et les toits en plate-forme. On y compte cinq mosquées, qui ne sont pas dignes de la moindre attention.

La ville est entourée d'un joli mur, avec des tours irrégulières; à dix pas de distance en dehors est un fossé entièrement inutile, puisqu'il n'est soutenu par aucun ouvrage. Au lieu d'un pont-levis en face de la porte de la ville, le

───────────────

(1) *Voyez* le retour à Djedda dans le troisième volume.
(*Note de l'Editeur.*)

fossé est simplement rempli de terre; quoique de construction moderne, il ne paroît pas devoir durer long-temps, parceque ses côtés sont coupés perpendiculairement, sans talus et sans revêtement. Il peut avoir de neuf à dix pieds de large, et douze de profondeur environ.

Les marchés publics de Djedda sont bien fournis; mais les prix y sont très élevés : une poule coûte une piastre espagnole. Les légumes y sont apportés de très loin, parceque, faute de rivière et de source dans les environs, il n'y a point de jardins, ni de potagers.

L'eau qu'on boit à Djedda est de l'eau de pluie, qui est excellente, parcequ'elle est bien conservée dans de bonnes citernes. Je ne ferai pas le même éloge du pain : il ne m'a pas paru d'une bonne qualité.

On y respire toujours un air parfumé, parceque dans tous les endroits publics il y a des hommes qui vendent de l'eau dans des verres à boire, et qui ont toujours près d'eux un petit réchaud dans lequel ils brûlent de l'encens ou d'autres aromates. La même méthode se pratique dans les cafés, dans les boutiques, dans les maisons, et de tous les côtés.

On compte environ cinq mille habitants à Djedda, et l'on peut regarder cette ville comme le centre de la circulation du commerce intérieur de la mer Rouge. Les bâtiments de Mokha y apportent le café et les denrées de l'Inde et de tout le Levant, et de là on les transporte sur d'autres navires à Suez, à l'Ienboa, à Kosseïr et dans les autres points des côtes de l'Arabie et de l'Afrique.

Si les Arabes étoient plus avancés dans l'art de la navigation, sans doute Mokha pourroit envoyer directement ses cargaisons à Suez, sans faire cette échelle de Djedda, qui augmente de beaucoup la valeur des denrées; mais cela est presque impossible dans l'état actuel de leur navigation, avec leurs bâtiments sans pont, mal construits, et commandés par des patrons si ignorants, qu'une simple traversée de Mokha à Djedda, ou de cette ville à Suez, est presque pour eux la moitié du tour du monde.

L'intérêt des Arabes doit d'ailleurs s'opposer à toute amélioration sur ce point, puisque maintenant les denrées de passage laissent dans leur patrie un produit d'intérêts, de commissions, de transports, de droits, etc. que le perfectionnement de la navigation leur feroit perdre; et, dans ce cas, Djedda cesseroit d'être une échelle importante, comme elle l'est aujourd'hui. Les négociants de Djedda achètent à Mokha, ou, pour mieux dire, les négociants de Mokha font des envois à Djedda; et les négociants du Caire, par l'entremise des commissionnaires de Suez, envoient leurs fonds à Djedda pour acheter. On apporte à Djedda, par Suez, quelques objets de l'Europe, principalement des draps; mais cela ne suffit pas pour payer les productions de l'Inde, et le café du Iemen; la plus grande partie des valeurs est en piastres d'Espagne, ou en gros écus d'Allemagne : cette dernière monnoie est très recherchée à Djedda, parcequ'elle gagne considérablement dans l'Iemen et à Mokha.

Le négociant chargé de mes affaires à Djedda me parut faire un commerce assez étendu; mais je présumai qu'il avoit peu d'argent, car il étoit bien difficile d'en obtenir de lui.

On voit assez de luxe dans les costumes et dans les appartements; mais, parmi le bas peuple, il se trouve nombre d'individus qui sont presque nus et dans la plus grande misère.

La garnison est composée de deux cents soldats turcs ou arabes; mais qu'on ne s'imagine pas qu'ils montent des gardes, et fassent le moindre service militaire : leur métier se réduit à passer le jour et la nuit assis ou couchés dans un café, à jouer aux échecs, à fumer, ou à prendre du café.

Il n'y a aucun Européen à Djedda. On y voit quelques chrétiens cophtes confinés dans une maison ou caserne contiguë à l'embarcadaire.

Le personnage le plus important et le principal négociant de la ville se nomme *Sidi Alàrbi Djilàni* : c'est un homme à talent, et très attaché aux Anglois, avec lesquels il fait presque tout son négoce.

Les habitants de Djedda étoient fort en colère alors de ce que, l'année précédente, les François s'étoient emparés d'un bâtiment du sultan schérif, richement chargé, ainsi que de plusieurs autres bâtiments arabes ; cependant ils ne crioient pas vengeance, et ne vouoient pas haine à la nation françoise ; au contraire, ils desiroient un rapprochement, mais ils ne savoient comment s'y prendre. Je crois qu'ils commençoient à aimer réellement les François, depuis qu'ils avoient vu leur conduite en Égypte.

Trompé par la renommée des chevaux d'Arabie, j'avois renvoyé de Suez mes chevaux au Caire ; mais j'en eus bien du regret en voyant qu'à Djedda on n'en trouve pas, à l'exception de quelques uns appartenants à de riches négociants, qui ne veulent pas s'en défaire. Je n'y ai point aperçu de mules. Les ânes y sont excellents, grands et bien conformés ; mais, pour la taille, ils n'ont aucun avantage sur ceux d'Égypte. On y trouve un nombre infini de chameaux, qui sont les uniques bêtes de somme dans le pays.

Une quantité prodigieuse de chiens perdus ou sans maîtres errent dans les rues, comme chez tous les peuples musulmans. Ils paroissent naturellement organisés ou divisés en plusieurs tribus ou familles. Lorsqu'un chien a le malheur ou la hardiesse de passer dans un département ou dans une tribu étrangère, ils font alors un tapage infernal, et le téméraire n'échappe jamais sans avoir reçu de larges blessures. Les chats, qui sont exactement semblables à ceux d'Europe, ne sont pas en moindre nombre. Il y a quelques mouches, mais point de moucherons ni d'insectes d'aucune espèce.

Le charbon manque totalement à Djedda ; l'unique combustible est le bois qu'on y apporte de très loin, ou les débris des vieux bâtiments. La farine se tire d'Afrique.

Les habitants me paroissent un mélange de sang arabe, abyssin ou nègre, et d'un peu de sang indien. J'ai remarqué des figures qui ont beaucoup de rapport avec la physionomie indienne, et qui se rapprochent de celle des Chinois.

L'usage d'avoir des femmes esclaves abyssiniennes ou des négresses est si commun, que le jour de mon arrivée à Djedda, une des premières choses que me proposa mon négociant fut d'acheter une esclave abyssinienne : je refusai de profiter de cette offre, quoique cela ne soit pas prohibé par la loi, parceque je me considérois dans un état de pénitence pendant mon pélerinage.

On compte une centaine de bâtiments qui font le cabotage de Djedda à Suez, et un nombre égal qui font la traversée de Mokha ; mais comme il s'en trouve toujours beaucoup qui sont avariés ou en carène, je crois que l'on peut réduire ce nombre à quatre-vingts. Il est vrai qu'il ne se passe point d'année qu'il ne s'en perde quelques uns sur les écueils de la mer Rouge ; mais on en construit sans cesse à Suez, à Djedda et à Mokha.

La ville étoit naguère beaucoup plus riche qu'à l'époque de mon passage ; mais la guerre des Wehhabis l'a fait déchoir considérablement, parceque les habitants ont été obligés de faire nuit et jour, pendant long-temps, le métier de soldats. La guerre d'Europe, d'ailleurs, paralyse le commerce du Levant; les révolutions de l'Égypte et de l'Arabie arrêtent le commerce de la contrée, et les révolutions de la Barbarie empêchent ou entravent les pélerinages des Occidentaux : toutes ces causes ont une influence directe et puissante sur le bonheur et la prospérité de Djedda.

Hors les murs de la ville, du côté de terre, est un grand quartier de baraques très peuplé, dont les habitants paroissent tous pauvres; aussi n'y voit-on que des marchands de choses grossières et de comestibles.

Djedda est situé dans une plaine qui est un véritable désert, et sous un climat très inconstant. D'un jour à l'autre, je voyois l'hygromètre passer de l'extrême sécheresse à l'extrême humidité. Le vent du N., qui traverse les déserts de l'Arabie, arrive dans un tel état de sécheresse, que la peau devient aride; le papier craque comme lorsqu'il a été exposé devant la bouche d'un four, et l'on voit l'air toujours chargé de poussière : si le vent change au S., on éprouve soudain l'extrémité opposée; l'air et tout ce qu'on touche sont alors imprégnés d'une humidité pâteuse qui relâche les fibres animales, et qui est très désagréable, quoique les habitants la croient plus salutaire que l'aridité du vent du N. La plus grande chaleur que j'aie observée étoit de 23 degrés de Réaumur. Avec le vent du S., j'ai vu l'atmosphère se charger d'une espèce de brouillard.

J'eus une nuit la lune à mon zénith, et une autre nuit du côté du N. : c'étoit l'effet de la latitude, puisque j'étois à-peu-près à deux degrés au S. du tropique.

Depuis le premier moment de mon arrivée, on me présentoit tous les jours des petites cruches d'eau du miraculeux puits Zemzem de la Mecque : je buvois et payois.

La veille de mon départ pour la ville sainte, le capitaine de mon bâtiment étant venu me voir, cassa le cheveu de mon hygromètre.

CHAPITRE XIV.

Suite du pélerinage. — El Hhadda. — Arrivée à la Mecque. = Cérémonies du pélerinage à la Maison de Dieu, à Ssaffa et à Méroua. — Visite de l'intérieur de la *Kaaba* ou Maison de Dieu. — Présentation au Sultan Schérif. — Visite au chef des Schérifs. — Purification ou lavage de la Kaaba. — Titre d'honneur acquis par Ali Bey. — Arrivée des Wehhabis.

Un peu rétabli, quoique extrêmement foible, je partis pour la Mecque le mercredi 21 janvier, à trois heures après midi, sur une machine construite avec des bâtons, garnie d'un matelas en forme d'un petit sofa ou d'un cabriolet, couverte avec des pagnes sur des arcs, et placée sur le dos d'un chameau. Cette machine s'appelle *schevria* (*pl. LXIII*); elle est très commode, puisqu'on peut s'y tenir assis ou couché; mais les mouvements du chameau, que j'éprouvois pour la première fois de ma vie, me fatiguoient extrêmement dans l'état de foiblesse où je me trouvois.

Mes Arabes commencèrent à se disputer pendant plus d'une heure dans les rues, en faisant des cris à étourdir tout le monde. Je croyois leur querelle terminée; mais de nouvelles disputes et de nouveaux cris nous attendoient hors des murs, et arrêtèrent la marche encore pendant l'espace d'une heure et demie. Enfin le calme ayant succédé à l'orage, et les chameaux étant chargés, ils se mirent en route à cinq heures et demie, par la direction de l'E., à travers une grande plaine déserte, terminée à l'horizon par des groupes détachés de petites montagnes qui coupent un peu la monotonie du désert.

À huit heures et demie du soir, nous étions parvenus à ces montagnes, qui sont des petites masses de pierre sans aucune trace de végétation.

L'atmosphère sereine et la lune qui passoit sur nos têtes rendoient le chemin agréable; mes Arabes chantoient et dansoient autour de moi. J'étois loin d'être à mon aise; les mouvements du chameau m'étoient insupportables: étourdi par le bruit, exténué de fatigue, et sur-tout abattu par l'état de foiblesse où j'étois, je m'endormis pendant deux heures; à mon réveil, ma fièvre se ralluma, et je rendis un peu de sang par la bouche.

Mes Arabes, s'étant endormis à leur tour, perdirent le chemin. Après minuit, ayant reconnu qu'ils étoient dans la direction de Mokha, ils tournèrent vers le N. E. entre des montagnes de moyenne hauteur un peu boisées. Après avoir enfin retrouvé la route, ils continuèrent de marcher vers l'E. jusqu'à six heures du matin du jeudi 22, que nous fîmes halte dans un douar de baraques, nommé *El Hhàdda,* où se trouve un puits d'eau saumâtre.

Je ne pus estimer exactement la distance que nous avions parcourue; mais je crois que nous étions alors à environ huit lieues à l'E. de Djedda.

Les baraques de ce douar sont toutes égales, entièrement rondes, de sept à huit pieds de diamètre, avec des toits coniques, dont le sommet est élevé de terre à la hauteur de sept pieds. Elles sont formées d'une rangée de bâtons comme une cage, et couvertes de feuilles de palmier et de broussailles. (Voy. *la planche LVIII.*)

Le douar est composé d'un groupe de baraques, entouré de broussailles (c'est là où logent les habitants), et de deux enceintes extérieures de baraques vides, séparées les unes des autres, et destinées à loger les *Càfilas* ou caravanes. En arrivant, chacun se place dans une baraque sans demander de permission à qui que ce soit.

Le puits situé entre les deux enceintes extérieures forme un carré d'un pied et demi sur chaque côté, et de six brasses de profondeur. A son ouverture, il y a une corde avec un seau de cuir pour le service de ceux qui arrivent. L'intérieur du puits fait juger que le terrain est composé de sable mouvant jusqu'à une très grande profondeur, puisque, pour empêcher les éboulements, on a été obligé de le palissader de haut en bas.

Le terrain offroit bien quelques plantes, mais sans fleur ni fruit; ce n'est qu'un vallon de sable dans la direction du levant au couchant, renfermé par des montagnes de porphyre d'un rouge plus ou moins foncé.

La manière dont on fait manger les chameaux dans cet endroit me parut intéressante. On étend d'abord par terre une natte ou un morceau de toile, en forme de cercle, de cinq ou six pieds de diamètre; on met ensuite au milieu un monceau d'herbe épineuse, hachée menu : ces préparatifs ainsi faits, on amène un chameau qui s'accroupit posément devant cette espèce de table; on en amène successivement un second, un troisième et un quatrième, qui s'accroupissent de même devant la table à des distances égales; ils se mettent à manger avec une sorte de politesse et d'ordre admirable, prenant l'herbe chacun devant soi par petites pincées : si quelqu'un d'eux s'écarte de sa place, son voisin le gronde d'une manière amicale, et l'indiscret rentre de suite dans l'ordre; en un mot, la table des chameaux est une copie fidèle de celle de leurs maîtres.

Nous répétâmes ici la cérémonie de la purification, telle que nous l'avions déjà faite à Araboh, c'est-à-dire, l'ablution générale que je fis avec de l'eau chaude, et la prière qu'on doit réciter dans un état de nudité complète; après quoi on se couvre de deux serviettes sans couture, l'une autour des reins, et l'autre qui entoure le corps en passant par-dessus l'épaule gauche et par-dessous le bras droit, qui reste à nu, ainsi que la tête, les jambes et les pieds : dans cet état, on fait quelques pas du côté de la Mecque, en récitant l'invocation *Li Béïk*, etc. Nous conservâmes, suivant le rit, ce costume jusqu'au soir.

Les habitants du douar vendent de l'eau douce très bonne, qu'ils apportent des montagnes voisines du côté du S.

A notre départ, un Arabe du douar vint

demander et reçut une gratification pour le logement.

A trois heures après midi, on se mit en route dans la direction de l'E. par un chemin large et bien uni. Je découvris bientôt quelques petits bois. Après le soleil couché, je passai entre des montagnes volcaniques couvertes de lave noire ; j'y aperçus les débris de quelques maisons ruinées par les Wehhabis. De là traversant plusieurs petits coteaux, à onze heures et demie du soir, je me trouvai dans des gorges étroites et profondes, où le chemin, coupé par échelons et en zigzag, offre une excellente position militaire. Le jeudi au soir, 23 janvier de l'an 1807, 14 du mois doulkaada de l'an 1221 de l'hégire, j'arrivai à minuit, par la faveur de la suprême miséricorde, aux premières maisons de la sainte ville de la MECQUE, quinze mois après ma sortie de Maroc.

Il y avoit, à l'entrée de la ville, plusieurs Mogrebins ou Arabes d'Occident qui m'attendoient avec des petites cruches d'eau du puits de Zemzem, qu'ils me présentèrent pour boire, en me priant de n'en prendre de personne autre, offrant d'en approvisionner ma maison : ils me dirent secrètement de ne jamais boire de celle que le chef du puits me présenteroit.

Plusieurs particuliers de la ville, qui m'attendoient aussi, se disputèrent entre eux à qui me logeroit, parceque les logements sont une des principales spéculations des habitants sur les pélerins; mais les personnes qui, lors de mon séjour à Djedda, s'étoient chargées de pourvoir à mes besoins, mirent fin aux disputes en me conduisant dans une maison qui m'avoit été préparée à côté du temple, et près de celle du sultan schérif.

Les pélerins doivent entrer à pied dans la Mecque; mais, en considération de ma maladie, je restai sur mon chameau jusqu'à mon logement.

Du moment que j'y fus entré, nous fîmes une ablution générale, et je fus de suite conduit en procession vers le temple avec tout mon monde. La personne chargée de nous guider récitoit en marchant différentes prières à haute voix, et nous les répétions tous ensemble mot pour mot sur le même ton. Ma foiblesse étoit encore si grande, que j'avois besoin de me faire soutenir par deux de mes gens.

C'est de cette manière que j'arrivai au temple, en faisant le tour par la rue principale, afin d'y entrer par le *Beb-es-se'ém* ou porte du salut: ce qu'on regarde comme d'un heureux auspice. Après avoir ôté mes sandales, je passai par cette bienheureuse porte, qui est placée près de l'angle septentrional du temple. Déjà nous avions traversé le portique ou la galerie; nous étions au moment d'entrer dans la grande cour où est située la maison de Dieu, lorsque notre guide arrêta nos pas, et, le doigt tourné vers la Kaaba, me dit avec emphase: *Schouf, schouf el Bëït Allah el Haràm;* « Regardez, regardez la maison de Dieu la défendue. » La suite qui m'entouroit; le portique de colonnes à perte de vue; l'immense cour du temple; la maison de Dieu couverte de sa toile noire depuis le haut jusqu'en bas, et entourée d'un cercle de lampes; l'heure indue et le silence de la nuit, et notre guide qui parloit devant nous comme un inspiré : tout cela formoit un tableau imposant qui jamais ne s'effacera de ma mémoire.

Nous entrâmes dans la cour par une chaussée diagonale d'un pied de hauteur, aboutissant de l'angle du nord à la Kaaba qui est presque au centre du temple. Avant d'y arriver, on nous fit passer sous un arc isolé, formant une espèce d'arc de triomphe, et appelé *Beb es selèm,* comme la porte par laquelle nous étions entrés. Parvenus devant la maison de

Dieu, nous fîmes une petite prière, nous baisâmes la pierre noire, apportée par l'ange Gabriel, et nommée *Hàjera el Assouàd* ou pierre céleste, ayant le guide à notre tête, rangés dans le même ordre que lorsque nous étions venus, et récitant des prières en commun; nous fîmes ensuite le premier tour de la maison de Dieu.

La *Kaaba* est une tour quadrilatère placée presque au milieu du temple, couverte d'une immense toile noire qui ne laisse à découvert que le socle ou base saillante de l'édifice, la place où la pierre noire est incrustée à hauteur d'homme sur l'angle de l'E., et un autre espace semblable sur l'angle du S., qui est d'un marbre commun. Du côté du N.-O. s'élève un parapet à hauteur d'appui, formant presque un demi-cercle, séparé de l'édifice, et nommé *El Hajàr Ismaïl* ou pierres d'Ismaïl.

Voici le détail des cérémonies ultérieures qu'on observe dans cet acte religieux, telles que je les ai faites moi-même à cette époque.

Elles consistent en sept tournées autour de la Kaaba. On commence chaque tour depuis la pierre noire de l'angle de l'E., en suivant le front principal de la Kaaba, où est la porte, d'où tournant vers l'O. et vers le S., en dehors des pierres d'Ismaïl, et arrivé à l'angle du S., on étend le bras droit, et après avoir passé la main sur le marbre angulaire, en ayant grand soin que la partie inférieure du vêtement ne touche pas le socle découvert, on passe la main sur le visage et sur la barbe, en disant *Au nom de Dieu : Dieu très grand ; louange soit donnée à Dieu.* On continue sa marche vers le N.-E., en disant : *Oh ! grand Dieu ! soyez avec moi : donnez-moi le bien dans ce monde ; et donnez-moi le bien dans l'autre ;* revenu ensuite à l'angle de l'E., en face de la pierre noire, on élève les mains, comme au commencement de la prière canonique, en s'écriant : *Au nom de Dieu : Dieu très grand ;* et on ajoute, les mains baissées : *Louange soit donnée à Dieu ;* après quoi on baise la pierre ; ce qui termine le premier tour.

Le second tour est en tout semblable au premier ; mais les prières sont différentes depuis l'angle de la pierre noire jusqu'à l'angle du S.; de celui-ci à la pierre noire ce sont toujours les mêmes pendant les sept tours. La loi traditionnelle veut qu'on fasse les derniers tours d'un pas précipité ; mais, attendu mon état de foiblesse, je les fis toujours posément.

A la fin du septième, après avoir baisé la pierre noire, on récite en commun une petite prière, debout, en face du mur de la Kaaba, entre la porte et la pierre noire. On passe ensuite dans une espèce de berceau, nommé *Makàm Ibrahim* ou lieu d'Abraham, qui est entre la Kaaba et l'arc isolé, nommé *beb es Selém*; l'on y récite une prière ordinaire. De là on va au puits *Zemzem*, d'où l'on tire des seaux d'eau, et on en boit autant qu'on en peut avaler. On sort enfin du temple par *el Beb Sàffa* ou porte de Saffa, d'où l'on monte une petite rue qui est en face, et qui forme ce qu'on appelle *Djébel Saffa* ou la colline de Saffa.

Au bout de la rue, qui se termine par une espèce de portique composé de trois arcs sur des colonnes, et où l'on monte par des gradins, est le lieu sacré nommé *Sàffa*. Quand le pèlerin y est monté, il tourne le visage vers la porte du temple qui est en face, et récite une courte prière en se tenant debout.

Alors on se dirige en procession par la rue principale, et on parcourt une partie du *Djébel Méroua* ou colline de Méroua, en récitant toujours des prières: au bout de la rue, qui est coupée par un grand mur, on monte quelques degrés, le visage tourné vers le temple, quoique la vue en soit interceptée par les maisons intermédiaires, et on prononce une petite prière, toujours debout. On fait un second voyage vers Saffa, un troisième vers Méroua; et ainsi de même jusqu'à sept fois, en récitant des prières à haute voix, et faisant les petites oraisons dans les deux lieux sacrés : ce qui forme les sept voyages entre les deux collines.

Ayant fini mon septième voyage à Méroua, je vis des barbiers établis dans ce lieu pour raser la tête aux pélerins : ce qu'ils font avec la plus grande légèreté, en récitant des prières à haute voix, que le pélerin répète mot pour mot. Cette opération termine les premières cérémonies du pélerinage à la Mecque.

On sait que presque tous les musulmans se laissent croître une touffe de cheveux au milieu de la tête; mais, comme le réformateur *Abdoulwehhàb* a déclaré que la conservation de cette touffe est un péché, et que les Wehhabis dominent dans le pays, tout le monde se rase la tête entièrement. Je fus donc obligé de laisser tomber ma longue touffe sous la main de l'inexorable barbier.

Le jour approchoit lorsque nous eûmes rempli ces premiers devoirs; on me dit alors que je pouvois me retirer pour aller prendre un peu de repos; mais, comme l'heure de la prière du matin n'étoit pas éloignée, je préférai de retourner au temple, malgré ma foiblesse et la fatigue, et je ne rentrai chez moi qu'à six heures.

Le même jour, à midi, je revins au temple pour la prière publique du vendredi, après avoir fait une seconde fois les sept tours de la Kaaba, récité une prière particulière, et bu largement de l'eau du Zemzem.

Le lendemain, samedi 24 janvier 1807, 15 du mois doulkaada, l'an 1221 de l'hégire, on ouvrit la porte de la Kaaba : ce qui n'a lieu que trois fois par an, et à différents jours. La première fois, c'est pour que tous les hommes qui sont à la Mecque puissent faire leurs prières dans l'intérieur; la seconde, qui a lieu le lendemain, est pour les femmes; et la troisième, cinq jours après, est destinée à laver et purifier la maison de Dieu. C'est par cette raison que les pélerins, qui ordinairement ne demeurent à la Mecque que huit ou dix jours à l'époque du pélerinage à Aarafat, s'en retournent sans avoir visité l'intérieur du temple.

La porte de la Kaaba est sur la façade du N.-E., à peu de distance de la pierre noire, et à six pieds environ d'élévation au-dessus du plan de la grande cour du temple. Pour y entrer, on place en dehors un bel escalier en bois, porté sur six rouleaux de bronze.

Ce jour là, on me mena au temple, et, comme il y avoit une foule immense, on me fit asseoir dans une espèce de berceau où se tient la garde de la Kaaba, en face de la pierre noire. Cette garde est composée d'eunuques nègres.

La foule étant un peu diminuée, quelques gardes et mon guide me conduisirent à la maison de Dieu. Ils mirent beaucoup d'attention à me faire poser le pied droit sur le premier gradin de l'escalier.

Entré dans la Kaaba, je fus conduit directement au coin qui regarde le S., où, étant debout, le corps et le visage appuyés, autant que possible, contre la muraille, je récitai une prière à haute voix; après quoi je fis la prière ordinaire, vis-à-vis le coin du S.

Je me rendis aussitôt au coin qui regarde l'O., et ensuite au coin du N., faisant à chacun la répétition exacte de ce que je venois de faire au coin du S.

Venu de là au coin de l'E., où je ne fis qu'une courte prière debout, je baisai la clef d'argent de la Kaaba, qu'un enfant du schérif, assis sur un fauteuil, tenoit à la main à cet effet; et je sortis, escorté par les nègres, qui écartoient la foule à coups de poings pour m'ouvrir un passage.

Aussitôt que je fus dehors, je baisai la pierre noire, et je fis encore les sept tours de la maison de Dieu; j'entrai ensuite dans une petite fosse, au pied de la Kaaba, à côté de la porte, où je récitai la prière ordinaire, et, après avoir bu de l'eau du puits de Zemzem, je revins à mon logement.

Ce même jour, après midi, je reçus l'avis de me tenir prêt pour être présenté au sultan Schérif.

Le *Nekib el Ascharàf* ou chef des schérifs vint me prendre, et me conduisit au palais. Il y monta, et je restai à la porte, en attendant l'ordre d'entrer. Un moment après, le chef du puits de Zemzem, *qui étoit déjà mon ami*, descendit pour me chercher. Nous montâmes l'escalier, au milieu duquel est une porte qui barre le passage. Mon conducteur frappa à cette porte; deux domestiques armés l'ouvrirent, et nous continuâmes à monter; nous traversâmes ensuite un corridor obscur; et, après avoir quitté nos babouches en cet endroit, nous entrâmes dans un beau salon, où étoit le sultan schérif, nommé *Schérif Ghàleb*, assis auprès d'une croisée, et entouré de six personnes qui se tenoient debout.

Après que je l'eus salué, il me fit les questions suivantes :

Schérif. Parlez-vous l'arabe (1) ?

Ali Bey. Oui, sire.

S. Et le turc ?

A. Non, sire,

S. L'arabe seulement ?

A. Oui, sire.

S. Parlez-vous les langues des chrétiens ?

A. Quelques unes.

S. Quel est votre pays ?

A. Haleb (ou Alep).

S. Êtes-vous sorti très jeune de votre patrie ?

A. Oui, sire.

S. Où avez-vous été pendant votre absence ?

Je lui racontai mon histoire. Alors le schérif dit à celui qui étoit à sa gauche : *Il parle très bien l'arabe; son accent est véritablement arabe;* et m'adressant ensuite la parole, il s'écria : *Ap-*

---

(1) Le schérif me croyoit Turc.

prochez-vous. Je m'approchai un peu; il répéta, *Approchez-vous* J'arrivai alors jusqu'à lui. Il me dit, *Asseyez-vous*. Je m'empressai d'obéir, et aussitôt il fit asseoir la personne placée à sa gauche.

Vous avez sans doute des nouvelles de la terre des chrétiens, reprit le schérif; dites-moi les dernières qui vous sont parvenues. Je lui fis un récit abregé de l'état actuel de l'Europe. Il me demanda, *Savez-vous lire et écrire le françois?* — Un peu, sire. — *Un peu seulement, ou bien?* — Un peu sans plus, sire. — *Quelles sont les langues que vous parlez et écrivez le mieux?* — L'italien et l'espagnol. Nous continuâmes à converser pendant plus d'une heure; ensuite, après toutefois lui avoir remis mon présent et le firman du capitan pacha, je me retirai, accompagé du chef du Zemzem, qui me conduisit jusque chez moi.

Avant de passer outre, je veux faire connoître cet intéressant personnage, déjà devenu mon ami.

C'étoit un jeune homme de vingt-deux à vingt-quatre ans, d'une très belle figure, avec de beaux yeux, bien habillé, extrêmement poli, d'un air doux et séduisant, et doué de toutes les qualités extérieures qui rendent une personne aimable. Dépositaire de toute la confiance du schérif, il remplit la place la plus importante.... C'est l'empoisonneur en titre.... Rassurez-vous, lecteur; que ce nom ne vous fasse pas trembler pour moi. Cet homme dangereux m'étoit déjà connu. Depuis la première fois que j'étois allé au Zemzem, il me faisoit assidument la cour; j'avois déjà reçu de lui un magnifique dîner; tous les jours il m'envoyoit deux petites cruches de l'eau du puits miraculeux; il épioit les momens où je me rendois au temple, et accouroit, avec la douceur et la grace la plus délicate, pour me présenter une tasse remplie de l'eau miraculeuse, que je buvois sans crainte jusqu'à la dernière goutte.

Ce scélérat observe la même conduite envers tous les pachas et les personnages importants qui se rendent à la Mecque. Sur le plus léger soupçon et au moindre caprice, le schérif ordonne, et le malheureux étranger a bientôt cessé d'exister. Comme ce seroit une impiété de ne pas accepter l'eau sacrée présentée par le chef du puits, cet homme, par ce moyen, est le maître de la vie de tous les pélerins: il a sacrifié déjà plusieurs victimes.

Depuis un temps immémorial les sultans schérifs de la Mecque ont un empoisonneur à leur cour; et il est remarquable qu'ils ne s'en cachent point, puisque la chose est connue en Égypte et à Constantinople, au point que le diouan a plusieurs fois envoyé à la Mecque des pachas et autres personnes pour s'en débarrasser de cette manière. Voilà la raison pour laquelle les Mogrebins ou Arabes d'Occident, qui me sont entièrement dévoués, s'empressèrent de me prévenir d'être sur mes gardes, lors de mon arrivée en cette ville. Mes domestiques donnoient le traître au diable; pour moi, je le traitois avec les plus grandes marques de confiance; j'affrontois son eau et ses repas avec une sérénité et un sang-froid imperturbables; j'avois seulement la précaution de porter toujours dans ma poche *trois prises de zinc vitriolé*, vomitif beaucoup plus actif que le tartre émétique, et qui agit instantanément, afin d'en faire usage dès l'instant où je ressentirois le plus léger indice de trahison.

Le schérif me parut être âgé de trente-six à quarante ans, et d'un teint un peu brun; il a de grands et beaux yeux, une barbe régulière, beaucoup d'embonpoint, et cependant beaucoup de vivacité : son costume consiste en un *benisch* ou caftan extérieur, un caftan intérieur ceint d'un schall cachemire, et un autre schall de la même espèce pour turban; il avoit un grand coussin derrière lui, un autre à son côté, et un troisième plus petit devant lui, sur lequel il s'appuyoit fréquemment. Dans le salon il n'y avoit d'autres meubles ou ornements qu'un grand tapis qui couvroit tout le plancher.

Pendant ma visite, le sultan schérif fumoit sa pipe persane ou *nerguilè*, qui étoit placée dans une autre chambre, et dont le tuyau de cuir, au moyen d'un trou pratiqué dans le mur, venoit aboutir à sa bouche. Le réformateur *Abdoulwehhàb* ayant proclamé que l'usage du tabac est un péché, et ses sectaires, qui dominent l'Arabie, étant généralement redoutés, on ne fume qu'avec beaucoup de circonspection, et comme à la dérobée.

Le lendemain, dimanche 25 janvier, je rendis la visite au Nekib el Ascharaf ou chef des schérifs, et lui fis un petit présent. Il me donna toutes les marques de considération et d'amitié que je pouvois desirer. C'étoit le second jour d'ouverture de la Kaaba, comme nous l'avons dit, mais c'étoit le jour exclusivement destiné aux femmes. Elles y entrent en foule pour réciter leurs prières; et, comme les hommes, elles font les sept tours en-dehors.

Le lundi 29 janvier, 20 du mois doulkaada,

on lava et on purifia la Kaaba avec les cérémonies suivantes.

Deux heures après le lever du soleil, le sultan schérif vint au temple, accompagné d'une trentaine de personnes et de douze gardes, partie Nègres, partie Arabes. La porte de la Kaaba étoit déjà ouverte et entourée d'une foule immense ; mais l'escalier n'étoit point placé.

Le sultan schérif, monté sur les épaules des uns et sur la tête des autres, entra dans la Kaaba, avec les principaux scheihs des tribus ; les autres vouloient en faire autant ; mais les gardes nègres en défendoient l'entrée à coups de bâtons et de roseaux. Je me tenois loin de la porte, pour éviter la foule, lorsque, par ordre du schérif, le chef du Zemzem me fit, avec la main, signe d'avancer ; mais comment percer à travers plus de mille personnes qui étoient devant moi ?

Tous les porteurs d'eau de la Mecque s'avançoient avec leurs outres pleines, qu'ils faisoient passer de main en main jusqu'aux gardes nègres de la porte, ainsi qu'un grand nombre de petits balais de feuilles de palmier.

Les nègres commencèrent à jeter de l'eau sur le sol de la salle, qui est pavée en marbre ; on y jetoit aussi de l'eau de rose. Cette eau, s'écoulant par un trou placé sous le seuil de la porte, étoit recueillie avidement par les fidèles; mais, comme elle ne suffisoit pas à leur empressement, et que les plus éloignés en demandoient à grands cris pour en boire et pour se baigner, les gardes nègres, avec des tasses et avec les mains, en jetoient avec profusion sur le peuple. Ils eurent l'attention de m'en faire passer une petite cruche et une tasse, avec laquelle je bus autant qu'il me fut possible, et je répandis le reste sur moi; car cette eau, quoique très sale, porte avec elle la bénédiction de Dieu; et d'ailleurs elle est bien aromatisée par l'eau de rose.

Je fis alors un effort pour m'approcher; plusieurs personnes m'élevèrent au-dessus du groupe, et, marchant sur les têtes, j'arrivai enfin à la porte, où les gardes nègres m'aidèrent à entrer.

J'étois préparé à cette opération, n'ayant sur moi que la chemise, une *caschaba* ou chemise de laine blanche sans manches, le turban, et le hhaïk qui m'enveloppoit.

Le sultan schérif balayoit lui-même la salle. Aussitôt que je fus entré, les gardes m'ôtèrent mon hhaïk, et me présentèrent un faisceau de petits balais; j'en pris quelques uns dans chaque main. A l'instant ils jetèrent beaucoup d'eau sur le pavé, et je me mis en devoir de balayer des deux mains avec une foi ardente, quoique le sol fût déjà propre et poli comme une glace. Pendant cette opération, le schérif, qui avoit fini de balayer et de parfumer la salle, étoit en prières.

On me remit ensuite une tasse d'argent remplie d'une pâte faite avec de la sciure de sandal, bois très aromatique, et pétrie avec de l'essence de rose; j'étendis cette pâte sur la partie inférieure du mur, incrustée en marbre, au-dessous de la tapisserie qui couvre la partie supérieure et le plafond. On me donna ensuite un morceau de bois d'aloës, que je fis brûler dans un grand réchaud, afin de parfumer la salle.

Alors le sultan schérif me proclama *Hhaddem-Béit-Allah-el-Haram*, c'est-à-dire, serviteur de la maison de Dieu la défendue; et je reçus les compliments de tous les assistants.

Je récitai de suite mes prières aux trois coins de la salle, comme la première fois; ce qui termina entièrement mes obligations. Pendant que je vaquai à cet acte de piété, le sultan schérif s'étoit retiré.

Un grand nombre de femmes qui se tenoient dans la cour et qui étoient réunies à quelque distance de la porte de la Kaaba, poussoient de temps en temps des cris aigus de jubilation.

On me donna un peu de pâte de sandal avec deux des petits balais que je gardai précieusement comme des reliques intéressantes. Les gardes me descendirent sur le peuple, qui à son tour me prit et me mit à terre, en m'adressant des compliments de félicitation. Je me rendis de là au Makam Ibrahim pour y faire une prière; on me revêtit de mon hhaïk, et je rentrai chez moi complètement mouillé.

D'autres employés du temple m'apportèrent successivement de l'eau du lavage; l'enfant du schérif, qui avoit la clef de la Kaaba, m'en envoya aussi une cruche avec un cornet rempli de la sciure de sandal, pétrie avec de l'eau de rose, un autre cornet contenant d'autres aromates, une bougie et deux petits balais. Il me fallut répondre à tant de faveurs de la meilleure manière qu'il me fut possible.

Le mardi 3 février, 25 du mois doulkaada, la grande toile noire qui couvre l'extérieur de la Kaaba fut coupée un peu en-dessus de la porte, et tout autour de l'édifice; en sorte qu'il resta à découvert dans la partie inférieure; ce qui complète la cérémonie qu'on nomme *Yaharmo-el-Béit-Allah* ou purification de la maison de Dieu. (*Voyez pl. LVI.*)

Pendant cette opération, tous les employés du temple cherchent à obtenir quelque morceau de la toile; ils le divisent en petites parcelles pour en faire une espèce de relique dont ils font présent aux pélerins, qui doivent répondre à cette faveur par quelque gratification; j'en ai tant reçu, que.... Dieu soit loué!

Ce même jour un corps d'armée des Wehhabis entra dans la Mecque, pour remplir le devoir du pélerinage, et pour prendre possession de cette ville sainte. C'est par hasard que je les vis entrer.

J'étois à neuf heures du matin dans la rue principale, lorsque je vis venir une multitude d'hommes..... Qu'on se figure une foule d'individus étroitement serrés les uns contre les autres, n'ayant de vêtements qu'un petit pagne autour des reins, et quelques uns, une serviette passée sur l'épaule gauche et sous l'aisselle droite; du reste, entièrement nus et armés de fusils à mèche, avec un khanjear ou grand couteau recourbé à la ceinture.

A la vue de ce torrent d'hommes nus et armés, tout le monde s'enfuit pour laisser libre la rue, qu'ils remplissoient entièrement. Je m'obstinai à tenir mon poste, et je montai sur un monceau de décombres, afin de les mieux observer.

J'en vis défiler une colonne qui me parut composée de cinq à six mille hommes, tellement serrés sur toute la largeur de la rue, qu'il ne leur auroit pas été possible de remuer la main. La colonne, précédée de trois ou quatre cavaliers armés d'une lance de deux pieds de long, étoit terminée par quinze ou vingt autres, montés sur des chevaux, des chameaux et des dromadaires, avec une lance à la main, comme les premiers; mais ils n'avoient ni drapeaux, ni tambours, ni aucun autre instrument ou trophée militaire. Pendant leur marche, les uns poussoient des cris d'une sainte alégresse, les autres récitoient confusément des prières à haute voix, chacun à sa manière.

Ils montèrent dans cet ordre jusqu'à la partie supérieure de la ville, où ils commencèrent à défiler par pelotons pour entrer dans le temple par la porte Beb es Selem.

Un grand nombre d'enfants de la ville, qui servent ordinairement de guides aux étrangers, vinrent à leur rencontre, et se présentèrent successivement aux différents groupes pour leur servir de guides dans les cérémonies sacrées: je remarquai que, parmi ces guides bénévoles, il n'y avoit pas un seul homme fait. Déjà les premiers pelotons, pour commencer leurs tours de la Kaaba, s'empressoient de baiser la pierre noire, lorsque d'autres, impatients sans doute d'attendre, s'avancent en tumulte, se mêlent avec les premiers, et bientôt la confusion, parvenue à son comble, ne permet plus d'entendre la voix de leurs jeunes guides. A la confusion succède le tumulte. Tous veulent baiser la pierre noire, ils se précipitent; plusieurs d'entre eux se font jour, le bâton à la main : en vain un de leurs chefs monte sur le socle, près de la pierre sacrée, pour ramener l'ordre; ses cris et ses signes sont inutiles, parceque le saint *zèle de la maison de Dieu qui les dévore* ne leur permet pas d'entendre la raison, ni la voix de leur chef. Le mouvement en cercle s'augmente par l'impulsion mutuelle. On les voit à la fin, semblables à un essaim d'abeilles qui voltigent confusément autour de leur ruche, circuler sans ordre autour de la Kaaba, et, dans leur empressement tumultueux, briser avec les fusils qu'ils avoient sur l'épaule toutes les lampes de verre qui entouroient la maison de Dieu.

Après les différentes cérémonies autour du temple, chacun devoit aussi boire de l'eau du puits miraculeux et s'en arroser :

mais, comme ils s'y portoient en foule avec trop de précipitation, en peu d'instants les cordes, les seaux et les poulies sont mis en pièces; le chef et les employés du Zemzem abandonnent leur poste; les Wehhabis, restés seuls maîtres du puits, se donnent la main, forment la chaîne, descendent au fond, et tirent de l'eau comme ils peuvent.

Le puits demande des aumônes; la maison de Dieu, des offrandes; les guides réclament leur salaire; mais la plupart des Wehhabis n'avoient apporté avec eux aucune pièce de monnoie: ils s'acquittent de cette obligation de conscience en donnant vingt ou trente grains d'une poudre extrêmement grosse, de petits morceaux de plomb, ou quelques grains de café.

A la fin des cérémonies, comme ils avoient les cheveux longs d'un pouce, ils se mirent en devoir de les faire raser; cette opération se fit dans les rues, et les barbiers furent payés de la même espèce de monnoie que les jeunes guides et les desservants du temple.

Les Wehhabis de *Draaïya*, lieu principal de la réforme, ont la couleur cuivrée. Ils sont en général bien faits et parfaitement bien proportionnés, mais d'une petite taille : j'ai principalement distingué parmi eux quelques têtes assez belles pour pouvoir être comparées à celles de l'Apollon, de l'Antinoüs ou du Gladiateur. Ils ont les yeux très vifs, le nez et la bouche régulièrement dessinés, de belles dents et une physionomie très expressive.

Qu'on se représente une foule d'hommes nus et armés, n'ayant presque aucune idée de civilisation, et parlant une langue barbare: ce premier tableau épouvante l'imagination et paroît affreux; mais, si on surmonte cette première impression, on trouve en eux des qualités recommandables: ils ne volent jamais, ni par force, ni par ruse, excepté quand ils croient que l'objet appartient à un ennemi ou à un infidèle; tout ce qu'ils achètent et tout service qui leur est rendu est payé avec leur monnoie. Soumis aveuglément à leurs chefs, ils endurent en silence toutes sortes de fatigues, et se laisseroient conduire au bout du monde. Enfin on s'aperçoit que ce sont les hommes les plus disposés à la civilisation, si l'on savoit leur donner une direction convenable.

Rentré chez moi, j'appris qu'il ne cessoit d'arriver des corps de Wehhabis, qui venoient remplir le devoir du pélerinage. Que faisoit cependant le sultan schérif?... Dans l'impuissance de résister à de telles forces, il se tenoit renfermé ou caché, pour mieux dire, craignant quelque attaque ; les forteresses étoient approvisionnées et préparées à la défense ; les soldats arabes, les Turcs, les Mogrebins et les nègres se tenoient à leurs postes : je vis des gardes et des sentinelles aux forts ; plusieurs portes furent murées ; tout enfin étoit disposé en cas d'agression. Mais la modération des Wehhabis et les négociations du schérif rendirent ces précautions inutiles.

CHAPITRE XV.

Pélerinage à Aarafat. — Grand rassemblement des pélerins. — Description d'Aarafat. — Sultan et armée des Wehhabis. — Cérémonies à Aarafat. — Retour à Mosdélifa. — Retour et cérémonies à Mina. — Retour à la Mecque, et fin du pélerinage. — Appendix au pélerinage.

Le grand jour du pélerinage au mont *Aarafàt* étoit fixé au mardi 17 février. Je partis la veille après midi, dans une schevria placée sur un chameau, de la même manière qu'à mon arrivée de Djedda.

Environ deux heures après je passai devant la caserne des gardes nègres et mogrebins, située à l'extrémité N. de la ville. (*Planche XLVII.*)

De là, prenant à l'E., je me trouvai en peu de minutes vis-à-vis une grande maison de campagne du schérif; et un quart d'heure après je découvris la célèbre montagne nommée *Djébel Nor*, c'est-à-dire, Montagne de la lumière, où l'ange Gabriel apporta au plus grand des Prophètes le premier chapitre du *Kour-ann*. Cette montagne s'élève en pain de sucre isolé au-dessus des montagnes qui l'entourent. Il y avoit jadis sur le sommet une chapelle qui étoit une station du pélerinage ; mais les Wehhabis, après l'avoir abattue, ont placé une garde au pied de la montagne, pour empêcher les pélerins d'aller y faire des prières qu'Abdoulwehhab a déclarées superstitieuses. On y montoit, m'a-t-on dit, par des degrés taillés dans le roc. Comme cette montagne se trouvoit à un quart de lieue sur la gauche, je ne l'ai vue qu'en passant avec la foule des pélerins ; mais j'en ai pris un croquis qu'on peut voir à la *planche XLVIII*.

Suivant la route vers l'E. S. E., je vis à trois heures moins un quart une petite source d'eau douce, avec des bassins en maçonnerie ; et peu après j'entrai dans Mina. Le premier objet qu'on aperçoit en entrant dans le bourg est une fontaine, en face de laquelle il y a un ouvrage ancien, que l'on dit avoir été construit par le diable.

Le bourg de Mina, que d'autres appellent *Mòna*, n'a qu'une seule rue ; mais elle est si longue, que j'employai plus de vingt minutes à la parcourir. On y voit plusieurs belles maisons, dont la plus grande partie sont ruinées et sans toits. Il y a aussi plusieurs enceintes en pierres sèches, de cinq pieds de hauteur, qu'on loue aux pélerins pendant les jours de la Pâque. (*Voy. pl. XLIX et L.*)

A trois heures et demie, je fis dresser le camp à la sortie de Mina, du côté du levant, dans une petite plaine où est une mosquée entourée d'un mur, comme d'une espèce de fortification.

Tout le pays que je venois de parcourir est un étroit vallon entre des montagnes de roches granitiques entièrement pelées ; le chemin, parfaitement uni, et sur un fond de sable, étoit couvert de chameaux, de personnes à pied et à cheval, et d'un grand nombre de schevrias.

Un détachement de Wehhabis, montés sur des dromadaires, et que j'avois rencontré au pied du Djébel Nor, vint camper devant la porte de la mosquée. Il fut bientôt suivi de plusieurs autres corps de la même nation, également montés sur des chameaux, et la plaine en peu de temps s'en trouva inondée. Après le soleil couché arriva le sultan des Wehhabis, *Saaoud*, dont les tentes étoient préparées au pied d'une montagne à peu de distance des miennes.

Une caravane de Tripoli en Barbarie, une autre du Yemen, une multitude de pélerins nègres du Soudan ou de l'Abyssinie, un grand nombre de Turcs arrivés par Suez, plusieurs Mogrebins venus aussi par mer, une caravane de Bassora, d'autres venant du Levant, les Arabes de la haute et de la basse Égypte, ceux du pays, et les Wehhabis, se trouvoient alors réunis ou plutôt entassés les uns sur les autres dans cette petite plaine, où les pélerins sont obligés de camper, parceque la tradition rapporte que le saint Prophète en faisoit de même toutes les fois qu'il alloit à Aarafat.

La caravane de Damas n'étoit pas venue, quoiqu'elle fût partie avec des troupes, de l'artillerie et un grand nombre de femmes, pour apporter le riche tapis qu'on envoie tous les ans de Constantinople pour le sépulcre du Prophète à Médine; mais les Wehhabis, qui regardent cet usage comme un péché, vinrent à sa rencontre jusqu'auprès de cette ville, et signifièrent au pacha de Damas, *Emir el Hage*, qui la commandoit, qu'on ne pouvoit recevoir le tapis destiné pour le sépulcre; que, s'il vouloit continuer son voyage à la Mecque, il devoit auparavant renvoyer ses soldats, son artillerie et les femmes, et qu'en se transformant ainsi en véritables pélerins, la caravane ne rencontreroit plus d'obstacle à son voyage. Le pacha, ne voulant pas se soumettre à ces conditions, fut obligé de revenir sur ses pas. Quelques personnes prétendent qu'on exigea de lui une forte contribution en argent; mais cette allégation est démentie par d'autres.

Le mardi 17 février 1807, 9 doulhagea, 1221 de l'hégire, à six heures du matin, j'étois en route dans la direction du S. E. $^1/_4$ E. A peu de distance du lieu de départ, je laissai sur la droite une maison du schérif; vers sept heures, je passai à *Mosdélifa*, petite chapelle avec un grand minaret dans un étroit vallon (*pl. LI*), et, après avoir traversé une gorge encore plus resserrée entre les montagnes, je suivis une vallée au S. E. qui aboutit au pied du mont *Aàrafat*, où j'arrivai à neuf heures du matin.

Le mont Aarafat est l'objet principal du pélerinage des musulmans : aussi plusieurs docteurs avancent-ils que, dans le cas où la maison de Dieu viendroit à cesser d'exister, le pélerinage au mont Aarafat seroit aussi méritoire que si l'on faisoit les sept tours à la Kaaba : *c'est aussi mon opinion.*

Ce n'est qu'au mont Aarafat qu'on peut se faire une idée du spectacle imposant que présente le pélerinage des musulmans : une foule innombrable d'hommes de toutes les nations, de toutes les couleurs, venus des extrémités de la terre à travers mille dangers et des fatigues sans nombre, pour adorer ensemble le même Dieu, le Dieu de la nature; l'habitant du Caucase présentant une main amicale à l'Éthiopien ou au nègre de Guinée; l'Indien et le Persan fraternisant avec le Barbaresque et le Marocain : tous se regardant comme des frères ou comme des individus d'une même famille, unis par les liens de la religion, et parlant la plupart, ou du moins comprenant plus ou moins la même langue, la langue sacrée de l'Arabie : non, aucun culte ne présente aux sens un spectacle plus simple, plus touchant et plus majestueux !........ Philosophes de la terre ! permettez à Ali Bey de défendre sa religion, comme vous défendez le spiritualisme ou le matérialisme, le vide ou le plein, la nécessité de l'existence ou la création. Ici, comme je l'ai fait remarquer dans le récit de mon voyage à Maroc, il n'y a point d'intermédiaire entre l'homme et la divinité : tous les individus sont égaux devant le Créateur; tous sont intimement persuadés que leurs œuvres seules les rapprocheront ou les écarteront de l'Etre suprême, sans qu'aucune main étrangère puisse faire changer l'ordre de cette justice immuable. Quel frein pour empêcher le crime! quel encouragement pour la vertu!.... mais quel malheur, avec tant d'avantages, que nous ne soyons pas pour cela meilleurs que les autres religionnaires!....

Le mont *Aàrafat* est une roche granitique, comme les autres montagnes d'alentour, ayant environ cent cinquante pieds d'élévation, fermée d'une enceinte de murailles, et située au pied d'une montagne plus haute, à l'E. S. E. d'une plaine de trois quarts de lieue de diamètre, qu'entourent de tous côtés des montagnes arides. (*Voyez pl. XLIX.*) On y monte par des escaliers, partie taillés dans le roc, partie construits en maçonnerie. (*Voyez pl. LII.*) Il y a sur le sommet une chapelle que les Wehhabis étoient alors en train d'abattre dans l'intérieur. Il me fut impossible de la visiter, parcequ'il est défendu aux individus qui suivent le même rit que moi, c'est-à-dire, le *Màleki*, de monter au sommet, selon les instructions de l'iman, fondateur du rit : c'est pourquoi nous nous arrêtons à moitié de la montée pour y réciter la prière. Au pied de la montagne est une plate-forme préparée pour le même usage, et qu'on nomme *Djamàa*

Arrahma ou mosquée de la Miséricorde : d'après la tradition, le Prophète y faisoit la prière.

Auprès de la montagne sont quatorze grands bassins que le sultan Saaoud a remis en état. Ils fournissent une grande abondance d'eau très bonne à boire, qui sert également aux pélerins à se laver dans ce jour solennel. Tout à côté, vers le S. O. de la montagne, on voit une maison du schérif; et à un quart de lieue vers le N. O. se trouve une autre plate-forme où l'on fait la prière, et qui se nomme *Djamàa Ibrahim* ou mosquée d'Abraham.

Ce fut sur le mont Aarafat que le père commun des hommes rencontra ou reconnut notre mère Ève après une longue séparation : c'est par cette raison que ce lieu fut appelé *Aàrafat*, c'est-à-dire, *reconnoissance*. On croit que ce fut Adam lui-même qui construisit la chapelle que les Wehhabis ont commencé de détruire.

Après la prière de *l'aàssar* ou de l'après-midi, que chacun fait dans sa tente, et tout étant préparé pour le départ, le rituel exige qu'on se rende au pied de la montagne pour y attendre le coucher du soleil. Pour obéir à ce précepte, les Wehhabis, qui étoient campés à des distances fort éloignées, commencèrent à s'approcher, ayant à leur tête le sultan Saaoud et Abounocta, leur second chef. En peu de temps, je vis défiler une armée de *quarante-cinq mille Wehhabis*, presque tous montés sur des chameaux ou des dromadaires, avec un millier de chameaux portant l'eau, les tentes, le bois à brûler, et l'herbe sèche pour les chameaux des chefs. Un corps de deux cents hommes à cheval avoit des drapeaux de toutes les couleurs arborés sur des lances : cette cavalerie appartenoit, me dit-on, au second chef Abounocta. On distinguoit encore sept ou huit drapeaux parmi les groupes de chameaux, mais sans aucune autre enseigne, sans tambours, ni trompettes, ni autre instrument militaire. Comme tous ces hommes étoient entièrement nus, ainsi que leurs chefs, il me fut impossible de bien distinguer Saaoud et Abounocta. Cependant un vieillard vénérable, portant une longue barbe blanche, et précédé du drapeau royal, me parut être le sultan. Ce drapeau, de couleur verte, avoit pour marque distinctive la profession de foi, *La illahà ila Allah* (Il n'y a point d'autre dieu que Dieu), brodée en très grands caractères blancs.

Je reconnus parfaitement, à ses cheveux longs et flottants, un des fils de Saaoud, enfant de sept ou huit ans, d'un teint brun comme les autres, vêtu d'une grande chemise blanche, entouré d'une escorte particulière, et monté sur un superbe cheval blanc, avec un panneau sans étriers, selon l'usage des Wehhabis, qui ne connoissent pas d'autres selles : ce panneau étoit couvert d'un drap rouge richement brodé et parsemé d'étoiles d'or.

La montagne et les alentours furent bientôt couverts de Wehhabis. Les caravanes et les pélerins détachés s'approchèrent ensuite de la montagne. Malgré les remontrances de mes gens, je me hasardai à pénétrer parmi les Wehhabis, et m'avançai jusqu'à leur centre, afin d'examiner le sultan de plus près; mais plusieurs d'entre eux, avec qui je liai conversation, m'assurèrent que la chose étoit impossible, et que la crainte d'un sort pareil à celui du malheureux *Abdelaaziz*, qui avoit été assassiné, avoit fait multiplier les gardes autour de la personne de Saaoud.

Je dois à la vérité d'avouer que je trouvai beaucoup de raison et de modération chez tous les Wehhabis à qui j'adressai la parole. C'est d'eux-mêmes que je tiens la plupart des renseignements que je donnerai sur leur secte. Cependant, malgré cette modération, ni les naturels du pays, ni les pélerins ne peuvent entendre prononcer leur nom sans frémir, et ne le prononcent eux-mêmes qu'en murmurant. Aussi on les fuit, et on évite autant que possible de leur parler; chaque fois que je voulois moi-même causer avec eux, j'avois à surmonter les contrariétés les plus obstinées de la part de ceux qui m'entouroient.

Le sultan schérif avoit envoyé, comme cela se pratique tous les ans, une partie de ses troupes, avec quatre pièces d'artillerie : on prétendoit même qu'il viendroit en personne; mais il ne parut point.

Il est d'usage aussi qu'un iman du schérif vienne chaque année faire un sermon sur la montagne. Celui qui vint ce jour-là fut renvoyé par Saaoud avant de commencer. Ce fut un iman de ce sultan qui prêcha; mais il me fut impossible de l'entendre, parceque j'étois trop loin de lui. Le sermon fini, les Wehhabis donnèrent tous les signes d'approbation et applaudirent à outrance.

J'aurois pu facilement trouver des moyens pour m'introduire auprès du sultan Saaoud, comme je le desirois, afin de le connoître plus particulièrement; mais cela m'auroit compromis avec le sultan schérif, qui auroit attribué cette démarche de simple curiosité à quelque motif politique : c'est cette considération qui m'y fit renoncer.

Nous attendions sur la montagne le moment du coucher du soleil. Ce moment arrivé.... quel tourbillon ! Qu'on se figure une réunion de quatre-vingt mille hommes, deux mille femmes et un millier de petits enfants, avec soixante ou soixante-dix mille chameaux, des ânes et des chevaux, qui, à l'entrée de la nuit, veulent tous s'élancer au pas accéléré, suivant le rituel, par une étroite vallée, marchant les uns sur les autres à travers un nuage de poussière et une forêt de lances, de fusils et d'épées: c'est ainsi qu'en forçant le passage, comme nous pouvions, pressés et poussés les uns par les autres, nous fûmes de retour à Mosdelifa en une heure et demie, tandis que nous en avions mis plus de deux pour venir de ce point à la montagne sainte. Le motif de cette précipitation ordonnée par le rituel est qu'on ne doit pas faire la prière du coucher du soleil ou du *Mogarèb* à Aarafat, mais à Mosdelifa, en même temps que la prière de la nuit ou *Ascha*, qui doit être récitée au dernier crépuscule, c'est-à-dire, une heure et demie après le coucher du soleil. On ne fait pas ces prières en commun; chaque famille, chaque réunion les fait en particulier. Nous nous empressâmes de les réciter à notre arrivée, avant de dresser nos tentes, et la journée fut terminée par des félicitations réciproques sur le bonheur de notre sanctification par le pélerinage au mont Aarafat.

Le lendemain, mercredi 18 février, 10 du mois doulhajea, et premier jour de la pâque, nous partîmes à cinq heures et demie du matin pour aller camper à Mina.

Immédiatement après notre arrivée, nous mîmes pied à terre, et nous nous acheminâmes précipitamment vers la maison du diable, qui est en face de la fontaine. Nous avions chacun sept pierres de la grosseur d'un pois chiche, que nous avions ramassées exprès la nuit précédente à Mosdelifa, pour les jeter contre la maison du diable par-dessus le mur. Les musulmans du rit maleki, comme moi, les jettent l'une après l'autre, après avoir chaque fois prononcé ces mots : *Bism illah-allahuakibar*, c'est-à-dire, *au nom de Dieu : Dieu très grand!* Comme le diable a eu la malice de placer sa maison dans un lieu fort étroit qui n'a peut-être pas trente-quatre pieds de large, et qui est en outre coupé de grands rochers qu'il faut franchir pour assurer le jet des pierres; comme enfin tous les pélerins veulent faire cette sainte opération immédiatement après leur retour à Mina, il y règne une confusion étrange. Mais enfin, à l'aide de mes gens, je vins à bout, malgré la presse et le tumulte, de remplir ce saint devoir : j'en fus quitte pour deux blessures à la jambe gauche. Je me retirai ensuite dans ma tente pour me reposer de ces fatigues. Les Wehhabis viennent également jeter leurs petites pierres, parceque le Prophète en faisoit de même. Ce jour-là nous fîmes encore le sacrifice pascal.

Je dois vraiment louer la modération et le bon ordre qui régna au milieu de cette multitude innombrable d'individus appartenants à des nations différentes. Plus de deux mille femmes confondues dans cette foule immense ne causèrent pas le moindre désordre; et, quoiqu'il y eût quarante ou cinquante mille fusils, on n'entendit qu'un seul coup, qui partit à peu de distance de moi; au même instant un chef Wehhabi accourut et réprimanda celui qui avoit lâché le coup, lui disant avec une douce sévérité? *Pourquoi avez-vous tiré ce coup de fusil? Est-ce qu'on fait la guerre ici?*

Dans la matinée je rencontrai sur mon chemin le fils aîné de Saaoud. Il étoit à cheval, à la tête d'un corps de dromadaires : arrivé devant Mina en même temps que moi, et au moment de passer de mon côté, il cria à sa compagnie, *Allons, enfants, approchons;* puis tournant à gauche, et prenant le trot, suivi de tout son monde, il se rendit à la tente de son père, qui étoit campé au pied de la montagne, dans le même endroit que le jour précédent. Mes tentes furent dressées auprès de celles des troupes du schérif.

Le jeudi 19 février, m'étant levé à la pointe du jour pour faire la prière, je m'aperçus qu'on avoit volé mon écritoire, mes livres, mes papiers et quelques hardes. L'écritoire renfermoit un chronomètre, quelques bijoux, de petits ustensiles, mon grand sceau, des dessins et des observations astronomiques.

Mes domestiques étonnés se mirent à chercher de tous les côtés, craignant les conséquences de ce vol, parcequ'ils avoient négligé la garde que je leur avois toujours recommandé de faire pendant la nuit. Mais ils étoient très fatigués des jours précédents, et la garde des soldats turcs et mogrebins du schérif, qui étoient à côté, leur avoit inspiré cette fatale confiance.

Je fis tranquillement la prière à la tête de mes gens. Dès que le jour permit de distinguer les objets, on aperçut des papiers éparpillés sur la montagne. Tous mes gens y coururent; ils trouvèrent l'écritoire ouverte, la serrure forcée, et tous mes papiers et mes livres épars, à l'exception du chronomètre, des bijoux et de mes tables de logarithmes qui étoient reliées, et que, dans l'obscurité, les voleurs auront sans doute prises pour un coran.

Avant la prière de midi nous allâmes jeter sept petites pierres lavées dans l'eau contre un petit pilier, en pierre et mortier, de six pieds de hauteur, sur presque deux pieds en carré, situé au milieu de la rue de Mina, et qu'on dit aussi construit par le diable; j'en jetai encore sept contre un autre pilier semblable au précédent, élevé par le même architecte, et situé à quarante pas de distance; enfin j'en jetai sept autres contre la masure dont il a été parlé plus haut.

Le vendredi 20 février, 12 du mois doulhajea, et troisième jour de la pâque, après avoir répété la cérémonie des sept pierres, je revins à la Mecque.

A mon entrée dans la ville, je me rendis au temple, où je fis encore les sept tours à la maison de Dieu; ensuite, après avoir fait la prière, et bu de l'eau du Zemzem, je sortis par la porte de Saffa, pour terminer le pélerinage par les sept voyages entre Saffa et Méroua, comme la nuit de mon arrivée.

Cet acte solennel étoit jadis accompagné de plusieurs autres pratiques de station et de dévotion, ajoutées par différents docteurs ou par des ames pieuses; mais les Wehhabis ont supprimé toutes ces additions, comme des formules superstitieuses; il ne reste maintenant que l'appendix suivant, que j'observai dans toute son étendue.

Le dimanche 22 février, presque tous les pélerins se rendirent à une lieue de distance, vers l'O. N. O. de la Mecque, dans un lieu où est une mosquée qui tombe en ruines, et que l'on nomme *el Aàmra*. On fit d'abord la prière; puis l'on plaça dévotement trois pierres posées l'une sur l'autre, à peu de distance de la mosquée. On se rendit ensuite à l'endroit où avoit habité l'infame *Abougehèl*, cet ennemi acharné de notre saint Prophète, et là, avec une sainte fureur, on le maudit et on lui jeta sept pierres. Revenus dans la ville, nous fîmes les sept tours à la maison de Dieu, et les sept voyages à Saffa et Méroua; alors il ne resta plus rien à ajouter à la cérémonie du pélerinage pour notre sanctification.

La tradition dit que cet appendix fut institué par *Ayèscha*, l'épouse la plus chérie de notre saint Prophête.

CHAPITRE XVI.

Description d'*El Haràm* ou Temple de la Mecque. — La *Kaaba* ou Maison de Dieu. — El Makam Ibrahim. — El Bir Zemzem. — El Beb es selem. — El Menbar. — Les lieux des prières. — Les piliers en bronze et les lampes. — Les chaussées. — Les colombes. — Les deux cobbas. — La cour. — Les galeries. — Les portes. — Saffa et Méroua. — Employés du Temple.

Je commence par la description du temple de la Mecque, comme étant l'objet principal; je passerai ensuite à celle de la ville et du pays.

Le temple de la Mecque est connu des musulmans sous le nom d'*El Haram* ou temple par excellence.

Il se compose de la maison de Dieu (*Béït Allah*), qu'on appelle aussi *la Kaaba;* du puits de Zemzem (*Bir Zemzem*); de *la cobba* ou lieu d'Abraham (*Makam Ibrahim*); des lieux de prière des quatres rites orthodoxes (*Makam Hhaneffi, Makam Schaffi, Makam Maleki* et *Makam Hhanbeli*); de deux autres cobbas ou chapelles (*El Cobbataïn*); d'un arc isolé, en forme d'arc de triomphe, tout près du lieu d'Abraham, et nommé *Beb es Selem*; d'*El Monbár* ou tribune pour le prédicateur des vendredis; de l'escalier en bois (*daurch*) qui sert pour monter au salon de la maison de Dieu; d'une immense cour ou place entourée d'un triple rang d'arcades; de deux autres petites cours également entourées de portiques; de dix-neuf portes et de sept minarets, dont cinq sont adhérents à l'édifice, et les deux autres placés hors de l'enceinte, entre les maisons voisines.

Un coup-d'œil sur les *planches LIII et LIV* instruira le lecteur sur la disposition générale de l'édifice bien plus exactement que toutes les descriptions qu'on pourroit lui donner. Je ne puis cependant me dispenser de donner une explication détaillée de chaque partie du temple.

La Kaaba.

La *Kaaba*, nommée aussi *Béït Allah* ou maison de Dieu, est une tour quadrilatère dont les côtés et les angles sont inégaux; en sorte que son plan forme un véritable trapèze. Cependant la grandeur de l'édifice et la toile noire qui le couvre font disparoître cette irrégularité,

et lui donnent l'apparence d'un carré parfait.
J'eus moi-même cette illusion au premier aperçu; mais je fus bientôt détrompé.

J'avois le plus grand intérêt à pouvoir faire connoître exactement les proportions de ce temple; mais comment les mesurer sans choquer les préjugés des gens de ma religion? Ce n'est qu'à force de mesures particlles et d'approximations que j'ai obtenu des résultats: s'ils ne sont pas d'une précision mathématique, ils ont au moins une exactitude si palpable, que je puis répondre de l'erreur d'un pied dans mes calculs.

Cet édifice n'est orienté vers aucun des points cardinaux. Cependant on croit en général que l'angle de la pierre noire est exactement placé vers l'est.

Voici, d'après mes observations, la situation et les proportions de la Kaaba.

C'est une espèce de *cube trapèze*, construit ou revêtu en pierres de taille équarries, mais sans poli, d'une roche de quartz, schorl et mica, et tirées des montagnes voisines.

La face où est la porte, et qui forme un des côtés de l'angle de la pierre noire, regarde au N. E. 10° et demi E. Elle a de long 37 pieds 2 pouces 6 lignes, mesure de France.

D'ALI BEY.

Le front, qui forme l'autre côté de l'angle de la pierre noire, fait face au S. E. 15° S.; sa longueur est de 31 pieds 7 pouces.

Le côté opposé à la porte est vis-à-vis le S. O. 11° et demi O.; et sa longueur est de 38 pieds 4 pouces 6 lignes.

La quatrième face, du côté des pierres d'Ismaïl, regarde au N. O. 17° et demi N., et a 29 pieds de long.

La hauteur de la Kaaba est de 34 pieds 4 pouces.

La porte a 6 pieds d'élévation sur le plan extérieur, 8 pieds de haut, et 4 pieds 10 pouces de large; elle est éloignée de 6 pieds de l'angle de la pierre noire. Elle a deux battants en bronze doré et argenté, et fermés par un énorme cadenas d'argent.

Le socle qui entoure le pied de la Kaaba est en marbre, de 20 pouces de haut, et de 10 pouces de saillie. Tout autour du socle il y a un grand nombre de gros anneaux en bronze fixés dans le marbre, et auxquels est attachée la partie inférieure de la grande toile noire qui couvre l'édifice.

La pierre noire, nommée *Hhajera el Assouad* ou pierre céleste, est élevée de 42 pouces sur le plan extérieur, et bordée tout autour d'une grande plaque d'argent d'un pied de large environ. La partie de la pierre que la plaque laisse à découvert sur l'angle forme presque un demi-cercle de six pouces de hauteur sur huit pouces six lignes de diamètre à sa base.

Nous croyons que cette pierre miraculeuse est une jacinthe transparente apportée du ciel à Abraham par l'ange Gabriel, comme un gage de la divinité; et qu'ayant été touchée par une femme impure, elle devint noire et opaque.

C'est minéralogiquement un bloc de basalte volcanique, parsemé dans sa circonférence de petits cristaux en points, pailletés et rombes, de feldspath rouge de tuile, sur un fond noir très foncé, comme du velours ou du charbon, à l'exception d'un des muscles ou proéminences, qui est aussi un peu teint en rouge.

Les baisers et les attouchements continuels des fidèles ont usé inégalement la surface de la pierre, en sorte qu'elle a pris un aspect musculeux. Elle a environ quinze muscles et un grand enfoncement. *(Voyez pl. LV.)*

En comparant les bords de la pierre, couverts et garantis par la plaque d'argent, avec la partie à découvert, j'ai trouvé que celle-ci étoit usée à sa surface, par les attouchements, de l'épaisseur à-peu-près de 12 lignes; d'où l'on peut inférer que, si la surface de la pierre étoit plane et unie au temps du Prophête, elle a perdu une ligne par siècle.

La partie intérieure de la Kaaba ne renferme qu'une salle, qui est élevée sur le plan extérieur comme la porte.

Deux colonnes, de moins de deux pieds de diamètre, placées au milieu de la salle, en soutiennent le toit, dont je ne puis indiquer la forme en-dedans, parcequ'il est caché par une magnifique toile tendue qui couvre également les murs et les colonnes depuis le haut jusqu'à cinq pieds au-dessus du sol. *(Pl. LIV.)*

Cette toile est en soie rose, parsemée de fleurs tissues en argent, et doublée d'une autre toile blanche. Chaque nouveau sultan de Constantinople est obligé d'en envoyer une nouvelle à son avènement au trône : c'est alors seulement qu'on la change.

Comme les colonnes commençoient à se gâter à la partie inférieure qui n'est pas couverte par la riche toile, on les a revêtues de bandes de bois d'un à deux pouces de largeur, placées perpendiculairement les unes à côté des autres, et fixées par des clous en bronze doré.

La partie inférieure des murs, qui est restée aussi à découvert, est incrustée de belles plaques de marbre, les unes unies, les autres avec des fleurs ou des arabesques en relief, et quelques unes avec des inscriptions.

Le sol est également pavé de beaux marbres.

A sept ou huit pieds de hauteur, une barre traverse d'une colonne à l'autre, et une autre barre aboutit de chaque colonne à la muraille. On prétend qu'elles sont en argent. Un nombre infini de lampes en or y sont suspendues et groupées les unes sur les autres.

A l'angle nord de la salle se trouve l'escalier par où l'on monte sur le toit ; il est couvert par une cloison, et la porte en est fermée.

Le toit, qui est plat en-dessus, n'a qu'une seule gouttière fort grande sur le côté qui regarde au N. O., par où les eaux des pluies s'écoulent dans l'espace entouré par les pierres d'Ismaïl. On dit qu'elle est en or ; il m'a paru cependant qu'elle n'est qu'en bronze doré.

Il a été dit déjà que la maison de Dieu est entièrement couverte en-dehors d'une grande toile noire, nommée *tob el Kaaba* ou chemise de la Kaaba, suspendue à la terrasse et assujettie en bas au moyen de cordons qui répondent aux anneaux de bronze placés autour du socle.

On en apporte tous les ans une nouvelle du Caire. C'est de là aussi qu'on envoie le magnifique rideau, tout brodé en or et en argent, destiné à couvrir la porte.

Aux deux tiers de sa hauteur, le tob el Kaaba a une bande de deux pieds de large, brodée en or avec des inscriptions répétées sur les quatre côtés : on la nomme *El Hazem* ou la ceinture.

Le nouveau tob est placé tous les ans au jour de pâques ; mais on ne le tient pas d'abord tout tendu comme l'ancien. On relève la toile en pavillons, et le rideau de la porte est mis en parade et suspendu en haut de la terrasse. (*Voyez planche LVI.*) Cet usage n'est que pour garantir le tob des mains des pélerins ; c'est aussi pour le même motif qu'on coupe l'ancien tob à la cérémonie *Yaharmo*, pour ne pas perdre l'avantage de le vendre, comme on fait, à cinq francs la coudée ; mais la supercherie des desservants a réduit cette mesure à 14 pouces 5 lig. du pied de Paris, comme je m'en suis convaincu moi-même. De nos jours, il y a peu de pélerins qui en achètent ; aussi en reste-t-il tous les ans, et bientôt il y en aura un dépôt considérable ; car cette toile ne peut servir à d'autres usages, à cause des inscriptions sacrées qui s'y trouvent. La ceinture et le rideau de la porte reviennent de droit au sultan schérif, excepté quand le premier jour de pâques tombe un vendredi;

dans ce cas on les expédie au sultan de Constantinople, auquel on envoie aussi tous les ans de l'eau du puits Zemzem.

Je suis fondé à croire que la Kaaba eut anciennement une seconde porte sur le côté opposé à la porte actuelle et exactement vis-à-vis; du moins la surface extérieure du mur le fait présumer; il paroît même que cette porte étoit semblable à celle qui existe.

On a déjà vu qu'en face du front N. O. de la Kaaba il y a une espèce de parapet d'environ cinq pieds de hauteur et trois pieds d'épaisseur, appelé *El Hajar Ismaïl* ou les pierres d'Ismaïl. Ce parapet renferme un espace undécagone et presque demi-circulaire, pavé de marbres très beaux, parmi lesquels on distingue principalement quelques carreaux verts, infiniment précieux. De ce côté le socle de la Kaaba est coupé en gradin, comme au-dessous de la porte; le reste de la circonférence est coupé sur une surface oblique formant un plan incliné. Entre le parapet d'Ismaïl et le corps de la Kaaba est un vide de six pieds environ, qui laisse le passage des deux côtés. On croit qu'Ismaïl ou Ismael fut enseveli dans cette enceinte.

Quoique la salle et la porte de la Kaaba soient élevées, comme nous venons de le voir, au-dessus du plan de la cour du temple, si l'on considère la topographie de l'endroit, il sera facile de s'apercevoir que, dans les premiers temps, cette salle et sa porte étoient au niveau du terrain.

Dans le temple de la Mecque, la *Kaaba* est l'unique édifice ancien qui existe; tout le reste a été ajouté postérieurement.

Le temple est presque au milieu de la ville, et la ville est bâtie dans un vallon qui a une pente assez sensible du N. au S.

Il est facile de s'apercevoir que, lorsqu'on voulut former la grande cour et les autres parties du temple, au lieu de creuser d'un côté et de combler de l'autre, pour aplanir le terrain et obtenir un niveau moyen, on creusa de tous les côtés; en sorte que, pour entrer dans le temple par quelque porte que ce soit, il faut descendre plusieurs degrés, parceque le pavé en est de plusieurs pieds plus bas que le plan général du terrain, et que celui des rues qui l'entourent; et même le sol qui entoure immédiatement la Kaaba, et qui forme une surface ovale pavée en marbre, sur laquelle les pélerins font leurs tours à la maison de Dieu, est la partie la plus basse du temple.

Si l'on suppose donc le terrain qui entoure

la Kaaba élevé à sa hauteur naturelle, au niveau des rues qui entourent le temple, et tel qu'il étoit quand cet édifice antique se trouvoit isolé, on reconnoîtra que la hauteur de la salle et la porte répondent exactement au niveau général, et que, par conséquent, on n'avoit pas besoin à cette époque d'un escalier pour y entrer.

Il est vrai qu'il faudroit supposer alors que la pierre noire étoit placée dans un endroit autre que celui où elle se trouve maintenant, puisqu'elle est presque deux pieds au-dessous du niveau de la porte. Un infidèle diroit que peut-être elle n'existoit pas ou qu'elle étoit sous terre : pour moi, je ne saurois avoir une pareille idée sur ce précieux gage de la divinité.

L'escalier en bois qu'on place devant la porte de la Kaaba pour y monter pendant les deux jours qu'on l'ouvre au public, est monté sur six gros rouleaux en bronze, avec des garde-fous de chaque côté, et dix marches d'environ huit pieds de largeur. (*Planche LVIII.*)

Tout près de la porte de la Kaaba, du côté opposé à la pierre noire, est une petite fosse d'un pied de profondeur, pavée en marbre, et sur laquelle il y a un mérite particulier de faire la prière.

El Makàm Ibrahim.

El Makàm Ibrahim ou lieu d'Abraham forme une espèce de berceau parallélogramme en face et à trente-quatre pieds et demi de distance du point central du mur où est la porte de la Kaaba.

Ce parallélogramme, qui a douze pieds neuf pouces de long et sept pieds huit pouces de large, regarde la Kaaba par son côté le plus étroit. Son toit est soutenu par six pilastres un peu plus élevés que la taille de l'homme.

La moitié du parallélogramme, du côté de la maison de Dieu, est entourée d'une belle grille en bronze, qui embrasse quatre pilastres, et dont la porte est toujours fermée par un grand cadenas d'argent. (*Pl. LVIII.*)

Cette grille renferme une espèce de sarcophage couvert d'un magnifique drap noir brodé en or et en argent, avec de gros glands en or, et qui n'est autre chose qu'une grande pierre qui servit de marchepied à Abraham pour construire la Kaaba. Ce marchepied gagnoit, dit-on, en hauteur à mesure que l'ouvrage avançoit, afin de faciliter les travaux, en même temps que les pierres, sortant miraculeusement de terre tout équarries par l'endroit où est aujourd'hui placé le marchepied, passoient des mains d'Ismaïl entre celles de son père. C'est pourquoi, lorsqu'on a fait les tours à la maison de Dieu, on se rend au lieu d'Abraham pour y faire une prière commandée par le rit. L'endroit renfermé par la grille est surmonté d'une jolie petite coupole.

El Bir Zemzem.

El Bir Zemzem ou puits Zemzem est situé à cinquante-un pieds et demi de distance à l'E. 10° N. de la pierre noire.

Il peut avoir sept pieds huit pouces de diamètre, et cinquante-six pieds de profondeur jusqu'à la surface de l'eau. Sa margelle est d'un très beau marbre blanc, et de cinq pieds de hauteur.

Pour tirer l'eau, il faut monter sur la margelle, à la partie intérieure de laquelle est un garde-fou en fer, avec une plaque de cuivre pour y appuyer le pied; et, comme il n'y a pas de gradins pour y monter, il faut d'abord grimper sur l'appui d'une fenêtre voisine, pour ensuite sauter sur la margelle. Ces difficultés n'existent que pour empêcher les pélerins de tirer eux-mêmes de l'eau, et pour ne pas priver les desservants du puits des gratifications attachées à leur service. Trois poulies en bronze, avec des cordes de chanvre, et des seaux en cuir à chaque bout des cordes, servent à puiser l'eau, qui est pesante et saumâtre, mais très limpide. Malgré la profondeur du puits et la chaleur du climat, elle est, au sortir du puits, encore plus chaude que l'air ambiant; elle ressemble à de l'eau tiède; ce qui prouve qu'il y a au fond une cause particulière de chaleur véhémente. Cependant elle est saine et si abondante, qu'à l'époque du pélerinage, quoiqu'on en tire des milliers de cruches par jour, son niveau ne baisse pas sensiblement.

J'ai quatre bouteilles de cette eau que je tirai moi-même, et que je fermai, au sortir du puits, avec toutes les précautions que la chimie exige, afin de pouvoir un jour en faire l'analyse. Une heure après que je l'eus mise dans des bouteilles parfaitement bien fermées à l'émeri avec leurs bouchons de cristal, et scellées ensuite, toute la surface intérieure se couvrit de petites bulles d'air extrêmement subtiles et semblables à des pointes d'aiguilles. Une petite secousse donnée aux bouteilles fit monter ces bulles à la surface supérieure, où elles se réunirent en une seule de la grosseur d'un pois chiche : c'étoit sans doute un gaz que la seule différence de température suffisoit pour dégager.

On sait que ce puits fut miraculeusement ouvert par l'Ange du Seigneur en faveur d'Agar, au moment où elle alloit périr de soif dans le désert avec son fils Ismaïl, après avoir été renvoyée de la maison d'Abraham.

Autour de ce puits on a construit une maisonnette (*pl. LVII*), composée de la chambre où est le puits, d'une autre chambre plus petite qui sert de magasin pour les cruches, et de l'escalier pour monter sur la terrasse, qui est entourée d'un garde-fou, et divisée en deux parties, dont l'une, destinée à la prière pour les sectateurs du rit *schaffi*, est couronnée d'une jolie coupole supportée par huit pilastres ; et l'autre contient deux grands cadrans solaires horizontaux en marbre, destinés à marquer les heures de la prière.

Le monkis, c'est-à-dire, la personne chargée d'observer sur les cadrans le moment de la prière, commence par crier la formule de la convocation au makam Schaffi ; au même instant sept *mudens* ou crieurs répètent la formule du haut des sept minarets. Pour monter à cette terrasse, on a pratiqué à l'escalier une autre porte qui est indépendante de celle du puits et de celle du magasin des cruches; en sorte que ce petit édifice a trois portes.

La chambre où est le puits (*pl. LVII*) a dix-sept pieds trois pouces en carré, trois fenêtres à l'O. du côté de la Kaaba, trois autres au N., la porte et deux fenêtres à l'E.; elle est entièrement revêtue et pavée de très beaux marbres. On y voit trois niches, du côté du S., dans le mur qui sépare cette pièce du magasin des cruches. La partie extérieure est décorée d'une petite façade en beau marbre blanc.

La multitude des cruches de ce puits est immense; elles occupent non seulement la petite chambre dont je viens de parler, mais encore les deux cobbas voisines, ainsi que plusieurs magasins placés autour de la cour du temple.

La forme des cruches est bizarre; elles ont un long cou ou goulcau cylindrique, avec un ventre aussi long que le cou, et terminé en cône ou en pointe à la partie inférieure; de manière qu'elles ne peuvent pas tenir debout, si on ne les appuie contre la muraille. La longueur totale de ces cruches, qui sont toutes égales, est de quinze pouces; leur plus grand diamètre est de sept pouces six lignes. Elles sont en terre non vernissée, et tellement poreuses, qu'elles laissent toujours filtrer l'eau ; mais aussi elles la rafraîchissent singulièrement en peu d'instants.

Aussitôt qu'un pélerin d'un rang distingué arrive à la Mecque, on inscrit son nom sur le grand livre du chef du puits Zemzem; en même temps celui-ci charge un domestique de fournir de l'eau au pélerin, et d'en porter chez lui : ce qui s'exécute avec assiduité. Les cruches portent le nom du pélerin écrit sur le ventre avec de la cire noire, et quelque inscription mystique.

Outre les cruches qu'on fournit aux pélerins, les porteurs d'eau du Zemzem se promènent continuellement dans le temple pour en vendre ou distribuer. Il est d'ordinaire que, sur le soir, on étende un très grand nombre de nattes longues et étroites dans la cour du temple, et qu'on place au-devant de chaque natte un rang de cruches à demi pleines d'eau et couchées obliquement; les personnes qui viennent s'asseoir sur la natte trouvent chacune une cruche devant soi; ce qui est très agréable dans un pays chaud, et attire beaucoup de monde au temple avant même l'heure du *Mogaréb:* c'est un moment de réunion pendant lequel on récite des prières, ou l'on cause agréablement en compagnie jusqu'au moment de la prière.

C'est sur l'épaule gauche que les desservants du Zemzem portent la cruche, bouchée avec une espèce d'herbe sèche qui empêche l'entrée de la poussière ou des insectes, mais qui n'empêche pas la sortie de l'eau, s'ils veulent en verser sans déboucher le vase. Ils portent à la main droite une petite tasse très bien étamée, avec laquelle ils présentent de l'eau à qui leur en demande, et même à qui ne leur en demande pas.

El Beb es Selém.

El Beb es Selém ou la porte du Salut est un arc isolé en forme d'arc de triomphe, situé à dix-sept pieds du Makam Ibrahim, presque au-devant de ce monument, à la partie opposée à la Kaaba.

Cet arc, construit en pierres de taille, et terminé en pointe, a quinze pieds six pouces de hauteur et dix-neuf pieds six pouces de largeur, y compris l'épaisseur des pieds de l'arc. (*Pl. LVIII.*)

J'ai déjà dit que c'est un bon augure et le garant d'une grace particulière de passer sous cet arc la première fois qu'on vient faire les tours à la Kaaba.

El Monbar.

El Monbar ou tribune du prédicateur des vendredis est à côté du Makam Ibrahim, à la distance de quatorze pieds, en face de l'angle N. de la Kaaba.

Cette tribune, d'un très beau marbre blanc, est l'ouvrage le plus fini et le plus précieux du temple. (*Pl. LVIII.*) Elle est construite en forme d'escalier, et terminée par un carré surmonté d'une belle coupole pyramidale octogone, qui me parut de bronze doré; cette coupole porte sur quatre petites colonnes unies par des arceaux, et qui semblent tenir de l'ordre corinthien; mais elles n'appartiennent proprement à aucun des cinq ordres d'architecture.

Les côtés extérieurs, la balustrade, la porte et la base sont d'un travail précieux. L'entrée au pied de l'escalier est fermée par une grille en bronze. L'escalier a trois pieds de largeur environ.

Ici, comme dans toutes les mosquées, l'iman ne monte pas sur le sommet de la tribune pour faire son sermon; il reste toujours debout sur le pénultième degré, le dos tourné vers la Kaaba.

Une circonstance particulière que je n'ai trouvée nulle part, c'est que l'iman, pour réciter son sermon et faire la prière des vendredis, vient revêtu d'un costume spécialement affecté à cet objet : c'est un grand caftan d'un tissu léger en laine blanche, et un schall également léger et blanc qui lui couvre la tête, et qui, après lui avoir fait un tour au cou, est arrangé de manière que les bouts viennent lui tomber par-devant.

La Kaaba et les pierres d'Ismaïl placées presque au centre du temple occupent le milieu d'une surface ovale ou elliptique irrégulière, qui forme une zone de trente-neuf pieds de largeur autour de cet édifice, sur laquelle marchent les pélerins pour faire les tours de la Kaaba. Cette surface, pavée de beaux marbres, est située, comme je l'ai déjà dit, dans le plan le plus bas du temple.

Ce plan est entouré d'une autre surface elliptique irrégulière de trente-un pieds de largeur, d'un pied plus haut que la précédente, et pavée en pierres de taille quartzeuses communes.

Sur le gradin qui forme la limite entre les deux plans s'élève une série de trente-une colonnes minces ou piliers en bronze, avec un pilier en pierre à chaque extrémité.

Ces piliers ont environ sept pieds six pouces depuis l'extrémité inférieure jusqu'à la partie supérieure d'un petit chapiteau où sont appuyées des barres de fer qui passent d'un pilier à l'autre, et auxquelles sont suspendues un grand nombre de lampes tout autour de la maison de Dieu. Le chapiteau a un ornement doré d'environ deux pieds de haut, et terminé par un croissant. Ces piliers, qui sont cylindriques, ont à peine trois pouces de diamètre. On remarque une espèce de cordon à la moitié de leur hauteur. (*Voyez pl. LVIII.*) Chaque pilier est appuyé sur une pierre cylindrique d'un pied de hauteur et de diamètre.

Les lampes ont à-peu-près la forme d'un globe en verre vert très grossier et peu transparent, et sont disposées sans ordre et sans symétrie dans les intervalles des piliers : on les allume tous les soirs.

Sur le plan extérieur sont les lieux de prière pour les trois autres rits orthodoxes musulmans, et on les appelle :

Makam Hhanèffi,
Makam Màleki,
Makam Hanbeli.

Le *Makam Hhanèffi*, placé vis-à-vis des pierres d'Ismaïl, sert pour le rit des Turcs. Il consiste en une espèce de galerie isolée, soutenue par douze pilastres, sur trois arcs de front et deux de profondeur. Son plan est un parallélogramme, dont les grands côtés ont vingt-neuf pieds trois pouces, et les petits, quinze pieds et demi. La hauteur des pilastres excède peu la taille ordinaire de l'homme.

Au-dessus est une seconde galerie dans les mêmes dimensions : l'escalier pour y monter se trouve à l'angle de l'O.

Le *Makam Màleki*, situé en face de la Kaaba, du côté opposé à la porte, est un carré de quatre pilastres qui soutiennent le toit : il a près de onze pieds en carré. La hauteur des pilastres est la même que celle du Makam Hhaneffi. (*Pl. LVIII.*)

Le *Makam Hanbeli*, exactement semblable au *Makam Màleki*, est en face de la pierre noire.

Les toits de ces édifices, ainsi que celui du *Zemzem* et du *Makam Ibrahim*, sont couverts en plomb, avec de grandes saillies pour procurer de l'ombre : c'est aussi pour la même raison que les pilastres sont si peu élevés.

Ces lieux de prière ont tous par-devant un

parapet de trois pieds de haut, en face de la Kaaba, avec une espèce de niche au milieu destinée pour l'iman; mais, comme tout est changé depuis la réforme des Wehhabis, les imans *Hhaneffi* et *Hanbeli* font leur prière au pied de la Kaaba en face de la porte; l'iman *Schaffi* la fait au Makam Ibrahim, et l'iman *Maleki* est le seul qui la fasse à sa place.

La prière du matin est conduite par l'iman Hanbeli; celles de midi et du coucher du soleil, par l'iman Hhaneffi; celle de l'après-midi, par l'iman Schaffi; et celle de la nuit, par l'iman Maleki.

Les eunuques nègres, domestiques et gardes de la Kaaba, s'asseoient dans le Makam Hanbeli, où ils ont quelques meubles et des tapis. Aux heures de la prière publique, les chanteurs, qui sont aussi des eunuques nègres, forment le chœur dans la galerie supérieure du Makam Hhaneffi.

On entre dans cette enceinte pavée où sont tous ces édifices par six chaussées également pavées en pierres de taille quartzeuses, et qui prennent depuis les grandes galeries, en face des portes *Selém*, *Nebi*, *Sàffa*, *Vdàa*, *Ibrahim* et *Aàmra*. Ces chaussées, de près de dix pieds six pouces de large, et d'un pied d'élévation sur le plan général de la cour, communiquent avec d'autres chaussées plus petites qui aboutissent à divers points des galeries.

Le reste de la cour n'est que du sable grossier; c'est la demeure habituelle de plus de deux mille colombes qui appartiennent au sultan schérif.

On rencontre toujours sur les chaussées des femmes et des enfants qui vendent du blé dans des petites assiettes, pour la valeur d'un para chaque assiette. Les pélerins ne manquent pas ordinairement de consacrer quelques paras pour faire jeter des assiettes de blé aux colombes du temple; ce qui est une œuvre expiatoire fort agréable aux yeux de la divinité *et du schérif*.

Vis-à-vis la porte du puits Zemzem, et à peu de distance, on voit *El Cobbataïn* ou les deux cobbas : ce sont deux chapelles contiguës qui forment chacune un carré de dix-huit pieds de côté, et dont le point de contact représente un angle diagonal. La forme et les dimensions de l'une et de l'autre sont exactement les mêmes, et toutes les deux sont surmontées d'une belle coupole cannelée. On sait que ces deux cobbas servent de magasin pour les cruches du Zemzem; il y en a une qui sert en outre aux pélerins pour se laver et se baigner avec de l'eau de ce puits.

L'espace qui entoure le Makam Hhaneffi est pavé comme les chaussées, et forme une espèce de queue de poisson jusqu'à la grande galerie derrière cet endroit.

La grande cour, circonscrite par quatre portiques supportés par des colonnes et des piliers, représente un parallélogramme, dont les grands côtés, dans la direction de l'E. 34° 1/2 N. à l'O. 34° 1/2 S., sont de 536 pieds neuf pouces de long; et les petits côtés, de 356 seulement, dans la direction du N. 34° 1/2 O. au S. 34° 1/2 E.

La façade de chacun des grands côtés offre trente-six arcs de front; et les petits côtés n'en ont que vingt-quatre chacun. Ces arcs sont légèrement pointus et soutenus par des colonnes en marbre blanc grisâtre de différentes proportions, mais qui en général semblent se rapprocher des proportions doriques.

De quatre en quatre arceaux s'élève, au lieu d'une colonne, un pilastre octogone, en pierres de taille, de presque trois pieds de diamètre.

Chaque côté des grandes galeries est composé de trois nefs ou de trois rangs d'arceaux, à l'exception de quelques irrégularités partielles, tous également soutenus par des colonnes et des piliers; en sorte qu'on peut compter plus de cinq cents colonnes et pilastres qui soutiennent les galeries ou portiques du temple.

Les chapiteaux des colonnes qui forment les quatre façades de la cour sont très beaux, quoiqu'ils n'appartiennent à aucun des cinq ordres d'architecture; mais les chapiteaux des colonnes de l'intérieur des galeries sont tous d'ordre corinthien ou composite; quelques uns même sont travaillés avec la plus grande délicatesse.

Les bases des colonnes sont la plupart attiques; il y en a plusieurs qui ont un petit piédestal attique ou surbaissé; d'autres, une fausse base; et quelques unes, par le caprice d'un extravagant architecte, un chapiteau corinthien renversé.

Les arceaux qui font face à la cour sont couronnés d'une petite coupole conique; mais les arceaux intérieurs n'ont que des voûtes sphériques surbaissées.

Les quatre façades de la cour sont surmontées d'ornements en pierre, assez semblables aux fleurs de lis.

Ces galeries sont pavées, comme les chaussées et les murs du temple, en pierres de taille de roche quartzeuse, mêlée de schorl et de mica : espèce de roche qui abonde dans le pays.

L'angle de l'est du temple est coupé ou arrondi pour suivre la ligne de la rue principale, de manière qu'à cet angle la galerie devient si étroite, qu'il reste à peine de l'espace pour passer entre le mur et le pilastre angulaire de la cour.

Dans l'aile ou la galerie S. E. du temple, depuis la porte *Saffa* jusqu'à la porte de *Zeliha*, il y a un quatrième rang d'arceaux, dans la disposition desquels on aperçoit aussi quelques irrégularités, ainsi qu'on peut le remarquer dans le plan général d'*El Haram* à la *planche LXI*.

La *Kaaba* n'est pas exactement située au centre de la cour. La façade N. E. est à la distance de 275 pieds 6 pouces de la galerie correspondante ; le front S. E. en est à 155 pieds 6 pouces ; celle du S. O. à 229 pieds 3 pouces ; et la face N. O. à 162 pieds du front opposé.

Au côté S. O. de la grande cour, on en trouve une autre petite qui est également entourée d'arceaux, et dans laquelle est la porte *Ibrahim*; l'aile N. O. a aussi une petite cour semblable, où sont les portes *Koutoubia* et *Ziada*.

Le temple a 19 portes, avec 38 arceaux, disposés autour du temple comme il suit, du nord à l'est.

| Noms. | Nombre d'arcs à chaque porte. |
|---|---|//

Angle du nord.

Beb es Selem	3
Beb en Nebi	2
— Abbassi	3
— Aali	3

Angle de l'est.

Bed Zitoun	2
— Bagala	2
— Saffa	5
— Arrahma	2
— Modjahet	2
— Zeliha	2
— Omhani	2

Angle du sud.

Bed l'Oudaa	2
— Ibrahim	1
— El Aamara	1

Angle de l'ouest.

| Bed el Aatik | 1 |
| — Bastia | 1 |

— Koutoubia 1
— Ziada 2
— Douriba. 1

De toutes ces portes, celle de Saffa est la seule qui ait une véritable façade ornée (*voyez planche LIX*) : les autres sont de la plus grande simplicité.

Le temple a sept minarets : quatre aux quatre angles, un autre entre le *Bed Ziada* et le *Bed Douriba*, et les deux derniers, séparés du corps du temple, entre les maisons voisines de l'aile N. E. Ces tours, qui sont octogones et à trois corps, ont une même forme, sans avoir les mêmes dimensions.

Les murs du temple en dehors sont cachés par les maisons, en sorte que le temple n'a aucune façade extérieure. Quelques unes de ces maisons ont même des fenêtres qui donnent dans l'intérieur du temple.

Saffa et Méroua.

Les deux collines sacrées, *Saffa* et *Méroua*, peuvent être considérées comme dépendantes du *Haram*, à cause de l'obligation imposée à tout pélerin de les visiter, aussitôt qu'il a fait les sept tours à la maison de Dieu. Ces deux endroits, situés hors de la ville, du temps du Prophête, s'y trouvent maintenant compris, par suite des accroissements successifs; et les deux collines, couvertes de maisons, forment actuellement des rues.

Saffa est à une très petite distance du temple vers le S. E., en face, mais un peu obliquement, de la porte du même nom, et au pied de la montagne *Djebel Koubiis :* c'est l'endroit où la pierre noire descendit du ciel.

Au bout d'une courte et large rue qui aboutit à la colline par une pente douce, il y a un portique de trois arcs, soutenus par des piliers grossiers. On y monte par quatre marches qui s'étendent sur la longueur du front des arceaux; c'est l'endroit où le pélerin se place pour réciter la prière de Saffa. (*Pl. LX.*)

Méroua est un peu plus éloigné du temple du côté du nord.

A l'extrémité d'une rue qui conduit à la colline de *Méroua* est une plate-forme de 25 à 30 pieds en carré, fermée par un grand mur des trois côtés; c'est le lieu sacré où le pélerin va faire la prière de Méroua : on y monte par quelques degrés. (*Pl. LXI.*)

C'est dans cette rue que sont établies les boutiques de barbiers où les pélerins vont se faire raser la tête, aussitôt qu'ils ont fini les sept voyages entre les deux saintes collines.

Derrière les murs de Méroua, les maisons continuent de s'élever en amphithéâtre jusqu'au sommet de la montagne.

Comme la principale rue de la Mecque est précisément le chemin qui conduit de Saffa à Méroua, et qu'elle est en même temps le lieu du marché public, la foule qui y circule continuellement gêne beaucoup les pélerins dans leurs voyages de dévotion entre les deux collines sacrées.

Employés du Temple.

El Haram a son chef principal, qu'on appelle *Schéih el Haram*.

Le puits Zemzem a aussi son chef particulier, nommé *Schéih Zemzem*.

La Kaaba est desservie par quarante eunuques nègres, qui sont les gardes et les domestiques de la maison de Dieu. Ils portent pour signe distinctif, au-dessus de leurs habillements ordinaires, un grand caftan ou chemise de toile blanche, attaché par une ceinture, avec un grand turban blanc, et ordinairement un roseau ou une baguette à la main.

Le puits Zemzem compte un grand nombre d'employés et de porteurs d'eau, à qui appartient l'administration des nattes qu'on étend tous les soirs sur le sol de la cour et des galeries du temple.

Il y a en outre un nombre infini d'employés, tels que lampistes, moucheurs de lampes, servants du makam Ibrahim, servants de la petite fosse de la Kaaba, servants de chacun des lieux de prière des quatre rites, portiers, domestiques des minarets, servants de Saffa, servants de Méroua : ils ont la surveillance des lieux auxquels ils sont attachés. Il y a encore des domestiques qui gardent les sandales des pélerins à toutes les portes d'entrée du temple; des crieurs publics ou *muddens* des minarets; des imans et des muddens particuliers pour chacun des quatre rites; le kadi et ses employés; les chanteurs du chœur; le monkis ou observateur du soleil pour annoncer les heures de la prière; l'administrateur et les servants du *tob el Kaaba;* le conservateur de la clef de la Kaaba; le moufti; les guides, etc., etc.; en sorte que presque la moitié des habitants de la Mecque peuvent être regardés comme employés ou domestiques du temple, n'ayant pour salaire que les aumônes ou les dons éventuels des pélerins.

C'est pour cela que, lors de l'arrivée d'un pélerin, on s'empresse autour de lui; tous s'efforcent à l'envi de lui rendre des services et de lui faire les honneurs, bon gré mal gré; ils mettent le plus grand intérêt à son salut, et font tout leur possible pour lui faire ouvrir les portes du ciel par des prières et des pratiques mystiques, chacun suivant son rit.

Autrefois les nombreuses caravanes qui arrivoient de tous les endroits du globe où la religion de l'islam est pratiquée, subvenoient à tous les besoins par l'abondance des aumônes qu'elles laissoient dans la ville; mais à présent que le nombre en est bien diminué, que d'ailleurs il y a très peu de pélerins en état de contribuer aux frais, le nombre des employés du temple étant toujours le même, la dévotion et les pratiques de religion coûtent davantage, parceque tous ces employés s'attachent au pélerin qu'ils croient riche, et celui-ci ne peut en être quitte sans laisser de quinze cents à deux mille francs d'aumônes et de gratifications aux employés et aux servants du temple; il n'y a pas jusqu'aux pélerins les plus pauvres, même ceux qui font le voyage aux dépens de la charité publique, en mendiant, qui ne soient obligés d'y laisser quelques écus.

Comme ces aumônes sont individuelles, chaque employé attrape ce qu'il peut en public ou en particulier, à l'exception des eunuques nègres et des employés du Zemzem, qui forment deux espèces de corporations. Il est vrai que, malgré cette espèce d'organisation qui les lie, malgré leurs registres et leur caisse de recette en commun, chaque individu de ces deux corps tâche d'escroquer tout ce qu'il peut en son particulier.

Les caravanes apportoient auparavant de leurs pays respectifs de fortes aumônes de la part de leurs compatriotes; maintenant il ne vient presque plus rien : signe manifeste d'un relâchement déplorable.

Anciennement le chef du pays contribuoit de son côté à une partie de la subsistance des employés; mais aujourd'hui le schérif, appauvri par la révolution des Wehhabis, bien loin de pouvoir faire des aumônes, prend au contraire tout ce qu'il peut.

Le sultan de Constantinople fournit les eunuques nègres pour les places de gardes et de domestiques de la Kaaba, et pour les emplois de chanteurs et de muddens..

Les pélerins avoient jadis plusieurs stations pieuses à faire, ce qui produisoit encore de grands bénéfices pour une quantité de servants et d'employés; mais les Wehhabis ont tout détruit. La mosquée et la chapelle où le Prophête est né; *El Djébel Nor* ou montagne sur laquelle il reçut la première révélation du ciel; la maison d'*Aboutàleb*, où il passa une partie de sa vie; plusieurs endroits dans lesquels il faisoit la prière; la montagne *Djebel Koubiis*, où descendit la miraculeuse pierre noire; les chapelles de *Sétna Fathma*, fille du Prophête; celle de *Sidi Mahmud*, et d'autres saints, n'existent plus. Les pélerins sont, par conséquent, privés du mérite spirituel qu'ils acquéroient en faisant leurs visites pieuses dans ces saints lieux, et les bons habitants de la ville sainte ont perdu les biens temporels qui résultoient pour eux de ces actes de dévotion.

CHAPITRE XVII.

Description de la Mecque.—Position géographique. — Topographie. — Édifices. — Marchés publics. — Vivres. — Arts et sciences. — Commerce. — Pauvreté. — Décadence.

La sainte ville de la Mecque, capitale du *Hedjâz* ou Arabie déserte des anciens géographes, centre de la religion musulmane, à cause du temple qu'Abraham y éleva à l'Etre suprême, est l'objet de l'affection de tout fidèle croyant.

Un grand nombre d'observations du passage du soleil au méridien m'ont donné pour la latitude de la Mecque, 21° 28′ 9″ N.; et plusieurs distances lunaires ont donné pour latitude 37° 54′ 45″ E. de l'Observatoire de Paris. La maison que j'habitois, et sur le toit de laquelle j'observois le ciel, est située presque au centre de la ville, à cinq cent trente pieds environ au N. de la Kaaba : on peut donc considérer ces résultats comme la véritable position géographique de la Mecque.

L'observation de plusieurs azimuths donna, pour déclinaison magnétique, $= 9° 43' 52'' $ O.

Il y a à la Mecque un dignitaire avec le titre de *Monjim Baschi* ou chef des astronomes; mais il n'a pas même un astronome sous ses ordres, et il ignore complètement la position géographique de la ville, n'ayant pas la plus petite idée de l'astronomie, que lui, de même que tous les habitants, regardent simplement comme l'art de faire des pronostics; cependant il jouit d'une grande considération.

La ville de la Mecque, nommée *Mekka* en arabe, est placée dans un vallon dont la largeur moyenne est d'environ cent cinquante-cinq toises, sur une ligne tortueuse qui va du N. E. au S. O. entre des montagnes. Par conséquent, la ville, qui suit les sinuosités du vallon, a une forme entièrement irrégulière, et les maisons bâties sur la surface du vallon, et même sur une partie du penchant des montagnes des deux côtés, ajoutent à l'irrégularité. La *planche LXII* présente le plan de la Mecque, dans lequel j'ai dessiné toutes les rues principales :

je n'ai pas marqué quelques petites rues de communication, parceque je n'ai pas eu assez de temps pour le faire.

Je desirois aussi prendre une vue complète de la Mecque, comme je l'avois fait pour Alexandrie; mais il me fut impossible de trouver un point de vue convenable, attendu que la ville étant resserrée par les montagnes, si l'on en sort par une extrémité, on ne découvre que trois ou quatre maisons; et, si l'on en sort par un côté, on se trouve d'abord sur le penchant des montagnes, d'où on n'aperçoit plus qu'un plan irrégulier de toits plats sans aucune perspective. Je me vis donc forcé d'abandonner cette idée. La vue de la Mecque qu'on trouve dans le *Tableau de l'Empire Ottoman*, de M. Ohsson, pouvoit avoir son mérite dans le temps où la ville n'occupoit que la moitié du vallon; mais ce n'est plus la Mecque d'aujourd'hui. La belle fontaine qu'on remarque dans le dessin de cet auteur n'existe plus; la seule eau qu'on y trouve à présent est celle des puits. Je ne parlerai point du temple, puisque le plan et le profil que j'en donne suffiront pour prouver l'inexactitude des dessins donnés par M. Ohsson. Sans doute il m'eût été bien facile de composer une vue de la Mecque; mais, comme je veux absolument être aussi exact dans mes dessins que je m'efforce de l'être dans mes notes, je n'ai pas voulu le faire, parceque ce n'auroit été qu'un tableau d'imagination, comme le sera toute vue générale de cette ville.

Au surplus, on peut se figurer cette ville comme un assemblage d'un grand nombre de maisons groupées au N. du temple, et qui se prolongent, en forme de croissant, du N. E. au S. O. par le S. La ville se développe sur une ligne de neuf cents toises de longueur à-peu-près, et de deux cent soixante-six de largeur au centre, de l'E. à l'O.

Les rues principales sont assez régulières; on pourroit même les dire belles, à cause des jolies façades des maisons; elles sont d'ailleurs sablées et très commodes : aussi, accoutumé, comme je l'étois, à vivre dans les villes d'Afrique, je fus agréablement surpris à la vue des belles constructions de la Mecque.

Je pense que ces constructions approchent de ce goût indien ou persan qui s'étoit introduit pendant la résidence du califat à Bagdad. Les habitations ont deux rangs de fenêtres, comme en Chypre, avec plusieurs balcons couverts de jalousies; on y voit même plusieurs grandes croisées entièrement ouvertes comme en Europe; mais le plus grand nombre sont couvertes d'une espèce de persiennes de palmier extrêmement légères, qui garantissent du soleil, sans intercepter le passage de l'air, et se replient à volonté sur leur partie supérieure, comme les persiennes dont on fait usage en Europe.

Toutes les maisons, solidement construites en pierres, ont trois ou quatre étages, quelquefois davantage, avec des façades ornées de moulures, de soubassements et de peintures; ce qui leur donne un aspect gracieux. Il est rare de trouver une porte qui ne soit ornée d'un soubassement, avec des degrés et des bancs aux deux côtés. Les jalousies des balcons sont peu serrées, et coupées en outre par de petites ouvertures.

Les toits sont plats ou en terrasse et entourés d'un mur de sept pieds de hauteur environ; ce mur est interrompu d'espace en espace par des claire-voies en briques rouges et blanches placées horizontalement et symétriquement à sec, pour laisser passage à l'air; de manière qu'elles contribuent à l'ornement des façades en même temps qu'elles garantissent les femmes d'être vues quand elles sont sur la terrasse.

Tous les escaliers que j'ai vus sont étroits, obscurs et à marches très hautes.

Les chambres d'habitation sont bien proportionnées en longueur, en largeur et en hauteur. Outre de grandes croisées et des balcons, elles ont un second rang de fenêtres plus petites, et, comme à Alexandrie, une tablette tout autour, qui sert d'entrepôt pour différents objets.

La beauté des maisons atteste l'ancienne splendeur de la Mecque; les habitants ont d'ailleurs un grand intérêt à les bien entretenir, pour attirer les pélerins, parceque le produit des loyers est une de leurs principales ressources.

Il n'y a point de marchés proprement dits à la Mecque, parceque l'irrégularité du terrain et le défaut d'espace ne le permettent pas. Les marchés publics se tiennent le long des rues principales, et l'on peut dire que la grande rue du centre est un marché continuel, d'une extrémité de la ville à l'autre. Les vendeurs se tiennent dans des baraques construites avec des bâtons et des nattes; d'autres n'ont qu'une espèce de grand parasol soutenu par trois bâtons qui se réunissent au centre.

Les marchés sont assez bien fournis de vivres,

et de toute espèce d'objets grossiers; la foule les remplit à toutes les heures du jour, principalement à l'époque du pélerinage. On y trouve alors des restaurateurs ou traiteurs ambulants, des pâtissiers, des étameurs, des cordonniers et d'autres artisans de ce genre.

Les vivres, quoique abondants, y sont chers, à l'exception de la viande; un gros mouton coûte à-peu-près sept francs; la volaille est rare, et par conséquent les œufs; le gibier manque entièrement. Le blé, ou plutôt la farine, vient de la haute Égypte; les légumes et le riz, de l'Inde; on tire de Taïf les herbages, ainsi qu'un peu de blé, bien inférieur pourtant à celui d'Égypte. Le beurre, que l'on garde dans des outres et dans des pots, est commun dans le pays; mais à cause de la chaleur il est toujours liquide comme de l'huile.

Le prix des denrées est extrêmement variable, en raison du manque de sûreté dans le commerce: en voici les prix tels qu'ils étoient pendant mon séjour en 1807:

Une *oka* de beurre . . . . . 5 piastres turques.
Une poule 4
Six œufs 1

Une charge de chameau d'eau
    douce 2
Une oka d'huile 4

Une oka de pain . . . . 12 paras.
Une outre d'eau de puits . . . 15
Une oka de bois à brûler . . . 3
Une oka de charbon 20

Les poids et mesures sont les mêmes qu'en Égypte ; mais ils sont d'une telle inexactitude, qu'il seroit inutile d'en chercher le module.

Les monnoies courantes sont aussi les mêmes qu'en Égypte. La piastre espagnole vaut, dans le commerce, cinq piastres turques de quarante paras chacune ; dans le change, elle n'en vaut que quatre et demie. On voit circuler à la Mecque les monnoies de tous les pays ; et des changeurs, assis dans les marchés publics devant un comptoir, avec une petite balance, sont journellement occupés à changer. Leurs opérations se font, il est vrai, très grossièrement ; mais on doit bien s'imaginer que les erreurs ne sont jamais à leur désavantage.

On trouve également dans les marchés toutes les productions naturelles et artificielles de l'Inde et de la Perse. Il y avoit près de ma demeure un double rang de boutiques, exclusivement destinées à la vente des matières aromatiques, dont je pris le catalogue et la description (1).

A la Mecque, comme dans toute l'Arabie, on ne fait pas du *pain* proprement dit, ou du moins ce qu'on entend ordinairement par ce nom ; on fabrique, avec de la farine délayée dans de l'eau, sans levain ou quelquefois avec levain, mais en très petite quantité, des gâteaux de trois à quatre lignes de hauteur seulement, et de huit à neuf pouces de diamètre. On vend ces gâteaux à demi cuits et mous comme de la pâte : c'est là ce qu'ils appellent *pain* (*hhops*).

L'eau douce qu'on apporte continuellement des montagnes voisines et de Mina, sur des chameaux, est bonne. L'eau des puits, quoique un peu saumâtre et lourde, est potable et la même que celle du Zemzem : le bas peuple n'en boit pas d'autre.

J'ai examiné chaque puits en particulier. Ils sont tous d'une profondeur égale ; l'eau qu'on en tire a la même température, le même goût, et la même limpidité que celle du Zemzem. Dans les rues les plus voisines du temple, il y a quatre

---

(1) Il est à regretter que ce catalogue soit perdu.
(*Note de l'Éditeur.*)

puits publics absolument semblables l'un à l'autre : on en trouve aussi dans les endroits de la ville les plus éloignés. Je me suis convaincu, par un examen attentif de la profondeur des puits, de la qualité, de la température et du goût de l'eau, qu'elle provient d'une seule nappe d'eau dont le niveau est à cinquante-cinq pieds au-dessous du sol, et dont l'amas est dû à la filtration des eaux pluviales. C'est à la décomposition de la sélénite, mêlée avec la terre, qu'il faut attribuer le goût saumâtre que l'eau y contracte ; d'où il résulte évidemment que, l'eau de tous ces puits étant de la même nature et de la même source que celle du Zemzem, ils n'ont pas la vertu d'attirer la bénédiction et la grace divine, comme ce puits miraculeux..... Dieu soit loué....

La viande qu'on mange à la Mecque est d'une qualité inférieure ; on y voit de grands moutons, mais généralement maigres. On n'y connoît presque pas le poisson, quoique la mer ne soit éloignée que d'une douzaine de lieues. Les herbages que l'on apporte de Taïf et d'autres endroits voisins, principalement de *Setna Fathma*, consistent en oignons, en navets, en concombres, en pourpier, en câpres et en une espèce de salade composée de feuilles semblables aux graminées : cette dernière plante, qu'il m'a été impossible de voir dans son entier, se nomme *corràt*.

Pendant le temps que je suis resté à la Mecque, je n'ai point aperçu de fleurs, à l'exception d'une seule que je vis en allant à Aarafat; j'ordonnai à l'un de mes domestiques de couper la plante et de me l'apporter; mais il fut aperçu par des pélerins, qui accoururent aussitôt en disant que c'étoit un péché d'arracher ou de couper aucune plante pendant le pélerinage d'Aarafat. Je fus donc obligé de renoncer à la seule fleur que j'avois pu rencontrer.

On fait à la Mecque plusieurs espèces de boissons avec du raisin sec, du miel, du sucre et d'autres fruits. Le vinaigre y est d'une mauvaise qualité : on le fait, m'a-t-on dit, avec du raisin sec.

Je ne crois pas qu'il y ait aucune ville musulmane où les arts soient aussi inconnus qu'à la Mecque. Il ne s'y trouve pas un homme capable de faire une serrure ou de forger une clef. Toutes les portes sont fermées avec des clefs grossières en bois; les caisses et les malles, avec des cadenas apportés d'Europe. Je n'y trouvai par conséquent aucun moyen de remplacer la clef d'une malle, et celle de la caisse de mon télescope, qui m'avoient été volées à Mina.

Les pantoufles et les babouches viennent de Constantinople et d'Égypte, parcequ'on ne sait fabriquer à la Mecque que des sandales en bois ou en cuir non tanné, et des souliers extrêmement mauvais. Il n'y a plus aucun artiste en ouvrages fins, pas un homme qui sache graver une inscription ou un dessin quelconque sur une pierre de taille, comme autrefois.

On n'y voit pas non plus d'armurier en état de faire une vis ou de remplacer une pièce à la platine d'un fusil européen. Les armuriers actuels du pays ne savent fabriquer que les grossiers fusils à mèche, les couteaux recourbés et les lances ou hallebardes en usage dans le pays : en quelque endroit qu'ils se trouvent, leur atelier est monté dans un moment; tout leur appareil, à cet égard, se borne à faire un trou dans la terre, qui leur sert de fourneau; une ou deux peaux de chèvre, qu'un ouvrier agite devant le foyer, tient lieu de soufflet; deux ou trois nattes de feuilles de palmier et quatre bâtons forment les murs et le toit de l'atelier, qu'ils changent d'emplacement toutes les fois que le besoin l'exige.

Il ne manque pas d'étameurs pour la vaisselle en cuivre; mais cet article vient des fabriques étrangères. Il y a aussi des ferblantiers qui font des espèces de vases dont les pélerins se servent pour emporter de l'eau du miraculeux puits Zemzem. J'y ai encore trouvé un mauvais graveur de cachets en cuivre.

Les sciences se trouvent, à la Mecque, dans le même état d'abandon que les arts : tout le savoir des habitants se borne à lire le *Kourr-an*, et à écrire, quoique fort mal à la vérité ; ils apprennent dès l'enfance les prières et les cérémonies du saint pélerinage à la maison de Dieu, à Saffa et à Méroua, afin de pouvoir de bonne heure gagner de l'argent, en servant de guides aux pélerins ; on voit même des enfants de cinq ou six ans remplir ces fonctions, portés sur les bras ou les épaules des pélerins. Ceux-ci répètent les prières que les enfants récitent mot à mot d'une voix aiguë, en même temps qu'ils dirigent la marche du pélerin et les cérémonies des différentes stations.

Je desirois posséder un Kourr-an écrit à la Mecque ; mais on en trouve difficilement, encore sont-ils si horriblement écrits et tellement remplis de fautes, qu'ils ne peuvent être absolument d'aucun usage.

La Mecque n'a pas d'écoles régulières, excepté celles où l'on apprend à lire et à écrire. Pour le reste, il n'y a que quelques talbes ou docteurs, qui, par caprice, par vanité ou par l'appât de quelque rétribution, vont s'asseoir sous les portiques ou galeries du haram, où ils commencent à lire à haute voix, pour attirer les auditeurs, qui viennent ordinairement, les uns après les autres, se ranger en cercle autour du docteur. Celui-ci explique, lit ou prêche comme il peut, et s'en va ou revient quand il lui plait. Tels sont les moyens d'instruction que l'on trouve dans la ville sainte. Tous les soirs deux ou trois de ces docteurs se rendent dans les galeries du temple; je n'en ai vu aucun qui eût plus d'une douzaine d'auditeurs.

Il résulte de ce que je viens de dire que les Mecquois sont les plus ignorants des hommes; il est vrai que la situation géographique de la ville y contribue en grande partie. La Mecque, située au milieu d'un désert, n'est pas comme Palmyre, que le commerce continuel de l'Orient avec l'Occident éleva à ce haut degré de splendeur qu'on admire dans ses ruines, et qui subsisteroit peut-être encore sans la découverte du cap de Bonne-Espérance. La Mecque, au contraire, ne se trouve sur aucun chemin de passage. L'Arabie est entourée du golfe Persique au levant, de la mer Rouge à l'occident, de l'Océan au sud, et de la Méditerranée au nord. Le centre de cette péninsule ne peut donc pas être une ligne de communication avec les pays circonvoisins, où on peut aller par mer. Ses ports peuvent servir tout au plus d'échelles aux bâtiments de commerce, comme ceux de Djedda et de Mokha, sur la mer Rouge, et celui de Mascate, près de l'embouchure du golfe Persique.

La Mecque n'est donc pas destinée par sa position à devenir une place de commerce. Au milieu du désert aride où elle est située ses habitants ne peuvent être non plus ni cultivateurs, ni pasteurs. Quelle ressource reste-t-il aux Mecquois pour subsister ? la force des armes, pour obliger les autres peuples à leur donner une partie de leurs productions, ou l'enthousiasme religieux, pour engager les étrangers à venir laisser leur argent dans le pays. Du temps des califes, ces deux moyens réunis avoient fait de la Mecque une cité opulente ; mais, avant et après cette époque glorieuse, elle n'a eu d'autre ressource pour sa subsistance que l'enthousiasme religieux, qui malheureusement se refroidit de jour en jour ; ce qui réduit cette ville à une existence précaire, comme on le voit aujourd'hui, et comme on le voyoit avant la mission du Prophète.

La Mecque a toujours été le centre de l'enthousiasme religieux de divers peuples. L'origine des pélerinages et la fondation primitive de son temple se perdent dans l'obscurité des temps, puisqu'ils paroissent antérieurs à l'époque historique. Le Prophète abattit les idoles qui souilloient la maison de Dieu; le Kourr-an confirma le pélerinage; et c'est de cette manière que la dévotion des autres peuples a été de tout temps la base de la subsistance des Mecquois. Mais, comme cette ressource ne peut suffire à tous les besoins des habitants, la Mecque étoit fort pauvre avant la venue du Prophète; et après une courte époque de gloire et de richesses acquises par les armes, elle est retombée dans la pauvreté qui paroît être son partage. Comment donc espérer d'y voir fleurir les arts et les sciences? Sa situation, écartée de toutes les communications commerciales, la tient plongée dans l'ignorance la plus profonde de toutes les nouvelles, de toutes les découvertes, des révolutions et des actions des autres hommes : le peuple de la Mecque restera donc toujours dans l'abrutissement et dans les ténèbres les plus épaisses, malgré l'affluence des étrangers, qui, au reste, n'y séjournent que le temps absolument nécessaire pour remplir les devoirs sacrés du pélerinage, faire quelques échanges commerciaux, et préparer leur retour dans leur pays.

Aussi la Mecque est si pauvre par sa nature, que, si la maison de Dieu n'existoit pas, elle se trouveroit nécessairement déserte avant deux ans, ou du moins réduite à un simple douar ou hameau, puisque ses habitants, en général, n'ont d'autres moyens de subsister, pendant le courant de l'année, que ce qu'ils peuvent recueillir momentanément à l'époque du pélerinage. Alors la ville prend une apparence de vie, le commerce s'anime, et la moitié des habitants est transformée en logeurs, en marchands, en porteurs, en domestiques, etc.; l'autre moitié, entièrement attachée au service du temple, vit des aumônes et des présents des pélerins. Tels sont les moyens de subsistance des Mecquois; existence déplorable qui a imprimé sur leurs figures les signes de la profonde misère qui les entoure!

L'Arabe, par sa nature, est en général d'une constitution maigre; mais les Mecquois, et surtout les employés ou les desservants du temple, sont de véritables squelettes ambulants revêtus d'un parchemin collé sur les os. J'avoue que je restai confondu lorsque je les vis pour la première fois à mon arrivée. Ce que j'avance sera peut-être taxé d'exagération; mais je proteste de la vérité de mes expressions, et je puis assurer qu'il est impossible de se former, sans le secours des yeux, une idée d'une réunion d'hommes aussi maigres, aussi décharnés que les employés de tout grade et les domestiques du temple, à l'exception du chef du Zemzem, qui est le seul qui ait de l'embonpoint, et de deux ou trois eunuques nègres un peu moins maigres que les autres. Il paroît même impossible que ces squelettes ou plutôt ces ombres puissent se tenir debout aussi long-temps qu'ils le font. Qu'on se représente de grands yeux enfoncés, un nez effilé, des joues creusées jusqu'aux os, des bras et des jambes complètement desséchés ; les côtes de la poitrine, les veines, les nerfs, toutes les parties sèches enfin tellement saillantes, qu'on les prendroit pour de vrais modèles d'anatomie ou d'ostéologie : tel est l'aspect effrayant de ces malheureux, que l'œil a peine à s'accoutumer à ce triste spectacle. Mais les plaisirs qui les attendent dans le Paradis ne sont-ils pas préférables à tous les biens de la terre? Cependant, malgré cette espérance, il est impossible de trouver, même par le secours de l'imagination, des gens plus tristes et plus mélancoliques que les Mecquois. Pendant mon séjour, je n'y ai pas entendu un seul instrument de musique, ni les chants d'un seul homme : quelquefois, mais très rarement, les chants de quelque femme ont frappé mes oreilles, et je me suis empressé de les noter. (*Voyez la planche LXIV.*) Plongés dans une mélancolie continuelle, la plus légère contrariété les irrite. Le peu d'esclaves qu'ils ont sont les plus malheureux des esclaves musulmans, par les mauvais traitements qu'ils leur font endurer. J'ai entendu de chez moi un habitant donner la bastonnade pendant un quart d'heure à son esclave; il s'arrêtoit à toutes les trois ou quatre minutes pour laisser reposer son bras, et reprenoit ensuite avec une nouvelle force.

On peut aisément déduire de là que la population de la Mecque doit diminuer sensiblement. Cette ville, qu'on reconnoît avoir dû contenir plus de cent mille habitants, en compte aujourd'hui seulement de seize à dix-huit mille. Il y a des quartiers entiers à l'extérieur qui sont entièrement abandonnés et en ruines ; près des deux tiers des maisons de la ville sont vides, et la plus grande partie de celles qui sont habitées se dégradent intérieurement, malgré la solidité de leur construction. Les façades ne sont entretenues en bon état qu'afin d'attirer les pélerins; mais, faute de réparations essentielles, les maisons tombent, et l'on n'en élève point de nouvelles; car je n'ai aperçu dans toute la ville aucun bâtiment neuf, à l'exception d'un seul que l'on construisoit alors, mais avec une lenteur excessive. Si cet état continue, dans un siècle la ville sera réduite à la dixième partie de ce qu'elle est aujourd'hui.

CHAPITRE XVIII.

Femmes. — Enfants. — Langue. — Costumes. — Armes. — Aridité. — Mariages, naissances et enterrements. — Climat. — Médecine. — Baume de la Mecque. — Incisions au visage.

Les femmes à la Mecque jouissent de plus de liberté que dans aucune autre ville musulmane. Peut-être qu'à l'époque de la splendeur de cette ville la grande affluence d'étrangers contribua à les pervertir, et que la misère et la tristesse habituelle des habitants ont fini par les plonger à cet égard dans une indifférence qui tient presque de l'abandon. Il est certain que l'opulence et la pauvreté sont deux extrêmes également opposés à la conservation des mœurs.

Les femmes se couvrent le visage, comme en Égypte, avec un morceau de toile sur lequel on a pratiqué deux ouvertures pour les yeux; ces ouvertures sont si grandes, qu'on leur voit la moitié de la figure; la plupart d'ailleurs la laissent presque entièrement découverte. Toutes les femmes portent une espèce de manteau ou de grand linge à petites raies bleues et blanches en long et en large, comme à Alexandrie, ajusté avec beaucoup de grace; mais, quand on leur voit le visage, on perd bien vite l'illusion que l'on s'étoit formée, parceque en général elles sont laides et d'une couleur citrine comme les hommes : leur figure et leurs mains, entièrement barbouillées de noir, de bleu ou de jaune, présentent un tableau affreux, que l'habitude leur fait regarder comme une beauté. J'en ai vu quelques unes qui avoient un anneau passé dans le cartilage du nez, et pendant sur leur lèvre supérieure.

Elles sont assez libres, et je dirai presque effrontées, relativement au rigorisme des mœurs musulmanes. Je voyois continuellement les femmes des maisons voisines de mon logement se tenir aux croisées, et plusieurs même entièrement découvertes. Une femme, qui occupoit l'étage supérieur de la maison que j'habitois, me faisoit mille politesses, mille compliments, à visage découvert, toutes les fois que je montois sur la terrasse pour faire des observations astronomiques; ce qui me fit soupçonner que les femmes pourroient bien être aussi une branche de spéculation pour les pauvres Mecquois.

Toutes celles que j'ai vues ont beaucoup

de grace, et des beaux yeux sur-tout; mais leurs joues saillantes, et l'habitude qu'elles ont de les peindre en jaune verdâtre, donnent à leurs figures un aspect désagréable de jaunisse ou d'opilation. Elles parlent bien et s'expriment avec grace; leur nez est régulier; mais elles ont toutes la bouche grande.

Elles se gravent des dessins ineffaçables sur la peau, et se peignent le pourtour des yeux en noir, les dents en jaune, et les lèvres, les mains et les pieds en rouge de tuile, comme les Égyptiennes, et avec les mêmes matières.

Leur habillement consiste en un immense pantalon qui entre dans des pantoufles ou des demi-bottes jaunes: pour les pauvres, ce pantalon est en toile bleue; et pour les riches, en toile rayée de l'Inde.

Elles ont, en outre, une chemise de la grandeur et de la forme la plus extravagante. Qu'on se représente un carré de toile de six pieds de largeur et de plus de cinq de hauteur: eh bien! ce n'est que la moitié de la chemise; un autre carré pareil forme l'autre moitié: on unit ces deux morceaux par la partie supérieure, laissant au milieu une ouverture pour passer la tête; aux deux angles inférieurs, on ôte un secteur de cercle d'à-peu-près sept pouces, et par ce moyen, ce qui formoit l'angle auparavant devient une courbe rentrante ou concave; on ne coud que les deux courbes, et la chemise reste ouverte dans toute la partie inférieure et les deux côtés de haut en bas. (*Voy. pl. LXIII.*) Les femmes riches font ces chemises d'un tissu léger en soie, fin comme une gaze, de couleur violette unie ou rayée, et qui leur vient d'Égypte. Pour mettre ces chemises, elles amoncellent sur les épaules la toile surabondante de leur largeur excessive, et les assujettissent au corps par une ceinture. Au-dessus de ces chemises, les riches portent un caftan de toile de l'Inde. Je ne leur ai jamais vu sur la tête d'autre ornement qu'un mouchoir; mais aux mains, aux bras, aux jambes et aux pieds, elles portent des bagues, des anneaux et des bracelets, comme les femmes musulmanes des autres pays.

Le peu de commerce qui existe à la Mecque se borne aux caravanes qui y viennent lors du pélerinage. J'ai déjà fait remarquer combien le nombre en diminue chaque année; par conséquent il est facile de calculer la marche progressive de l'anéantissement de la ville sainte. On y reçoit, de Djedda, les marchandises de l'Europe, qui viennent par l'Égypte et par la mer Rouge; on reçoit, par le même port, plusieurs productions de l'Inde et du Yémen, principalement du café; les caravanes de Damas, de Bassora, de l'Égypte et du Yémen apportent le reste, et font des échanges mutuels.

La ville diminue chaque jour ses consommations, en raison de la diminution des rentrées de fonds. En général, la fortune des habitants du pays, principalement composés de Wehhabis, de Bédouins et d'Arabes, dans l'état de la plus grande misère, se borne à la possession d'un chameau et de quelques têtes de bétail. Presque nus, vivant sous des tentes ou des baraques, sans autres meubles qu'une écuelle de bois, quelquefois un petit chaudron, une cruche et une tasse en terre, une natte qui leur sert de lit, deux pierres pour moudre ou broyer les grains, une outre ou deux pour conserver l'eau, quelle ressource offriroient-ils pour un commerce actif ou passif? Cependant on voit parmi eux quelques personnages richement habillés avec des toiles des Indes et des schalls cachemires ou persans.

Les femmes bédouines ou de l'intérieur du pays, même celles qui paroissent du plus haut rang, ont pour tout costume une grande chemise de toile bleue, un voile couleur de coquelicot sur le visage, un grand manteau ou voile noir en laine, des anneaux, des bracelets et autres bijoux.

Il est donc évident que des gens dont les besoins sont aussi bornés ne peuvent fournir un aliment considérable au commerce, tant que la civilisation ne sera pas introduite parmi eux : chose bien difficile dans un pays de déserts, qui, par sa nature, semble condamné à la superstition, à l'ignorance et à la misère. S'il a pu sortir pendant quelques instants de cet état d'abrutissement et de nullité, il a dû cette impulsion momentanée à l'effervescence du zèle religieux; mais, comme ce degré d'exaltation ne peut se soutenir long-temps, le refroidissement replonge rapidement le pays dans son ancien état de barbarie et de pauvreté qui paroît être son partage. Les historiens célèbrent la noblesse de la nation arabe, qui n'a jamais courbé la tête sous le joug des Grecs ni des Romains : c'est une fausse conséquence tirée des événements. Si l'Arabie a eu le bonheur de se conserver libre de toute domination étrangère, c'est à la nature du pays plus qu'au caractère de ses habitants qu'elle est redevable de cet avantage. Quel est le capitaine, en effet, qui auroit voulu sacrifier des hommes et de l'argent pour conquérir de vastes déserts, et des peuples qui ne pouvoient se soutenir en corps politique que lorsque les idées religieuses y réunissoient toutes les volontés, qu'aucun autre lien ne sauroit unir, à cause de l'isolement de chaque tribu, et de l'aridité d'un sol qui se refuse à la culture, et par conséquent à l'enchaînement des rapports sociaux qui en dérivent?

La Mecque et Médine sont bien le berceau de la langue arabe; mais, par suite de l'ignorance générale, cette langue se dégrade et s'altère jusque dans la prononciation, avec d'autant plus de facilité, qu'elle s'écrit sans voyelles, et qu'elle a un grand nombre d'aspirations que chacun gradue à sa manière, faute d'une prosodie nationale et de moyens pour en conserver et perpétuer la tradition primitive : aussi, loin de se perfectionner, elle tend chaque jour à se corrompre par les expressions vicieuses particulières à chaque tribu, et par le commerce avec les étrangers.

Le costume des Mecquois est, comme celui des Égyptiens, composé d'un *benisch* ou d'un *caftan* extérieur, détaché d'un autre caftan intérieur attaché par une ceinture, d'une chemise, d'un caleçon, et de babouches ou pantoufles; mais ce costume est celui des gens en place, des négociants, des employés du temple, etc. Le bas peuple ne fait guère usage que de la chemise et de la culotte.

L'Arabe bédouin porte ordinairement sur l'habit une grande capote sans manches, avec deux trous pour passer les bras. Elle est d'une espèce de bouracan, ou d'un tissu en laine grossière, ou bien d'une toile très légère, dont la teinte et le tissu présentent la même apparence extérieure. Ces capotes sont communément en bandes blanches et brunes alternativement, de presque un pied de largeur chacune.

Les habitants de la ville portent des bonnets rouges avec des turbans; mais les Bédouins n'ont pas de bonnets : ils se couvrent la tête avec un mouchoir jaune parsemé de raies rouges et noires, plié diagonalement en forme de triangle, et simplement jeté sur la tête, de manière que les deux pointes des angles aigus tombent devant les épaules, et les autres, derrière le cou ou sur le dos. Les Bédouins qui ont de la fortune portent sur ce mouchoir un morceau de mousseline, roulé en forme de turban ; mais les pauvres, qui forment le plus grand nombre, vont presque nus.

A l'exception des employés du temple, et d'un petit nombre de négociants, les habitants sont toujours armés. Les armes les plus communes sont le grand couteau recourbé, la hallebarde, la lance et la massue; on y voit aussi des fusils, mais fort peu.

Les couteaux ont un fourreau d'une forme bizarre : outre l'espace occupé par la lame, le fourreau a une prolongation courbée en demi-cercle, et terminée par une boule ou par un ornement plus ou moins compliqué. Ce couteau se place obliquement au-devant du corps, la poignée tournée du côté gauche, et la courbure de l'autre, la pointe en haut, en sorte que les mouvements du bras droit se trouvent extrêmement gênés de cette disposition, qui se maintient par la force de l'habitude : tant il est vrai que l'homme, dans tous les états et dans tous les lieux, est soumis aux caprices de la mode.

Les hallebardes se composent d'un bâton de quatre pieds et demi à cinq et demi de long, armé d'une pointe de fer, et ordinairement d'une autre petite pointe à l'extrémité inférieure. La lame ou la pointe supérieure, qui a toujours plus d'un pied de long, est de différentes formes, tantôt large ou étroite, tantôt en fer de lance ou de baïonnette, etc. Plusieurs de ces hallebardes ont le bois garni de petits clous et d'anneaux en laiton de haut en bas.

La massue consiste en un bâton d'environ deux pieds de long sur quinze lignes de diamètre, et terminé par une boule ou globe du même bois, de vingt-six à trente lignes d'épaisseur : quelques uns portent aussi des massues en fer.

Les fusils à platine sont assez rares : on n'y voit presque que des fusils à mèche, fort pesants, et ordinairement très grossiers ; cependant on en trouve quelques uns de bien faits ; j'en ai vu un assez beau et entièrement plaqué en ivoire, dont on demandoit 120 francs.

Quelques Arabes portent des haches d'armes de deux pieds de long à-peu-près ; d'autres vont armés d'un grand bâton de plus d'un pouce de diamètre et de quatre pieds et demi de long, revêtu en fer à sa partie inférieure.

L'arme des cavaliers est une lance de la longueur de dix pieds et demi, ornée d'une touffe de plumes noires à l'emboîtement du fer ; l'autre bout du bâton est garni d'une petite pointe, avec laquelle le cavalier fixe sa lance à terre perpendiculairement lorsqu'il descend de cheval. (*Pour toutes ces armes voyez planche LXIII.*)

Les Arabes du Yémen portent une épée et un bouclier : l'épée est droite et à large lame ; les boucliers sont les uns en métal, les autres, en bois très dur, d'autres, en peau d'hippopotame :

ceux-ci sont les meilleurs ; les uns et les autres sont ornés de gravures ; mais ils n'ont qu'un pied de diamètre.

L'aridité du pays est telle qu'il n'y a presque aucune plante autour de la ville ni sur les montagnes voisines. J'ai déjà dit que les légumes viennent de loin : les quatre ou cinq genres de plantes que j'y ai rencontrées font partie de ma collection. Peut-être que dans d'autres saisons de l'année il y en a quelques autres genres ; mais qu'on ne s'attende pas à trouver à la Mecque rien qui ressemble à une prairie, et encore moins à un jardin : du sable et des pierres, voilà l'unique bienfait que la nature prodigue à ses habitants. On ne sème aucun grain ; le sol, trop ingrat, ne répondroit point aux travaux du cultivateur ; la terre leur refuse même ces productions spontanées dont elle est si libérale ailleurs : enfin on n'y voit que trois ou quatre arbres à l'endroit où étoit jadis la maison d'*Aboutaleb*, oncle du Prophète, et six ou huit autres épars çà et là. Ces arbres sont épineux, et produisent un petit fruit semblable aux jujubes, et nommé *Nébbek* par les Arabes. Près d'une maison que le schérif possède hors la ville, à peu de distance, vers le nord, il y a une espèce de jardin planté de palmiers dattiers, et qui n'a d'autre moyen d'irrigation que l'eau d'un puits.

Des gens du pays m'ont assuré que les cérémonies des mariages et des naissances ne sont pas accompagnées de fêtes et de réjouissances, comme dans les autres pays musulmans : mais je n'en ai point vu célébrer.

Les enterrements se font sans aucune cérémonie. On porte le corps au pied de la Kaaba, où les fidèles qui sont présents font une petite prière pour le défunt après la prière canonique ordinaire, et on emporte ensuite le cadavre pour l'ensevelir dans une fosse hors la ville. Il y a, pour ce service, devant une des portes du temple, sur la voie publique, un grand nombre de civières : la famille du décédé en envoie chercher une, sur laquelle on place le corps revêtu de ses habits ordinaires, sans le moindre ornement, et on le transporte ordinairement à découvert et sans bière. Après la sépulture, on rapporte la civière au même endroit.

Le climat de la Mecque est brûlant, non seulement en raison de la latitude géographique, mais particulièrement à cause de la position topographique de cette ville au milieu des montagnes : c'est une poêle sous son réverbère.

La plus grande chaleur que j'ai observée pendant mon séjour fut de 23 degrés et demi de Réaumur, le 5 février, au coucher du soleil; et la moindre, de 16 degrés, le 16 du même mois à sept heures du matin.

J'aurois bien voulu raccommoder mon hygromètre, mais l'impossibilité de trouver un cheveu m'en empêcha : la chose paroîtra peut-être incroyable; mais elle n'en est pas moins vraie. Au milieu d'une nombreuse population, au sein d'une cour, je n'ai pu m'en procurer un seul. Les hommes ont la tête entièrement rasée; les poils de la barbe ne sont pas bons; et les femmes, par une espèce de superstition, ne donneroient pas un seul de leurs cheveux, parcequ'elles sont persuadées qu'on pourroit s'en servir pour faire des sortiléges et des maléfices contre elles. C'est pour cela que, lorsqu'elles se peignent, elles ont le plus grand soin d'ensevelir secrètement les cheveux qui leur tombent; elles en font de même, et par la même raison, lorsqu'elles se coupent les ongles. Il y a beaucoup d'hommes qui partagent cette superstition; mais les Wehhabis pensent bien différemment; car, à l'époque de leur pélerinage, je les vis se faire raser dans les rues, et les places qu'ils avoient occupées restèrent tellement couvertes des dépouilles de leurs têtes, qu'on auroit aisément pu en remplir des matelas : mais tous ces cheveux étoient courts, et pouvoient avoir un peu plus d'un pouce de longueur.

N'ayant donc pu rétablir mon hygromètre, je fus privé d'un de mes moyens d'observation ; je puis dire néanmoins qu'en général l'air fut toujours en état de sécheresse pendant mon séjour ; le vent souffla constamment du S. O., sauf quelques intervalles de calme. J'ai toujours pris mes observations sur le vent supérieur, en observant la direction des nuages, parceque le vent inférieur, sans cesse modifié par les montagnes qui entourent la ville, trompe l'observateur. C'est pour cela que, lorsqu'il n'y avoit point de nuages, de vapeurs ou de fumée à une certaine hauteur pour m'indiquer le courant du vent supérieur, je ne portois aucune note sur mes tables d'observations météorologiques.

Pendant tout le temps que j'ai résidé à la Mecque, le ciel a été alternativement serein et couvert, comme dans les pays tempérés ; mais je n'y ai pas remarqué de changements brusques de température et d'humidité, comme j'en avois éprouvé à Djedda.

Le climat paroît sain ; car on ne voit pas beaucoup de malades ni de maladies chroniques ; mais aussi on ne trouve point de vieillards d'un âge fort avancé. Il n'y a guère d'aveugles, et aucune de ces ophtalmies si communes en Égypte. Il est facile, d'après ce que je viens de dire, de se faire une idée de l'excès des chaleurs pendant l'été, puisqu'au mois de janvier, avec les fenêtres ouvertes, on peut à peine souffrir pendant la nuit un drap de lit sur le corps; et le beurre, à la même époque, est toujours liquide comme de l'eau. Que sera-ce pendant les mois de juillet et d'août? Située à deux degrés en-dedans de la zone torride, cette ville a le soleil, pendant deux mois et demi, presque perpendiculairement, ou tout au plus à deux degrés de distance de son zénith, depuis la moitié du mois de mai jusque vers la fin de juillet. Si on ajoute à cela sa position au fond d'une vallée de sable, entourée de toutes parts de montagnes de roche pelée, sans ruisseau, sans rivière, sans aucune source d'eau vive, sans arbres, sans plantes et sans aucune espèce de végétation, on pourra se former une idée des chaleurs qui y règnent pendant l'été. Sans doute le Tout-Puissant a daigné y placer son temple pour la consolation des habitants, qui sans cela auroient entièrement disparu de la surface de la terre.

A la Mecque, comme dans les autres pays musulmans, il n'existe point de médecins proprement dits; j'en ai cependant rencontré deux qui osoient prendre ce nom, et dont l'un auroit bien dû commencer par se guérir lui-même : ces empiriques emploient presque toujours pour leurs prétendues guérisons des prières et des pratiques superstitieuses.

Par conséquent on doit bien s'attendre à ne pas trouver des pharmaciens et des vendeurs de drogues et de médicaments. Lorsqu'un habitant est malade, son barbier lui fait une saignée, et lui donne beaucoup d'eau de gingembre; on lui administre aussi de l'eau miraculeuse du Zemzem en boisson et en bains; on lui fait encore manger beaucoup de cannelle, de girofle et d'autres aromates; et le malade guérit ou meurt à la volonté de Dieu. Comme j'avois apporté une petite pharmacie, c'étoit moi qui soignois mes domestiques lorsqu'ils étoient malades. Mon *Hhazindàr* ou maître d'hôtel fut attaqué d'une fièvre intermittente : après l'avoir préparé, je lui fis prendre un vomitif, qui produisit son effet; mais le lendemain, au lieu du soulagement auquel je devois m'attendre, je trouvai un transport terrible. Ne sachant à quoi attribuer ce redoublement inattendu, j'appris, par hasard, le soir, en allant au temple, que, pendant la nuit, on avoit transporté mon domestique au puits Zemzem, qu'on l'avoit bien baigné dans l'eau froide, et qu'on lui en avoit fait boire autant qu'il avoit pu. A mon retour, je fis une forte réprimande aux domestiques qui avoient concouru à cette opération clandestine, et je recommençai le traitement de mon hhazindar, qui guérit dans le terme ordinaire.

Le célèbre *baume de la Mecque* n'est rien moins qu'un produit de cette ville; il y est au contraire fort rare, et l'on ne peut en trouver que lorsque les Bédouins des autres parties de l'Arabie en apportent par hasard. Un homme qui paroissoit assez instruit pour un Mecquois me dit que ce baume est principalement tiré du territoire de Médine, qu'on le nomme *Belsàn*, et que ses compatriotes ne connoissent pas l'arbre qui le produit, et qui porte le nom de *Gilead*.

J'ai remarqué que dans toute l'Arabie on a le singulier usage de se faire trois incisions perpendiculaires le long de chaque joue; ce qui fait que la plupart des hommes ont la figure marquée de six cicatrices. Je questionnai plusieurs personnes sur le motif d'une pareille coutume. Les uns me répondirent que c'étoit pour se faire saigner; d'autres que c'étoit une marque par laquelle on se déclare esclave de la maison de Dieu : mais au fond c'est la mode seule qui leur commande ces scarifications, qu'ils regardent comme une beauté égale aux peintures bleues, noires et rouges dont les femmes se servent pour teindre leur figure. C'est encore la mode qui leur fait porter des anneaux au nez, et des couteaux recourbés qui gênent tous les mouvements : voilà bien l'homme.

CHAPITRE XIX.

Chevaux. — Anes. — Chameaux. — Autres animaux. — Tapis. — Chapelets. — Montagnes. — Forteresses. — Maisons du schérif. — Sultan Schérif. — Situation politique de la Mecque. — Changement de domination. — Beled el Haram ou Terre-Sainte de l'Islam. — Montagnes du Hedjaz.

On s'attend bien sans doute que je ne terminerai pas la description de la Mecque sans parler des chevaux arabes, renommés dans tout l'univers; mais qu'en dirai-je? A peine au sein de cette capitale de l'Arabie en trouveroit-on une centaine dans la garde du sultan schérif, et tout au plus six chez les particuliers. Ils sont si rares chez les Bédouins, que le sultan *Saaoud,* à la tête de quarante-cinq mille Wehhabis, n'avoit avec lui que deux ou trois cents chevaux; encore étoient-ils du Yémen.

Ceux que j'ai vus sont laids, petits et grossiers, à l'exception d'une demi-douzaine de passables, et de deux ou trois de beaux. En général, ils sont extrêmement forts, grands coureurs, et endurent facilement la faim et la soif. Tels sont les avantages des chevaux arabes. Leur couleur est en général gris-pommelé. Ils ont d'assez belles têtes, le bas de la jambe peu gros, la queue mince, l'œil étincelant, et l'oreille fine.

Les cavaliers traitent leurs chevaux en barbares; ils se servent, comme à Maroc, de mors extrêmement durs, qui leur font saigner la bouche.

A l'exception de quelques soldats du schérif, qui ont des selles avec des étriers, tous les autres Arabes montent sur des panneaux sans étriers; et sur cette espèce de siége ils courent avec la rapidité de l'éclair. Tous les Wehhabis et les fils même du sultan Saaoud se servent de semblables panneaux sans étriers.

C'est à la grande aridité des déserts qu'est due cette rareté de chevaux, parceque le chameau seul peut y vivre et voyager commodément. Les chevaux sont nourris avec de l'herbe sèche, comme les chameaux; on ne leur donne presque jamais d'orge ni d'avoine.

La Mecque n'est pas la patrie de ce noble compagnon de l'homme : c'est au Yémen et dans les environs de la Syrie que se trouvent les beaux chevaux arabes; c'est de là qu'on les amène à

Constantinople. J'en parlerai donc plus loin.

Les ânes, à la Mecque, quoique petits, sont excellents; mais ils ne sont pas meilleurs que ceux d'Égypte.

Le chameau est l'unique bête de somme du désert; c'est un don de la providence divine envers les habitants et ceux qui voyagent dans cette région brûlante. Que deviendroit l'Arabie sans les chameaux? et quelles forces humaines auroient pu suffire à réunir quatre-vingt-deux ou quatre-vingt-quatre mille individus au pied du mont Aarafat le jour du pélerinage, sans le secours de ces animaux précieux?

Laissons le cheval, l'âne et les autres bêtes de somme, aux pays où l'abondance des eaux fournit de bons pâturages; mais, pour les Arabies que les géographes anciens ont nommées *Pétrée* et *Déserte*, et pour le *Sahhara* ou grand désert d'Afrique, Dieu a créé le chameau, et cet animal est un trésor pour l'habitant de ces contrées.

On trouve, à la vérité, des ânes qui vont fréquemment de la Mecque à Djedda en douze heures; il y a bien ordinairement aussi dans les grandes caravanes quelques chevaux et quelques ânes; mais cela n'est rien, absolument rien, en comparaison de l'immense quantité de chameaux qui circulent dans ces déserts.

Ces animaux sont bien traités et bien soignés par leurs maîtres; mais ils sont condamnés à travailler jusqu'au dernier soupir; ils meurent sous le fardeau, et les chemins sont couverts de leurs ossements. Je n'ai remarqué aucune différence sensible entre les chameaux d'Arabie et ceux d'Occident.

Pour la nourriture de ce précieux animal, des chevaux et des ânes, on vend dans tous les marchés de l'herbe sèche en fagots, ou tordue en gros rouleaux.

Il existe à la Mecque une belle espèce de vaches sans cornes, avec une bosse sur le dos; elles viennent, m'a-t-on dit, de la partie orientale, servent de monture et de bêtes de charge, voyagent avec une grande célérité, et donnent beaucoup de lait.

Il y a peu de chiens dans la ville; ceux qu'on y rencontre paroissent très rapprochés de l'espèce appelée *chien de berger*. Là, comme dans tous les autres pays musulmans, ces animaux sont errants, libres et sans maîtres.

Les chats sont de l'espèce qui est commune en Europe, mais un peu plus petits.

On trouve des moutons d'une belle taille et à grosse queue, moins grosse cependant que celles des moutons qui existent dans d'autres contrées méridionales.

J'ai vu dans le pays une espèce de chèvres très jolies et assez grandes, qui ont des cornes de plus de vingt-quatre pouces de longueur; et des bœufs et des vaches de petite taille, à cornes très courtes, comme ceux de Maroc.

Une infinité de pigeons volent librement à la Mecque, sans appartenir à personne : ils font leurs nids sur les toits et dans les trous des murailles.

Les insectes y sont rares : je n'y ai recueilli que quelques coléoptères; mais un jour j'aperçus dans la grande cour du temple un très gros scorpion qui se promenoit avec sa queue recourbée sur le dos; on le tua à coups de pierres, et, quand il étendit la queue, il me parut avoir plus de six pouces de longueur.

Je n'ai jamais trouvé de souris aussi hardies que celles de la Mecque. Comme j'avois mon lit à terre, toutes les nuits elles sautoient et dansoient sur moi; quelques coups suffisoient pour les faire fuir, et je regardois la chose avec indifférence; mais une nuit, que j'avois appliqué du *baume de genièvre* à un de mes domestiques, quoique mes mains eussent été bien essuyées avec un linge, l'odeur attira les souris, qui, au plus fort de mon sommeil, me firent à un doigt de la main droite deux fortes morsures, et me réveillèrent en sursaut. Dans le premier moment, craignant d'avoir été mordu par quelque animal venimeux, je coupai de suite la partie mordue, et j'y appliquai de l'alkali volatil. Mais je m'assurai ensuite que c'étoient les souris qui m'avoient mordu. Je suspendis alors mon lit; mais cette précaution fut inutile: ces petits animaux trouvoient encore le moyen d'y atteindre, en sautant sur les meubles les plus rapprochés: il y en eut une même qui s'apprivoisa presque avec moi; à toute heure elle venoit me visiter, se plaçoit tranquillement sur mon écritoire, me regardoit en face, et me permettoit de lui adresser la parole, sans me permettre cependant de la toucher. Au surplus, il n'existe pas la plus petite différence entre la *souris domestique* d'Europe et celle de ce pays.

J'ai aperçu peu de cousins ou moucherons, mais beaucoup de mouches communes. Les puces et les punaises étoient rares alors; mais au temple, les jours de grande assemblée, on est sûr de rapporter toujours assez de vermine, particulièrement de l'espèce appelée *pou humain*.

Une chose que je considère comme un reste de l'ancienne opulence de la Mecque, c'est la quantité de tapis et de coussins qu'on trouve dans les maisons. Comme ces deux objets ont été le présent le plus ordinaire des pélerins, ils se sont successivement accumulés dans la ville, en sorte que jusque dans les maisons les plus pauvres il y a des tapis très riches, quoique vieux.

Les Wehhabis, en prohibant l'usage du chapelet comme une superstition, ont privé les habitants de la Mecque d'une branche de commerce très lucrative; mais on continue à les fabriquer en cachette pour les pélerins, avec différents bois de l'Inde et du Yémen, et du bois de sandal très odoriférant.

Les montagnes de la Mecque sont composées de schistes quartzeux, avec quelque partie de trapp ou de roche cornée. Presque tout est quartz dans ce pays; le sable n'est qu'un détritus de quartz, et la base principale de toutes les roches est du quartz pur. La blende ou roche cornée, le feldspath, le mica, le schorl, sont des parties accidentelles, qui varient dans les différentes montagnes; mais le quartz forme par-tout la masse principale. Les couches sont obliques sous différents angles d'inclinaison, et assez ordinairement de trente à quarante-cinq degrés en montant vers l'est.

Le centre de la ville ou le temple est circonscrit par quatre montagnes principales, qui sont :

Djebél Kubis, à l'E.;
Djebél Djiàd, au S.;
Djebél Omàr, à l'O.;
Djebél Hindi, au N.

Ces montagnes sont peu élevées. J'ai rapporté des échantillons des espèces de roche qui les composent. Il est probable que ce pays abonde en minéraux; mais ces trésors resteront cachés tant que durera l'ignorance des habitants : on y exploite seulement quelques filons de soufre qui sont à découvert.

La Mecque est une ville ouverte, sans aucune espèce de murailles; elle a, sur la montagne nommée *Djebél Djiàd*, une forteresse qui, eu égard à la tactique des habitants, doit être regardée comme un second Gibraltar : cependant elle ne présente qu'un monstrueux assemblage de murs et de tours. Je pense qu'elle a été construite partiellement à différentes époques, sans ordre et sans plan d'ensemble. C'est la principale forteresse du schérif, qui en a deux autres plus anciennes, construites l'une et l'autre en forme de parallélogramme, avec une tour à chaque angle. Ces deux forteresses sont assises sur deux montagnes, l'une au N., et l'autre au S.

La caserne des soldats mogrebins et nègres du schérif, située à la sortie de la ville par le chemin d'Aarafat, est aussi flanquée de tours; mais sa position au fond du vallon et au pied d'une montagne en rend la défense impossible.

Les avenues du vallon sont gardées par plusieurs tours rondes isolées, qui ne peuvent recevoir qu'une vedette chacune.

Le schérif avoit son palais auprès du temple, au pied de la grande forteresse et de la montagne *Djebél Djiàd*; ce palais a été ruiné par les Wehhabis, et le schérif habite maintenant un grand bâtiment, ou, pour mieux dire, un groupe de trois grandes maisons voisines de la montagne *Djebél Hindi*. (*Pl. LIX.*) Devant cette habitation il a fait placer une batterie de quatre petites pièces de campagne en bronze, avec leurs avant-trains.

Le schérif possède, en outre, la maison qu'il habitoit avant de monter sur le trône, et qui est joliment peinte et contiguë à la caserne des soldats mogrebins et nègres de la garde, vis-à-vis l'endroit appelé *Aboutàleb*; il a encore une maison de campagne, peu distante de cette caserne, avec un puits et un jardin planté de palmiers; une maison à Mina; une autre à Aarafat; une autre à Djedda, où il se rend assez fréquemment : il avoit jadis à *Taïf* un palais qui a été également détruit. Toutes ces maisons sont, comme des châteaux forts, entourées de murailles avec des tours.

Le sultan schérif actuel de la Mecque se nomme *Schérif Ghàleb*. Il est fils du schérif *Msàat*, son prédécesseur au trône. Il y a plusieurs années que sa famille a obtenu la souveraineté du *Beled el Haràm* et du *Hedjàz*; mais l'usage ordinaire, à la mort de chaque sultan schérif, est de disputer le trône, les armes à la main, ainsi que cela se pratique à Maroc, jusqu'à ce que le vainqueur impose la loi à la nation, parceque le droit de succession n'y est pas établi.

Le schérif Ghaleb est un homme d'esprit, fin, politique et courageux; mais, privé de toute instruction, entièrement livré à ses passions, il se transforme en un vil égoïste pour les satisfaire; il n'est aucune espèce de vexation qu'il n'exerce sur les habitants et sur les étrangers ou les pèlerins : son esprit de rapine est tel, qu'il n'épargne pas même ses amis les plus intimes et ses plus fidèles serviteurs, quand il présume qu'il pourra leur arracher quelque somme. Pendant ma courte résidence dans ses états, je lui ai vu faire une avanie qui coûta plus de cent mille francs à un négociant de Djedda, l'un de ses plus grands favoris. Les impôts mis sur le commerce et sur les habitants sont entièrement arbitraires; ils augmentent chaque jour, parcequ'il invente de nouveaux ressorts pour augmenter ses revenus: le peuple, en un mot, est réduit à une telle extrémité, que, dans toute la terre sainte, je n'ai pas trouvé une seule personne qui m'ait dit du bien du schérif, excepté le négociant dont je viens de parler.

Outre les taxes arbitraires dont il accable le commerce, il gêne le négociant, et met des entraves aux spéculations, parcequ'il prend lui-même une part très active au commerce par le moyen de ses vaisseaux. On ne peut charger ou décharger le bâtiment d'un particulier jusqu'à ce qu'on ait chargé ou déchargé ceux du schérif; et comme ces derniers sont les plus grands, les mieux construits et les mieux montés, ils absorbent la plus grande partie du commerce de la mer Rouge, au préjudice des négociants, qui se trouvent réduits par là au plus dur esclavage.

Les Anglois sont regardés comme les meilleurs

amis du schérif, à cause de l'intérêt direct dont ils le laissent jouir dans le commerce de l'Inde. Cependant il ne les épargne pas quand l'occasion se présente de leur faire une avanie. L'année dernière, un gros bâtiment anglois, chargé de riz, vint à Djedda : le capitaine, qui étoit descendu à terre, trouvant le prix de cette denrée trop bas dans le pays, résolut d'aller dans un autre endroit; mais le schérif prétendit que le capitaine devoit payer tous les droits comme s'il avoit débarqué et vendu son chargement sur les lieux. Après des discussions fort animées, le capitaine fut obligé de forcer la sortie du port, afin d'échapper à la rapacité du schérif.

Cette même année, un bâtiment anglois, commandé par un capitaine de cette nation, et qui appartenoit à M. *Petrucci*, vice-consul d'Angleterre à Rosette, échoua sur un rocher : ce personnage étoit l'ami particulier du schérif; car, à mon arrivée, je lui présentai une lettre de ce même M. Petrucci : les Arabes se jetèrent sur le bâtiment, s'emparèrent de la cargaison, et le gouverneur de l'Ienboa s'appropria la carcasse et les agrès, que le capitaine anglois me montra à terre sur le rivage de la mer à mon passage à l'Ienboa. Le pauvre capitaine cria, supplia pour qu'on lui rendît au moins quelque chose; mais on ne voulut pas l'entendre. Il pria le gouverneur de lui permettre au moins d'aller à bord pour reprendre les papiers qu'il pourroit trouver : il ne put l'obtenir; enfin il demanda qu'il lui fût délivré un certificat de son malheur, pour sa propre justification auprès du propriétaire du bâtiment; ce qui lui fut encore refusé. Le capitaine vint à Djedda pour faire constater le refus qu'on lui avoit fait d'un pilote et d'une ancre qu'il avoit demandés avant la catastrophe du bâtiment; mais il n'y reçut pour toute réponse que des ris moqueurs et insultants. Dans cette situation désespérante, le capitaine, accompagné de trois ou quatre matelots, vint me trouver pour obtenir un certificat de ma main : je m'empressai de satisfaire à sa demande, après avoir pris la déclaration des matelots; ce qui consola un peu le pauvre capitaine anglois.

Le capitaine d'un gros bâtiment des iles Maldives, richement chargé, étant mort de maladie à Djedda, où il avoit relâché, le schérif s'empara sur-le-champ du navire et de la cargaison, sous prétexte que, le capitaine étant mort sur son territoire, tout ce qu'il laissoit devoit lui appartenir. Quelque temps après, le schérif, en société avec le commerce de Djedda, envoya ce bâtiment dans l'Inde avec un autre qui lui appartenoit, et tous les deux richement chargés ; mais les François s'en saisirent, et n'en relâchèrent qu'un seul, après l'avoir entièrement déchargé.

La nouvelle de cette prise produisit une grande sensation dans l'esprit du schérif, qui m'en parla à mon arrivée à la Mecque. Les négociants de Djedda m'en avoient déjà parlé au moment de mon débarquement, parcequ'ils savoient que j'avois des relations en Europe. Le schérif desiroit fortement que j'en instruisisse mes amis d'Europe. Je lui dis que l'affaire exigeoit qu'il en écrivît lui-même au gouvernement françois ; et enfin, après de longues discussions, le schérif me chargea d'une lettre, me priant de l'envoyer par une voie sûre à quelqu'un de mes correspondants pour la faire passer à l'empereur Napoléon.

Comme ces discussions se passoient dans le moment même où les Wehhabis menaçoient de prendre définitivement possession de la Mecque, le schérif craignoit que, si l'on venoit à savoir qu'il eût entamé des relations avec les chrétiens, on n'attribuât cette démarche à quelque vue politique, et qu'il n'en fût puni. C'est pourquoi il insistoit pour que j'écrivisse moi-même directement, parcequ'il avoit, disoit-il, une entière confiance en moi; que l'objet de ses desirs m'étoit parfaitement connu, et qu'il ne croyoit pas que les interprêtes de l'empereur pussent lui rendre fidèlement le sens de ce qu'il lui écriroit. Je combattis ses raisons, ou, pour mieux dire, ses prétextes, et je le déterminai à écrire lui-même.

Il adressa en même temps deux autres lettres au gouverneur de l'Isle-de-France, que les Arabes appellent *Djezira Mauris*, le priant de lui renvoyer le bâtiment et les deux cargaisons; mais le silence de ce gouverneur prouve le cas qu'il a fait de ses lettres.

Malgré les défauts du schérif et l'espèce de nullité à laquelle les Wehhabis le réduisoient journellement, il conserve toujours assez d'influence dans les ports de l'Arabie, et à Cosséir, par ses relations avec les Mamloucks et les habitants du Saaïd ou haute Égypte, ainsi qu'à Saouàken et à Messoua, qu'il possède sur les côtes de l'Abyssinie au nom du sultan de Turquie. Je remarquai aussi, non sans étonnement, que ce prince n'avoit aucun des préjugés de sa nation.

Lors de mon arrivée, la situation politique du pays étoit très singulière. Le sultan schérif en étoit le souverain naturel et immédiat ; cependant on y reconnoissoit le sultan de Constantinople comme monarque suprême, et il étoit fait mention de lui en cette qualité dans le sermon des vendredis, lorsque Saaoud, qui domine le pays avec ses Wehhabis, défendit le vendredi avant la pâque, de faire mention du sultan de Constantinople.

La Porte Ottomane envoyoit bien un pacha à Djedda ; mais il passoit son temps à la Mecque à manger aux dépens du schérif, sans y faire aucun acte d'autorité ; en sorte qu'on ignoroit presque son existence.

Le sultan envoyoit aussi tous les ans à la Mecque, à Djedda et à Médine, des kadis pour exercer le pouvoir judiciaire ; mais ils ne pouvoient se mêler en rien de ce qui concerne la partie administrative. Cette partie étoit entièrement dans les mains du schérif, qui gouvernoit en sultan indépendant par l'entremise de ses gouverneurs. Ceux-ci prenoient le titre de *Ouisir* ou visirs, et étoient tous des esclaves nègres du schérif.

Le sultan *Saaoud*, dont l'autorité n'étoit fondée que sur la force, s'y faisoit obéir ; mais il ne s'étoit pas entièrement emparé du gouvernement ; il n'exigeoit point de contributions, et il sembloit même respecter la puissance du schérif.

Celui-ci, qui jouissoit des attributions de sultan indépendant, étoit le maître absolu de la vie et des biens de ses sujets, faisoit à son gré la paix ou la guerre, entretenoit à-peu-près trois mille hommes de troupes, tant turcs que nègres et mogrebins. Malgré ces avantages, ses moyens n'étant pas suffisants pour s'opposer aux entreprises des Wehhabis, il étoit obligé de déférer à leurs ordres, de recevoir les lois qu'ils lui imposoient, et de les laisser agir librement; mais il n'en tenoit pas moins ses forteresses fermées et en état de défense, pour conserver toujours une attitude imposante.

Il résultoit de ce conflit de pouvoirs que la malheureuse ville de la Mecque ne savoit pas qui étoit son véritable maître; l'autorité, divisée en tant de chefs, nuisoit à l'administration de la justice, compromettoit la propriété et la liberté individuelle, et par conséquent entraînoit à grands pas la ruine du bonheur public.

Hors le sultan des Turcs, le schérif n'avoit de relations politiques avec aucun autre souverain; il n'y avoit même dans le pays aucun consul ou agent d'une nation étrangère. Les Anglois sont les seuls qui de temps en temps se présentent au port de Djedda, où ils sont favorisés par les habitants, parcequ'ils font le commerce avec eux dans l'Inde. Nous avons déjà dit que le schérif est le principal acteur de ce commerce; ses bâtiments vont de Djedda à Mokha, de là à Mascate et à Surate.

Telle étoit la situation de ce pays, lorsque, le 26 février 1807, par ordre du sultan Saaoud, il fut publié, dans toutes les places ou endroits publics, que le lendemain après midi tous les pélerins et tous les soldats turcs et mogrebins du schérif devoient sortir de la Mecque, et qu'on les renvoyoit hors de l'Arabie, ainsi que le pacha turc de Djedda, et les kadis anciens et nouveaux de la Mecque, de Médine et autres lieux; en sorte qu'il ne devoit pas rester un Turc dans le pays : le schérif fut désarmé, son autorité anéantie, et le pouvoir judiciaire passa entre les mains des Wehhabis.

On prétendoit que le sultan Saaoud accompagneroit l'arrière-garde de la troupe et des pélerins jusqu'aux frontières de la Syrie, et qu'il viendroit ensuite établir sa résidence à la Mecque, ou du moins qu'il donneroit le gouvernement du pays à quelqu'un de ses fils : la nouvelle monarchie arabe des Wehhabis auroit pris ainsi un essor semblable à celui de l'ancien califat.

La nuit du 26 au 27 février, tous les soldats turcs se retirèrent à Djedda.

Une petite caravane de Tripoli, qui étoit à la Mecque, leva son camp à midi, et partit avec si peu de précaution, qu'on craignoit pour sa sûreté.

Le pacha, les kadis et les pélerins turcs étoient restés, et l'on ne savoit encore quel parti ils prendroient dans cet état de désordre; car ils agissoient tous de mauvaise foi.

Pendant la nuit suivante, deux cent cinquante soldats nègres du schérif passèrent au service de Saaoud.

Tout le reste partit le 28 février. Le sultan Saaoud se dirigea sur Médine avec ses troupes, après avoir installé ses kadis, laissant, m'a-t-on dit, 35 mille francs d'aumône pour les employés du temple et pour les pauvres de la ville. C'est ainsi que se termina cette révolution politique, sans aucune effusion de sang.

Le *Beled el Haram* ou terre sainte de l'Islam, dont la Mecque est la capitale, est compris entre la mer Rouge et une ligne irrégulière qui part depuis *Arabog*, à près de 21 lieues au nord de Djedda, décrit une courbe du nord-est au sud-est, en passant par *Yélemlem*, à deux journées au N. E. de la Mecque; de là, par Karna, à environ 21 lieues presque à l'est de cette capitale, et 8 lieues presque à l'ouest de *Taïf*, qui reste hors de la terre sainte; d'où, tournant presque à l'ouest-sud-ouest, elle passe par *Dzataerk* et vient aboutir à *Mehherma* sur la côte, au port nommé *Almarsa-Ibrahim*, à 32 lieues environ au sud-est de Djedda : il a donc à-peu-près 57 lieues de longueur du nord-ouest au sud-est, et 28 de largeur du nord-est au sud-ouest.

Cet espace est compris dans la partie de l'Arabie connue sous le nom d'*El-Hedjaz* ou terre du pélerinage, dont les limites ne sont pas assez exactement connues pour que je me hasarde à les décrire.

Médine et Taïf font bien partie du Hedjaz, mais non du Beled el Haram. (*Voyez ma carte géogr. de l'Arabie et de la mer Rouge.*)

Il n'existe aucune rivière dans tout le Beled el Haram. La seule eau qu'on y trouve est celle de quelques sources peu considérables, et l'eau saumâtre de quelques puits très profonds. La terre sainte est donc un véritable désert. Ce n'est qu'à la Mecque et à Djedda qu'on a pratiqué des citernes pour conserver l'eau des pluies;

aussi est-il très rare de rencontrer quelques jardins sur toute la surface de ce territoire. Les champs sont ou de sable ou de mauvaise terre absolument abandonnée; et, comme on ne sème aucune plante céréale dans la terre sainte, on se nourrit des grains ou des farines qui viennent de la haute Égypte, du Yémen, de Taïf, où on laboure un peu la terre, et de l'Inde. Le Beled el Haram est couvert de montagnes que je crois toutes formées de schistes et de porphyres; mais il n'y a point de grandes cordilières. Les plus hautes montagnes du pays sont à Médine et à Taïf, villes situées hors du Beled el Haram, sur un terrain abondant en eaux, et couvert de jardins et de plantations.

Les seules villes considérables du Beled el Haram sont la Mecque et Djedda. Les autres endroits, à l'exception de quelques villages indiqués sur ma carte géographique, ne sont que des pauvres douars de baraques ou de tentes ordinairement établis auprès des puits ou des sources.

Lorsque les pélerins de toutes les contrées du globe arrivent sur les confins du Beled el Haram d'un côté ou de l'autre, ils doivent se sanctifier par la cérémonie dite *Yahàrmo*, et prendre l'*Ihràm* ou costume sacré du pélerinage.

Le sultan schérif, quoique seigneur naturel du pays, ne perçoit des contributions qu'à la Mecque et à Djedda : le reste du pays paye la dîme au sultan Saaoud.

J'ai entendu dire qu'à Médine les habitants ne payoient aucune espèce d'impôt.

Le schérif perçoit aussi des contributions à l'Ienboa el Bahar, lieu sous sa domination, quoique situé hors la terre sainte; il en perçoit également dans l'île Saouaken sur la côte d'Afrique, à Mesoua sur la côte d'Abissinie, et dans quelques autres îles, au nom du sultan de Constantinople.

Les hautes montagnes du *Hedjàz* forment une ligne oblique ou un angle avec la côte d'Arabie sur la mer Rouge. D'après ce que j'ai pu observer, elles partent de Taïf, qui est à-peu-près à trente lieues de la côte, bordent le Beled el Haram, et passent à Mohharr, dans le voisinage de l'archipel des îles Hamara : l'île de Djebel Hasen me semble un appendix de ces montagnes.

C'est entre elles que sont situées Taïf, Médine, Djidéïda, el Hhamara, et l'Ienbòa en Nahàl.

Auprès de ces montagnes, que par analogie je suppose toutes granitiques, s'élève un second rang de montagnes de schiste, de porphyre et de roche cornée, entre lesquelles est située la Mecque. Ces montagnes sont presque sans eau, mais je les crois riches en minéraux; le reste du pays est un terrain plat, sablonneux et calcaire, abandonné par la mer à la dernière époque, et qui s'étend chaque jour par la retraite de la mer Rouge.

CHAPITRE XX.

Notice sur les Wehhabis. — Principes religieux de ces peuples. — Expéditions militaires les plus remarquables. — Armes. — Capitale. — Organisation. — Considérations.

L'HISTOIRE des Wehhabis pourra présenter un jour le plus grand intérêt, par l'influence qu'il leur est possible de prendre dans la balance des états qui les entourent, s'ils se relâchent enfin de l'austérité de leurs principes, pour adopter un système plus libéral. Mais si les Wehhabis s'obstinent à soutenir le rigorisme prescrit par leur réformateur, il est presque impossible qu'ils fassent adopter leur doctrine aux nations qui ont quelques principes de civilisation, et qu'ils étendent leur domination au-delà des limites de leurs déserts : leur histoire seroit alors insignifiante pour le reste du monde. Je présenterai donc ici les renseignements que j'ai pris sur ces réformateurs, tels que je les ai reçus d'eux-mêmes, et des habitants du pays; j'y ajouterai seulement les observations que j'ai faites sur les lieux, d'après les événements dont j'ai été témoin.

Le *Scheih Mohamed ibn Abdoulwehhàb* naquit aux environs de Médine : je n'ai pu savoir le nom du lieu où il reçut le jour, ni l'époque exacte de sa naissance, que je place vers l'année 1720. Il fit ses études à Médine, où il séjourna plusieurs années. Doué d'un esprit peu commun, il reconnut bientôt que les minutieuses pratiques de dévotion introduites par les docteurs, ainsi que certains principes superstitieux, qui s'écartoient plus ou moins de la simplicité du culte et de la morale du Prophète, ou qui n'en étoient qu'une surcharge arbitraire, avoient besoin d'une réforme, comme attentatoires à la pureté du texte révélé. Il prit en conséquence la résolution de rappeler le culte à sa simplicité primitive, en le purgeant des doctrines particulières des docteurs, et en le renfermant dans le texte littéral du *Kour-ann*.

Médine et la Mecque, trop intéressées à soutenir les anciens rites, ainsi que les usages et les préjugés populaires qui les enrichissoient, n'étoient pas propres au succès des innovations proposées par le réformateur. Il prit le parti de diriger ses pas vers le Levant, afin de s'insinuer parmi les tribus d'Arabes Bédouins, qui, plus indifférentes pour le culte, et trop peu éclairées pour soutenir ou défendre leurs rits particuliers, n'étant d'ailleurs intéressées au soutien d'aucun, lui laissoient plus de facilité pour répandre et faire embrasser son système sans courir de danger.

En effet, Abdoulwehhab se fit un prosélyte d'Ibn-Saaoud, prince ou grand schek d'Arabes, établi à Draaïya, ville distante de dix-sept journées à l'est de Médine, dans le désert. C'est de ce moment (1747) que date la réforme d'Abdoulwehhab.

Nous avons dit que cette réforme était absolument restreinte au texte du Kour-ann ; qu'elle rejetoit toutes les additions des expositeurs, des imans, et des docteurs de la loi. En conséquence, le réformateur supprima la différence des quatre rits orthodoxes, nommés *Schaffi, Màleki, Hànbeli et Hàneffi.* Cependant j'ai connu des Wehhabis qui suivoient encore l'un ou l'autre de ces rites particuliers, qu'ils ne croyoient pas annullés.

Tout bon musulman croit qu'après la mort et l'enterrement du Prophète son ame se réunit à son corps, et qu'il fit son ascension au Paradis en corps et en ame, monté sur la jument de l'ange Gabriel, nommée *el Boràk*, et qui a la tête et la gorge d'une belle femme. Il est vrai que ce n'est pas un article de foi; mais le musulman qui ne le croiroit pas seroit regardé comme un impie et traité comme tel. Abdoulwehhab proclama que cet événement étoit absolument faux, et que la dépouille mortelle du Prophète étoit restée dans le sépulcre comme celles des autres hommes.

Chez les musulmans, l'homme qui a obtenu la réputation de vertueux ou de saint est déposé, après sa mort, dans un sépulcre particulier, plus ou moins orné. Autour de son tombeau on élève une chapelle où chacun vient invoquer sa protection auprès de Dieu, dont il est regardé comme l'ami. Si la réputation du nouveau saint devient à la mode, la dévotion s'accroît, la chapelle s'agrandit, et se transforme bientôt en un temple qui a ses administrateurs et ses employés ordinairement choisis parmi les individus de sa famille : par ce moyen les parents du saint acquièrent une situation plus ou moins opulente. Mais, par une bizarrerie inexplicable, il arrive assez souvent que le peuple accorde les honneurs de la sainteté à un fou ou à un imbécille, qui est regardé comme le favori de Dieu, parceque Dieu lui a refusé le bon sens. Il n'est pas rare non plus de voir honorer le tombeau d'un sultan, d'un fripon même que le peuple a proclamé saint, sans savoir lui-même pourquoi (1).

Déjà les musulmans instruits méprisoient secrètement ces superstitions, quoiqu'ils fissent semblant de les respecter aux yeux du peuple. Mais Abdoulwehhab déclara hautement que cette espèce de culte rendu aux saints est un péché très grave aux yeux de la divinité, puisque c'est partager des honneurs qui ne sont dus qu'à Dieu. En conséquence ses sectateurs ont détruit les sépulcres, les chapelles et les temples élevés à leur honneur.

En vertu de ce principe, Abdoulwehhab a défendu, comme un péché très grave, tout acte de vénération ou de dévotion envers la personne du Prophète. Ce n'est pas néanmoins qu'il refuse de reconnoître sa mission; mais il prétend qu'il n'étoit qu'un homme comme les autres, dont Dieu s'étoit servi pour communiquer sa

---

(1) Voilà un exemple bien frappant de la puissance de l'opinion populaire : leçon inutile, sans doute, comme tant d'autres qui n'ont pu vaincre les préjugés des hommes; mais elle peut du moins consoler l'homme vertueux qui voit sa réputation injustement attaquée, et qui, par une combinaison de circonstances irrésistibles, n'a pas même la foible ressource de se plaindre.

(*Note de l'Éditeur.*)

parole divine aux mortels, et qu'après sa mission il étoit rentré dans la classe ordinaire des créatures humaines. C'est par cette raison que le réformateur a défendu à ses sectateurs d'aller visiter le sépulcre du Prophète à Médine ; aussi, toutes les fois qu'ils parlent de lui, au lieu d'employer la formule adoptée par les autres musulmans : *Notre Seigneur Mouhamméd* ou *Notre Seigneur le Prophète de Dieu*, ils disent simplement *Mouhamméd*.

Les chrétiens ont, en général, des idées fausses ou confuses sur les Wehhabis. Ils s'imaginent que ces sectaires ne sont pas *musulmans*, dénomination sous laquelle ils désignent exclusivement les Turcs (1), et confondent souvent les noms de *Musulmàn* et d'*Osmanli*. Écrivant pour toute espèce de lecteurs, je dois faire ob-

---

(1) Il est remarquable que l'auteur de l'*histoire des Wehhabis* (qu'il appelle improprement *Wahabis*), imprimée à Paris en 1810, soit tombé dans cette erreur, et dans plusieurs autres qu'on pourra aisément reconnoître en comparant son ouvrage avec la description d'Ali Bey. Telle est la différence qui existe et qui doit exister entre des renseignements pris sur les lieux, et d'autres pris à quatre cents lieues de distance, c'est-à-dire, à Alep, qui étoit alors la résidence de l'auteur de l'histoire.

(*Note de l'Éditeur.*)

server qu'*Osmanli*, c'est-à-dire, *successeur d'Osman*, est l'épithète adoptée par les Turcs, en mémoire du sultan de ce nom, qui fut la principale cause de leur grandeur; que ce nom n'a rien de commun avec celui de *Musulman*, qui signifie *homme de l'Islàm, homme dévoué à Dieu*; en sorte que les Turcs pourroient se faire chrétiens, sans cesser pour cela d'être *Osmanlis*.

Les Wehhabis se disent les *musulmans* par excellence; aussi, lorsqu'ils parlent de l'*Islàm*, ils n'entendent par ce mot que les personnes de leur secte, qu'ils regardent comme la seule orthodoxe. Les Turcs et les autres musulmans sont à leurs yeux des schismatiques *Mouschrikinns*, c'est-à-dire, *qui donnent des compagnons à Dieu;* mais ils ne les traitent pas néanmoins d'idolâtres ou d'infidèles *Coffàr*. En un mot, l'islam est la religion du *Kour-ann*, c'est-à-dire, le dévouement à un Dieu seul et unique. Telle est la religion des Wehhabis, qui en conséquence sont de véritables musulmans, tels que l'ont été, selon le Kour-ann, Jésus-Christ, Abraham, Noé, Adam, et tous les prophètes anciens jusqu'à Mouhhammed, qu'ils regardent comme le dernier véritable prophète ou envoyé de Dieu, et nullement comme un simple savant, ainsi que le disent les chrétiens en parlant de la croyance des Wehhabis (1), puisqu'en effet, si Mouhhammed n'eût pas été un envoyé de Dieu, le Kour-ann ne pourroit être la parole divine, et dès-lors les Wehhabis seroient en contradiction avec eux-mêmes.

Les Wehhabis n'ont rien ôté à la profession de foi (2) : *Là ilàha ìla Allàh, Mouhhaméd Arrassoùl Allàh* (Il n'y a d'autre Dieu que Dieu ; Mouhhammed est le Prophète de Dieu). Les crieurs publics des Wehhabis font entendre cette profession de foi dans tout son entier du haut des tours de la Mecque qu'ils n'ont point abattues, ainsi que dans le temple qui est déjà sous leur domination. Et comment ne le feroient-ils pas, puisque le Kour-ann proclame cent fois cette profession de foi comme indispensable au salut du musulman? Les Wehhabis ont, il est vrai, adopté en outre la profession de foi suivante :

---

(1) C'est aussi une des erreurs dans lesquelles est tombé l'auteur de l'histoire des Wehhabis. (*Note de l'Editeur.*)

(2) Comme le suppose l'auteur de l'histoire.

(*Note de l'Editeur.*)

La ilàha ila Allàh ouahadahòu;	Il n'y a d'autre Dieu que Dieu seul ;
La scharika la hou;	Il n'a pas de compagnons près de lui ;
Lòhal moulkou, lòha alhàmdo, oua yahìa, oua yamìta;	A lui appartient la domination ; à lui la louange, et la vie, et la mort ;
Oua houa ala kòlli schaïinn Kadìroun.	Et il est sur toutes choses le Puissant.

Mais cette profession de foi particulière, qui fut aussi recommandée par le Prophète, n'empêche pas que la première ne soit proclamée journellement à toutes les prières canoniques.

Abdoulwehhab ne s'est jamais donné pour prophète, comme on l'a supposé (1) ; il n'a jamais passé que pour un savant scheih réformateur, qui a voulu épurer le culte de toutes les additions que les imans, les interprêtes et les docteurs y avoient ajoutées, et le ramener à la simplicité primitive du Kour-ann. Mais, comme l'homme est toujours homme, c'est-à-dire, imparfait et inconséquent, Abdoulwehhab est tombé à son tour dans des minuties qui n'ont rien de commun avec le

---

(1) Histoire des Wehhabis. (*Note de l'Editeur.*)

dogme ni avec la morale. Je vais en donner un léger aperçu.

Les musulmans se rasent la tête, et, suivant un usage établi, se laissent croître une touffe de cheveux. Plusieurs d'entre eux cependant n'en portent pas; mais le plus grand nombre la conservent, sans y attacher d'importance à la vérité, peut-être même par habitude. Parmi ceux-ci, il y en a qui pensent qu'au jour du jugement universel le Prophète les prendra par cette touffe pour les transporter dans le Paradis. Cet usage ne sembloit pas devoir être l'objet d'une loi; cependant Abdoulwehhab en jugea autrement, et la touffe fut proscrite.

Les musulmans ont la plupart, soit habitude, soit amusement, un chapelet à la main, dont ils parcourent les grains entre les doigts, le plus souvent sans rien dire, et même en conversant avec leurs amis; quelquefois ils invoquent le nom de Dieu, ou font tout bas une petite prière sur chaque grain. Abdoulwehhab proscrivit les chapelets, comme un signe de superstition.

Le réformateur mit au nombre des péchés les plus graves l'usage du tabac, et l'emploi de la soie et des métaux précieux dans les vêtements et les ustensiles; mais il ne regarda point comme un péché l'action de dépouiller un homme d'une autre religion ou d'un autre rit. Les Wehhabis ont défendu aux pèlerins les stations du *Djebél Nor* ou montagne de la lumière, et les autres stations de la Mecque, comme superstitieuses ; cependant ils font celle de l'*Aàmara*, et vont à Mina jeter des petites pierres contre la maison du Diable : tel est l'homme !

La réforme d'Abdoulwehhab une fois admise par Ibn Saaoud, fut embrassée par toutes les tribus soumises à son commandement. Ce fut un prétexte pour attaquer les tribus voisines, qui successivement furent mises dans l'alternative d'adopter la réforme ou de périr sous le glaive du réformateur. A la mort d'Ibn Saaoud, son successeur Abdelaaziz continua d'employer ces moyens énergiques et infaillibles : à la moindre résistance, Abdelaaziz attaquoit avec une supériorité décidée, et dès-lors les biens et les propriétés des vaincus passoient sur-le-champ entre les mains des Wehhabis. Si l'ennemi ne résistoit pas ; si la tribu, embrassant la réforme, entroit sous la domination d'Abdelaaziz, prince des fidèles, c'étoit une augmentation de forces pour le parti.

Déjà maître de la partie intérieure de l'Arabie,

Abdelaaziz se trouva bientôt en état d'étendre ses vues sur les pays adjacents. Il commença par faire une expédition aux environs de Bagdad. Ce fut en 1801 que, s'étant mis à la tête d'un corps de dromadaires, il se jeta sur *Iman Hosséïn*, ville peu distante de Bagdad, où étoit le tombeau de l'iman de ce nom, petit-fils du Prophète, dans un temple magnifique, et rempli des richesses de la Turquie et de la Perse. Les habitants ne firent qu'une foible résistance, et le vainqueur fit passer au fil de l'épée tous les hommes et les enfants mâles de tout âge. Tandis qu'on exécutoit cette horrible boucherie, un docteur wehhabi crioit du haut d'une tour : « *Tuez, égorgez tous les infidèles qui donnent* « *des compagnons à Dieu!* » Abdelaaziz s'empara des trésors du temple qu'il fit détruire, pilla et brûla la ville, qui fut convertie en un désert.

Au retour de cette sanglante expédition, Abdelaaziz fixa ses yeux sur la Mecque, persuadé que, s'il pouvoit s'emparer de cette ville sainte, centre de l'islamisme, il acquerroit un nouveau titre à la souveraineté des pays musulmans qui l'environnent; mais, craignant la vengeance du pacha de Bagdad, à cause de son expédition contre Iman Hosséïn, il ne voulut pas s'éloigner de son territoire, et envoya son fils Saaoud avec une forte armée pour s'emparer de la Mecque. Celui-ci s'en rendit maître en 1802, après de légers combats. Le sultan schérif *Ghaleb* se retira d'abord à Médine, qu'il fit fortifier, et ensuite à Djedda, qu'il mit aussi en état de soutenir toute attaque contre les Wehhabis.

Saaoud fit raser toutes les mosquées ou chapelles consacrées à la mémoire du Prophète et des personnes de sa famille; il fit détruire également les sépulcres des saints ou des héros qui étoient en vénération; le palais du sultan schérif éprouva le même sort, et de tous ces édifices il ne reste plus maintenant qu'un amas de ruines informes : le temple seul a été respecté et conservé dans toute son intégrité.

Saaoud partit bientôt après pour attaquer Djedda, en même temps qu'il envoyoit un corps pour surprendre Médine. Ces deux expéditions contre des villes fortifiées échouèrent complétement, et Saaoud fut obligé de se retirer à Draaïya avec les débris de son armée considérablement diminuée, tant par la désertion de plusieurs tribus que par la peste et les combats. Cependant il laissa une foible garnison à la Mecque, pour entretenir dans le pays l'idée de la souveraineté de son père sur la ville sainte ; mais cette garnison ne put s'y soutenir au retour du sultan schérif Ghaleb.

Peu de temps après, en novembre 1803, Abdelaaziz fut assassiné par un homme qui s'étoit mis à son service pour le frapper plus sûrement, et qui, pendant long-temps, eut la hardiesse et le sang-froid de méditer et de mûrir son plan.

Son fils Saaoud monta sur le trône, et mit une attention particulière à étendre et consolider sa domination sur les côtes du golfe Persique. Il réussit ensuite à mettre sous sa dépendance l'iman de Mascate, et à s'emparer de Médine en 1804. La grande caravane de Damas, en 1805, ne put obtenir le passage que par des sacrifices énormes; et Saaoud fit signifier au pacha *Emir el Hagi*, ou prince des pélerins, qu'il ne vouloit plus que cette caravane vînt sous l'escorte des Turcs, ni qu'on apportât le riche tapis que le Grand-Seigneur envoyoit tous les ans pour couvrir le sépulcre du Prophète : chose regardée par les Wehhabis comme un grand péché. Enfin il exigea que, pour faire le voyage, la caravane fût uniquement composée de véritables pélerins, sans troupes, sans armes, sans drapeaux ni autres trophées ou ornements, sans musique et sans femmes.

Malgré cette déclaration de Saaoud, l'année suivante (1806), la caravane de Damas voulut faire le pélerinage accoutumé sans se conformer strictement aux ordonnances du vainqueur; mais, à peine arrivée aux portes de Médine, elle fut obligée de se retirer en désordre, poursuivie et harcelée par les Wehhabis qui occupoient la ville et les environs. Enfin les événemens que j'ai rapportés au chapitre précédent se sont passés sous mes yeux, et il en résulte que Saaoud se trouve maintenant maître absolu de toutes les Arabies, excepté de Mokha et de quelques autres villes murées dans l'Yémen ou l'Arabie heureuse, et qu'il étend sa domination dans le désert intermédiaire entre Damas, Bagdad et Bassora.

Dans cette vaste surface, il y a très peu de villes, excepté sur le bord de la mer; on y compte néanmoins quelques millions d'habitants, vivant dans des tentes ou des baraques, sous la domination du sultan Saaoud, à qui ils obéissent aveuglément, et payent la dîme de leurs troupeaux et de leurs fruits. Cette dîme est le tribut imposé par le Koran, et Saaoud n'exige aucune autre contribution;

mais tous ses sujets sont dans l'obligation de se mettre en campagne lorsqu'il les appelle, de se nourrir à leurs frais, et de fournir à leurs besoins, ce qui est également commandé par la religion ; en sorte que le souverain des Wehhabis a toujours des armées nombreuses qui ne lui coûtent aucun entretien. Dans les expéditions, chaque chameau porte ordinairement deux hommes, avec l'eau et les vivres nécessaires pour eux et pour lui.

Quand le souverain des Wehhabis a besoin de troupes, il écrit aux différentes tribus, et leur indique le nombre d'hommes qu'on doit lui envoyer, l'endroit et l'époque de leur réunion. Ces hommes se présentent au jour désigné avec les vivres, les armes et les munitions nécessaires, et le sultan n'a pas besoin de leur rien donner : telle est la force des idées religieuses.

Les Wehhabis ont les mêmes armes que les habitants de la Mecque. Ils tirent d'Europe ou de la Turquie des gros canons de fusil, qu'ils montent très grossièrement. C'est eux aussi qui fabriquent leur poudre et leurs balles, mais avec si peu d'art, que la poudre est presque toute en grains de la grosseur d'un pois, et que les balles ne sont autre chose qu'une pierre revêtue d'une mince couche de plomb. Ils achètent ce métal et le soufre à la Mecque et dans les différentes villes maritimes de la péninsule d'Arabie; ils trouvent chez eux le nitre ou salpêtre.

Le costume des Wehhabis est pareil à celui des autres Arabes. J'ai remarqué seulement que les deux fils de Saaoud portoient les cheveux longs, comme un signe distinctif de la famille royale. On m'a bien dit que ce sultan déploie un grand luxe; mais je l'ai vu entièrement nu comme les autres à l'époque du pélerinage.

Draaïya, capitale des Wehhabis, est une ville assez grande, située à-peu-près à cent trente lieues à l'E. de Médine, cent lieues au S. S. O. de Bassora, et cent soixante lieues au S. E. de Jérusalem. Les îles Bahareïnn, où se fait la pêche des perles, dans le golfe Persique, à cinquante lieues à l'E. un quart N. E. de Draaïya, sont sous la domination de Saaoud. La rivière Aftan, qui passe à quatorze lieues de distance au S. E. de Draaïya, débouche auprès de ces îles. Selon le rapport que m'ont fait les Wehhabis, cette capitale est située au pied de très hautes montagnes; le pays abonde en grains et en toute espèce de vivres; et les maisons de Draaïya sont construites en pierres.

Les Wehhabis n'ont point d'organisation militaire; toute leur tactique consiste à se mettre par pelotons sous la direction d'un chef, et à suivre tous ses mouvements, sans ordre et sans former des rangs : mais leur discipline est vraiment spartiate; leur obéissance est extrême; le moindre signe de leurs chefs suffit pour leur imposer un silence respectueux, ou pour les soumettre aux travaux les plus durs.

Leur organisation civile n'est pas dans un meilleur état : ils n'ont point d'employés, et encore moins de tribunaux supérieurs et inférieurs. Chaque scheih ou chef de tribu est responsable du paiement de la dîme, et de la présentation des hommes pour la guerre. Saaoud envoie des kadis aux villes soumises à sa domination; mais il n'a point de kaïds ou gouverneurs, de pachas, de visirs ni d'autres employés. Le réformateur Abdoulwehhab ne se revêtit jamais d'aucun titre d'honneur ou caractère public; il fut toujours le chef de la secte, et n'exigea jamais aucune distinction personnelle. Après sa mort, son fils, qui lui succéda, conserva le même esprit de simplicité.

La personne qui paroît la plus puissante et qui jouit de la plus grande influence après Saaoud, c'est *Abounòcta*, grand scheih du Yémen, qui a un grand nombre de troupes sous ses ordres. Il m'est quelquefois arrivé de demander à des Wehhabis : *Appartenez-vous à Saaoud ? — Point du tout ; nous sommes d'Abounòcta*, me répondoient-ils avec un air de fierté qui annonçoit le contentement qu'ils avoient de lui appartenir: ce qui me fait croire qu'après la mort de Saaoud, si Abounocta survit, il y aura une scission parmi les Wehhabis, dont les uns se soumettront au fils de Saaoud, les autres à Abounocta ; et dès-lors la puissance de ces réformateurs commencera à décliner. Indépendamment de la probabilité de cette décadence, je trouve un grand obstacle à la propagation de la réforme hors des déserts de l'Arabie, dans l'extrême rigidité des principes presque incompatibles avec les mœurs des nations qui ont quelques idées de civilisation, et qui sont accoutumées aux jouissances qui l'accompagnent ; de sorte que si les Wehhabis ne se relâchent pas de la sévérité de ces principes, il me paroît impossible que le wehhabisme puisse se propager dans les pays qui entourent le désert. Alors cette grande population, qui ne produit et ne consomme presque rien, restera toujours dans son état de nullité au fond de ses déserts, sans autres relations avec le reste du monde que ses brigandages sur les caravanes ou sur les bâtiments qui lui tomberont sous la main, et les difficultés qu'elle pourra opposer au pélerinage de la Mecque.

Mais le temps lui apprendra que l'Arabie, sans les relations commerciales des caravanes et du pélerinage, ne peut pas exister. La nécessité forcera alors à se relâcher de cet intolérantisme envers les autres nations, et le commerce avec les étrangers leur fera sentir insensiblement le vice d'une austérité qui est presque contre nature; peu-à-peu le zèle se refroidira; les pratiques superstitieuses, qui sont toujours l'appui, la consolation et l'espérance de l'homme foible, ignorant ou malheureux, reprendront leur empire; et dès-lors la réforme du wehhabisme disparoîtra avant d'avoir consolidé son influence, et après avoir versé le sang de plusieurs milliers de victimes du fanatisme religieux. Telle est la triste vicissitude des choses humaines.

D'un autre côté, je crois que les Wehhabis, dans le fond de leurs déserts, seront toujours invincibles, non par leur force militaire, mais par la nature de leur pays inhabitable pour toute autre nation, et par la facilité qu'ils ont de se cacher et de se soustraire aux atteintes de leurs ennemis. On pourra conquérir momentanément la Mecque, Médine et les villes maritimes (1); mais de simples garnisons, isolées au milieu d'affreux déserts, pourront-elles tenir long-temps? Lorsqu'un ennemi puissant se présentera, les Wehhabis se cacheront pour fondre sur lui et l'écraser au moment qu'il sera forcé de se diviser pour chercher des vivres. Voilà ce qui me porte à croire qu'ils ne seront pas soumis de long-temps par la force des armes; et telle est aussi la cause qui a garanti de tout temps l'Arabie d'une domination étrangère.

---

(1) Comme le pacha d'Égypte, Mehemed Ali, vient de le faire l'année dernière. (*Note de l'Éditeur.*)

FIN DU TOME SECOND.

TABLE DES CHAPITRES

CONTENUS

DANS LE SECOND VOLUME.

CHAPITRE I. Voyage de Laraïsch à Tripoli en Barbarie par mer. — Soulèvement de la mer. — Bourrasque. — Relâche sur le banc de Kerkeni. — Description des îles du même nom. — Arrivée au port de Tripoli. Page 1

CHAP. II. Débarquement. — Présentation au pacha. — Intrigues. — Description de Tripoli. — Gouvernement. — Cour. — Mosquées. — Tribunaux. — Cafés. — Vivres. — Juifs. — Commerce. — Mesures, poids, monnoies. — Climat. — Antiquités. — Royaume de Tripoli. 18

CHAP. III. Adieux d'Ali Bey au pacha de Tripoli. — Départ pour Alexandrie. — Erreur du capitaine. — Arrivée sur la côte de Morée. — Ile Sapienza. — Continuation de la route. — Disette de vivres. — Retour à Sapienza. — Modòn. 43

CHAP. IV. Porta-Longa. — Bâtiments européens. — Prince Ipsilanti. — Continuation de la route. — Bourrasque. — Arrivée devant Alexandrie. — Ouragan. — Tempête affreuse. — Arrivée dans l'île de Chypre. — État de détresse du bâtiment. — Débarquement à Limassol. 63

Chap. V. Voyage à Nicosia. — Description de cette ville. — Architecture. — Visites d'étiquette. — Archevêques et évêques. — Contributions des Grecs. — Femmes. — Ignorance. — Églises. — Turcs. — Mosquées. Page 77

Chap. VI. Voyage à Cythère. — Ruines du palais de la Reine. — Observations sur leur origine. — Retour à Nicosia. — Voyage à Idalie. — Larnaca. — Retour à Limassol. 101

Chap. VII. Voyage à Paphos. — La Couclia. — Beauté des femmes chypriotes. — *Yeroschipos Aphrodytis* ou Jardin sacré de Vénus. — Ktima. — Vieille Paphos. — Nouvelle Paphos ou Baffa. 123

Chap. VIII. Ruines gigantesques à la Couclia. — Retour à Limassol. — Amathonte. — Ruines. — Catacombes. — Considérations générales. — Voyage à Alexandrie. — Débarquement. 143

Chap. IX. Description d'Alexandrie. — Antiquités. 158

Chap. X. Lacs Mahadie et Maréotis. — Habitants d'Alexandrie. — Musique. — Correspondance. — Climat. — Notes historiques. — Firman du capitan pacha. 186

Chap. XI. Traversée à Rosette. — Bouche du Nil. — Rosette. — Voyage au Caire par le Nil. 215

Chap. XII. Débarquement. — Visites. — Mehemed Ali. — État politique de l'Égypte. — Le Caire. — Les pyramides. — Djizé. — Le Mih-

TABLE.

kias. — Le vieux Caire. — Commerce. Page 234
CHAP. XIII. Voyage à Suez. — Bâtiments arabes.
— Traversée sur la mer Rouge. — Danger du
bâtiment. — Arrivée à Djedda. — Affaire avec
le gouverneur. — Djedda. 260
CHAP. XIV. Suite du pélerinage. — El Hhadda.
— Arrivée à la Mecque. — Cérémonies du pé-
lerinage à la Maison de Dieu, à Ssaffa et à
Méroua. — Visite de l'intérieur de la *Kaaba*
ou Maison de Dieu. — Présentation au Sultan
Schérif. — Visite au chef des Schérifs. —
Purification ou lavage de la Kaaba. — Titre
d'honneur acquis par Ali Bey. — Arrivée des
Wehhabis. 296
CHAP. XV. Pélerinage à Aarafat. — Grand rassemblement de pélerins. — Description d'Aarafat. — Sultan et armée des Wehhabis. —
Cérémonies à Aarafat. — Retour à Mosdélifa.
— Retour et cérémonies à Mina. — Retour
à la Mecque, et fin du pélerinage. — Appendix au pélerinage. 326
CHAP. XVI. Description d'*El Haràm* ou Temple
de la Mecque. — La *Kaaba* ou Maison de
Dieu. — El Makam Ibrahim. — El Bir Zemzem. — El Beb es selem. — El Monbar. — Les
lieux des prières. — Les piliers en bronze et
les lampes. — Les chaussées. — Les colombes.
— Les deux cobbas. — La cour. — Les galeries. — Les portes. — Saffa et Méroua. —
Employés du Temple. 344

Chap. XVII. Description de la Mecque. — Position géographique. — Topographie. — Édifices. — Marchés publics. — Vivres. — Arts et sciences. — Commerce. — Pauvreté. — Décadence. **Page** 379

Chap. XVIII. Femmes. — Enfants. — Langue. — Costumes. — Armes. — Aridité. — Mariages, naissances et enterrements. — Climat. — Médecine. — Baume de la Mecque. — Incisions au visage. 399

Chap. XIX. Chevaux. — Anes. — Chameaux. — Autres animaux. — Tapis. — Chapelets. — Montagnes. — Forteresses. — Maisons du schérif. — Sultan Schérif. — Situation politique de la Mecque. — Changement de domination. — Beled el Haram ou Terre-Sainte de l'Islam. — Montagnes du Hedjaz. 417

Chap. XX. Notice sur les Wehhabis. — Principes religieux de ces peuples. — Expéditions militaires les plus remarquables. — Armes. — Capitale. — Organisation. — Considérations. 440

FIN DE LA TABLE.

www.ingramcontent.com/pod-product-compliance
Lightning Source LLC
Chambersburg PA
CBHW070531230426
43665CB00014B/1643